生产和分配理论

[美]乔治·J.施蒂格勒 / 著
晏智杰 / 译

图书在版编目（CIP）数据

生产和分配理论 /（美）乔治·J. 施蒂格勒（George J. Stigler）著；
晏智杰译. --北京：华夏出版社，2017.4
书名原文：Production and Distribution Theories
ISBN 978-7-5080-9088-7

Ⅰ. ①生… Ⅱ. ①乔… ②晏… Ⅲ. ①分配（经济）－研究 Ⅳ.
①F014.4

中国版本图书馆 CIP 数据核字（2016）第 306155 号

George J. Stigler: *Production and Distribution Theories*
Copyright © 1994 by Transaction publishers
Simplified Chinese Translation Copyright © 2008 by Huaxia publishing House.
This edition is an authorized translation from the English Language edition published
By Transaction Publishers, 35 Berrue Circle, New Jersey 08854.
All Right Reserved.
本书英文版由 Transaction Publishers 于 1994 年出版。
本书中文简体版权由 Transaction Publishers 授予华夏出版社，版权为华夏出
版社所有，未经出版社书面允许，不得以任何方式复制或抄袭本书内容。

版权所有 翻版必究
北京市版权局著作权合同登记号：图字 01-2007-1257 号

生产和分配理论

作　　者	[美]乔治·J. 施蒂格勒
译　　者	晏智杰
责任编辑	李雪飞
出版发行	华夏出版社
经　　销	新华书店
印　　刷	三河市少明印务有限公司
装　　订	三河市少明印务有限公司
版　　次	2017 年 4 月北京第 1 版　2017 年 4 月北京第 1 次印刷
开　　本	720×1030　1/16
印　　张	22
字　　数	290 千字
定　　价	49.00 元

华夏出版社 地址：北京市东直门外香河园北里 4 号　邮编：100028
电话：(010) 64663331（转）　网址：www.hxph.com.cn
若发现本版图书有印装质量问题，请与我社营销中心联系调换。

目 录

译者前言
序　言

第 1 章　绪　论 /1
第 2 章　威廉·斯坦利·杰文斯 /11
第 3 章　菲利普·H·威斯迪德 /31
第 4 章　阿尔弗雷德·马歇尔 /51
第 5 章　弗朗西斯·Y·埃奇沃斯 /91
第 6 章　卡尔·门格尔 /113
第 7 章　弗里德里希·冯·维塞尔 /133
第 8 章　欧根·冯·庞巴维克 /151
第 9 章　里昂·瓦尔拉斯 /191
第 10 章　克努特·维克塞尔 /219
第 11 章　约翰·贝茨·克拉克 /251
第 12 章　尤勒定理和边际生产率理论 /273

索　引 /331

译者前言

乔治·约瑟夫·施蒂格勒教授是久负盛名的当代美国经济学家，1982年诺贝尔经济学奖获得者。他的著作已有多部（《价格理论》、《经济学家和说教者》、《产业组织和政府管制》及《施蒂格勒论文精粹》等）被译成中文出版，这些著作涵盖了他在市场运行和产业结构分析领域所作出的重大贡献，这些贡献是他获得诺奖的主要依据。

然而，施蒂格勒还是一位享有世界声誉的经济学史大师，他对这个领域的兴趣和投入既是他从事经济学研究的开端，又是他毕生热衷研究领域的重要组成部分。他的经济学史研究论题广泛，角度新颖，分析周密，见解独到，成果丰硕，向来为学界所推崇，对当代西方经济学及经济学史学科的发展产生了深远影响。应当说这些成果与他在市场运行和产业结构研究领域的成就是密切相关和相得益彰的。他关于经济学史的多篇重要学术论文，大都收进《经济学史论文集》（芝加哥大学出版社，1965年），他关于经济学史的专著就是这里译出的《生产和分配理论》。该专著初版于1941年，其基础是他在著名的弗兰克·奈特教授指导下于1937年完成的博士论文"生产和分配理论史研究"。1994年该书重印再版。中译本据此重印再版本译出；衷心欢迎读者指正译文。

《生产和分配理论》标志着施蒂格勒漫长学术生涯的开端，他完成这篇论文时年仅26岁，可以说还是一个"刚出道"的青年。作者后来说过，他决不会从头至尾再通读一遍这篇论文，因为这会使他对其所体现的导师对其他经济学说所持过分严厉的批判态度，以及他自己某些观点或表述的不成熟而感到不好意思。应该说施蒂格勒的这些话不完全是出自谦虚，但当我们今天阅读这部整整七十年前完成的学术著作时，仍禁不住会对青年作者全面扎实的理论功底、寻根究底的顽强劲头、无所畏惧的批判精神、细致入微的分析阐述，以及系统详尽的资料收集、梳理和整理功夫等等，留下极其深刻的印象。如果说从这篇论文就可断定他日后必会登上学术研究的顶峰，不免唐突甚至武断，那么说从中可见他后来获得诺奖殊荣绝非偶然却是不无根据的：这篇论文所显示的科学起点就是很高的。

关于施蒂格勒教授的学术生平和思想，已有多篇中文文献作过评介，无须多说。关于本书的写作背景、指导思想、基本理论倾向、分析方法以及写作特点等，道格拉斯·欧文在本书序言中已有明确而得当的说明，不必赘述。由于该书结构是以分别评述"边际革命"和新古典经济学形成时期主要经济学家的代表性著作为线索的，这些著作所包含的论题或侧重点又各有不同，因而就该书所涉若干主要论题做个归纳，也许不算多余；不敢说这会对读者有什么帮助，但却足以说明熊彼特等经济学大师赞誉该书为里程碑式经典之作实不为过。

从18世纪下半期到20世纪初期，西方经济思潮的主流是经济自由主义，在它之前的主流是重商主义的国家干预主义，在它之后的主流是以凯恩斯主义开其端的现代国家干预主义。在经济自由主义经济学说盛行的一个半世纪中，又有古典经济学和新古典经济学之分，新古典经济学始于19世纪70年代初的"经济学边际革命"，终于将边际革命成果与英国古典经济学传统融合而成的马歇尔经济学。新古典经济学一如古典经济学，继续奉行经济自由主义这一根本信条，但在分析方法和经济理论上对古典经济学均有所突破和发展，因而它属于经济自由主义的深化和发展阶段。然而，这种深化和发展的过程是漫长的，至少四分之一世纪；涉及的人物遍及欧美各国，主要是英国、法国、奥地利、瑞士、瑞典、意大利、美国等；著作内容广涉生产、分配和交换等各个领域，而且观点纷呈、论争激烈；相关文献涵盖英、法、德、瑞典、意大利文等各国文字；加之以马歇尔经济学为最大代表的新古典经济学体系成型不久，对该新主流思潮进行整体综合研究的文献极为罕见等等；所有这些都增添了施蒂格勒这部专著作为一项开创性研究的难度和分量。

从施蒂格勒的论述中可以看出，与古典经济学相比，新古典经济学所秉持的分析方法呈现出一系列新特点，这主要涉及以下几个方面。首先是对边际分析方法的强调。他们认为先前经济学所注重的总量或平均量分析虽然仍然有其一定的重要性，但经济边际量或增量对说明经济行为及其后果具有决定性意义。他们还认为这种边际增量的意义不仅存在于人们的心理活动中，而且普遍存在于各种客观经济活动中。与此相关，他们一般都将最初从个人主观心理感受得出的边际效用递减视为一个基本规律，并将之扩大应用到生产和消费等各个经济领域，以之作为分析人们经济活动的一个普遍准则。

其次是对个人追求利益最大化以及均衡观念的强调。他们认为个人追求利益最大化是天经地义的永恒的法则，非此即无经济活动的动力和最终目的；而实现相关各方力量的均衡则是人们在追求利益最大化过程中不得不接受的一种现实可行的最佳状态，于是进行均衡分析或寻求相关各方力量的均等成为经济学的一项中心课题；随之而来的便是以相互影响和决定的函数分析替代古典经济学所热衷的单一因果分析。

再次就是对市场供求关系的全面深入研究。这是边际分析和均衡分析的延续和落脚点，因为市场经济条件下一切经济行为都需经过市场这个中介才能得以实现，而供给和需求则是市场的基本构成要素和基础。如果说古典经济学更注重的是市场供给中的劳动要素,而边际革命初期人们更关注的是需求,那么,以马歇尔经济学为代表的新古典经济学则将其视野扩大到全面关注市场供给和需求及其相互关系,新古典经济学其实就是市场供求经济学。

最后就应说到数学方法(尤其微分学)的广泛应用了。边际分析或增量分析、函数分析和均衡分析的应用,为在经济学中使用数学方法作为论证和表现的工具奠定了基础,也对使用数学方法提出了迫切要求,因而新古典经济学的发展与数学方法的广泛应用是并步而行的,这种应用为后来数理经济学的大发展奠定了基础。

对新古典经济学方法论的这些特点,施蒂格勒从根本上是肯定的,他的批评往往限于逻辑推理是否合理、前后是否一致等等。前苏联和改革开放前的中国理论经济学界,向来对边际主义和新古典经济学的方法论持批判态度,认为其特点是个人主义、心理分析和消费至上主义的结合。其实这是一种很片面的看法。作为分析微观经济现象的一种方法,以个人作为观察经济现象的基点没有什么不妥;至于消费分析和心理分析在经济生活中的作用,也已是一个人所共知的事实。

方法论的变革是为创建新经济理论服务并体现在新经济理论中的。新古典经济学的经济理论的主体便是施蒂格勒的这部专著所展示和研究的生产论和分配论。在新古典经济学家看来,构成生产论和分配论基础的是财富论,财富的形式有实物形式和商品价值(货币即价格)形式之分,价值(或价格)形式是进行比较的基础,因而他们几乎毫无例外地都首先将研究的重心投向价值论,并在此基础上进而论述生产和分配规律。施蒂格勒展示了这个认识的深化和发展过程。

新古典经济学的价值论就是著名的边际效用价值论,它经历了一个从创建到成熟的过程。如果说杰文斯、门格尔和瓦尔拉斯在1870年代初各自提出的学说标志着它的诞生，那么经过维塞尔、庞巴维克、威斯迪德和维克塞尔等人的不断加工和修改，到1880年代该理论可以说已经臻于完成，到了克拉克和马歇尔等人手中，该理论已经成为了一种比较成熟的现成的分析工具了。

依照边际效用价值论，物品的价值是指物品对于人的欲望满足所具有的意义，因而价值在本质上是主观的；价值的源泉在于物品的效用，即其满足人的欲望的能力，而物品数量的稀缺性则是对其是否具有价值以及价值大小的又一个限制，所以价值源泉是物品的稀缺效用性；人们满足欲望过程中，必然遵循物品效用递减法则，即随着人的欲望的不断被满足，他的欲望从而满足欲望的物品的效用必然递减，此即边际效用递减法则；在资源有限条件下，欲实现个人各种欲望满足的最大化，必然遵循边际效用相等法则，即：使每种满足最后实现的程度大体相等；在这些条件下，物品的边际效用，即最小或最后增量效用就成为衡量和决定整个物品价值量的尺度和决定因素，因为它最能敏感和及时地显示个人对物品数量变动对其福利的影响，最适宜作为衡量价值的尺度。新古典经济学认为，这种理论不仅适用于消费品的价值决定，而且也能说明生产性物品或生产资料的价值决定。

边际效用价值论是一种主观价值论。它将经济价值完全地归结为主观范畴显然是片面的和不切实际的；但也不应完全否定主观因素在商品价值决定中应有的意义，因为经济价值是主观和客观两种因素的结合，二者缺一不可。值得注意的是，这种纯主观价值论在新古典经济学形成后期，尤其在马歇尔经济学中，已经失去了价值决定唯一因素的地位，而被转变为价值决定的一个方面的因素，另一个方面是决定于生产成本的供给，这就是马歇尔的供给和需求均衡价值论,这种价值论比纯主观边际效用价值论当然更接近于市场经济现实。何况在马歇尔看来,由边际效用决定的需求已从纯粹主观角度转变为一种结合市场条件的客观行为,这就使其价值论进一步接近于经济生活的实际。

新古典经济学的生产理论包含着若干要点。首先是生产要素论。他们普遍接受萨伊的土地、劳动和资本三要素论,马歇尔又增添了经营管理这个新要素,提出了著名的生产四要素论。他们认为:这些要素都是财富及其价值的创造者;它们之间是一种相互依存的关系,缺一不可。其次,他们认为各种要素在生产中遵循着边际生产率递减规律,即在其他要素不变的条件下,各种要素的生产率会随其数量增加而递减(也有的认为是增加的比例递减);在资源数量有限(即不足以满足全部欲望)的条件下,实现欲望最大化的必要条件是各种边际欲望相等。再次,为了实现利润最大化,厂商通常会以成本较低的要素替代成本较高的要素,此即所谓要素替代法则。至于实现满足或利润最大化的条件,就是(通过要素替代)将相关要素的供给和需求调整到均衡状态。构成供给价格的要素主要是劳动("反效用")和资本("等待"),构成需求价格的则主要是物品的边际效用,以及决定这种效用的生产者或消费者的经济条件和社会风俗习惯等等。分析这个满足或利润的最大化条件,是观察新古典经济学家众多著作的一条重要线索。局部均衡分析被认为是基础,而一般均衡分析被认为是一种最高成就,因为它要确定考虑到市场全部商品条件下的价格。完全的市场自由竞争既是所有这些生产理论的根本前提,也是这些理论所要证明的最终结论,即只有这种完全自由竞争的经济制度才是最优越的。

新古典经济学的分配理论是其生产理论的延伸和具体化。如果说生产理论解释了一般商品的价值或价格决定法则,那么,分配论就是将这种一般法则用于解释各种生产要素的价值或价格决定，从而说明各种分配份额的决定。在新古典经济学看来，工资是劳动的价格，利息是资本的价格，地租是土地的价格，企业家利润被认为是工资的一种，它是企业经营的价格。这些价格的决定与一般商品价格决定是类似的，即由其各自相关的供给价格和需求价格决定。例如，工资决定于劳动者的生活费用等供给价格，与其所能提供的边际效用即需求价格的均衡；再如，利息决定于资本家的等待或忍欲（供给价格）与资本所能提供的边际生产率（需求价格）的均衡；等等。这里所说的是以马歇尔为代表的新古典经济学的分配理论，它是边际生产率分配论与生产成本论的结合。克拉克等人的分配论则是完全的边际生产率决定论，也就是说，边际生产率是各种生产要素分配份额的唯一决定因素。按照这种分配论，各种生产要素都按照同一个法则得到各自应得的份额，只要实现了这个法则的要求，就不会出现剩余，也不会存在剥削；不会有剩余，因为总产品被分配殆尽，此即著名的"尤勒定理"；不会有剥削，因为各种要素都按照同样法则得到报酬，如果说报酬有高低差别，那是各自边际生产率不同使然。这种分配论的社会意义显而易见，但马歇尔的基于供求均衡价值论的分配论，也蕴含着论证自由竞争资本主义制度可以实现社会和谐的深意，只是比较含蓄罢了。

施蒂格勒的分析对上述理论要点均有不同程度的阐述和解说，而对技术性层面的问题则有更详尽的评论。例如，他很注意经济学家们如何定义边际生产率递减的含义：是指增量递减还是指增量的比例递减？他认为只有增量意义的递减才是对的；又如，他注意到一些经济学家既相信边际生产率递减法则，却又否认要素替代的可能性，否认生产系数的变化，他指出这是自相矛盾的：不能替代，生产系数不能变化，何来递减？再如，他对边际生产率分配论所导致的"产品分尽"问题作了系统和详尽的考察,指出了尤勒定理的实现条件和意义,等等。至于当时围绕生产和分配论所展开的各种争论,透过施蒂格勒的论述,我们当可有具体和充分的感受。

20 世纪 30 年代以后,特别是二次战后,新古典经济学遇到了实践和理论的巨大挑战。1929～1933 年的资本主义世界经济大危机宣告了新古典经济学所信奉的经济自由主义的破产,而顺应历史潮流和社会需要的凯恩斯宏观经济学应运而生,它逐渐上升为西方经济学发展的新主流,取代了新古典经济学的主流地位;20 世纪中叶以后,由一部分凯恩斯经济学派经济学家所发起的批判边际生产率论的"资本论争",又进一步削弱了新古典经济学的影响力。在这些历史变迁影响下,新古典经济学的生产论和分配论已经并将继续会发生深刻的变化。这些挑战和变化都出现在施蒂格勒这部著作之后,自然也都没有在这部著作中得到反映,否则,该书就不只是一部具有阶段性的里程碑式著作了。不知此言对否?

晏智杰
2007 年 9 月 15 日
北京　海淀　百旺家苑寓所

序 言

乔治·J·施蒂格勒的博士论文"生产和分配理论史研究",在芝加哥大学弗兰克·H·奈特教授的指导下,于1937年完成(1938年3月提交)。麦克米伦公司于1941年出版了该论文的修订版《生产和分配理论:形成时期》,售价3.5美元。按照马克·布劳格(施蒂格勒过去的学生)的说法,这部书"是追踪1870年以后新古典生产和分配理论漫长演进过程的第一次认真尝试,并很快被誉为经济思想史的一个主要里程碑"。这篇论文还是作者毕生从事和喜爱的经济思想史研究的开端,他后来在经济思想史领域的很多著作仍致力于该论文所涵盖的这个时期(19世纪后期)。①

施蒂格勒在绪论中说明了这篇论文的动机。按他的说法,以往经济理论在1870年的"基本缺陷","显然是没有发展出一种生产服务的价格理论"。的确,如他所说:"在1870年还不曾有分配理论"。尽管1870年代的"边际革命"已经导致了价值理论的重建,但是分配理论多半还没有受到触动。正当经济理论的这个领域迫切需要更新时,1870~1895年间,在这个领域发生了缓慢而渐进的理论进步。本论文的目的就是追踪分配理论在这个时期主要经济学家著作中的发展——其中包括杰文

---

① 马克·布劳格:《凯恩斯以后的著名经济学家》(纽约:剑桥大学出版社,1989年),第240页。

2　生产和分配理论

斯、威斯迪德、马歇尔、埃奇沃斯和瓦尔拉斯等等——这种发展在边际生产率分配理论和尤勒定理中达到了顶点。

施蒂格勒的论题反映了他 1930 年代在芝加哥大学研究生期间学习的两个方面。第一方面是着重于新古典价格理论的系统训练。在经济学 301 即价格和分配理论的课程上，杰科布·瓦伊纳和弗兰克·奈特给学生授以马歇尔主义的价格论，那是芝加哥大学课程体系的中心。当经济思想史的许多研究致力于泛泛地解释经济"思想"时，《生产和分配理论》这样的经济理论史着实罕见。这样牢固的理论基础与经济学 301 课程十分强调新古典理论是分不开的。

施蒂格勒在芝加哥大学所接受的科学训练的第二个方面，是他受教于奈特教授的经济思想史课程。施蒂格勒对思想史的兴趣显然是在芝加哥大学，在奈特（在较小程度上还有瓦伊纳）的指导下养成的。施蒂格勒在本书绪论和其他地方说过，这个论文题目是奈特向他提出的。奈特在确定该论文的独特思路方面看来也发挥了关键作用。其他人肯定也看出了奈特对该论文的深深的印记：约瑟夫·多夫曼直截了当地说："（该论文的）观点是作者在芝加哥大学的老师弗兰克·H·奈特教授的观点。"①

奈特的观点是什么呢？奈特研究经济思想史的态度是批判的，通常是严厉的。唐·帕廷金有这样的描述："奈特研究经济思想史的路径是：对各种思想学派所提出的各种假定条件以及

---

① 约瑟夫·多夫曼对《生产和分配理论》的评论，发表在《政治科学季刊》第 57 号刊上（1942 年 9 月），第 468 页。多夫曼责备施蒂格勒热衷于"人们熟知的误解，以为克拉克的《财富的分配》在观点和程序上与先前的《财富的哲学》根本不同。这种看法缘于不熟悉（18 世纪）（原文如此。显系 19 世纪之误。——译者）70~80 年代美国社会科学中一些术语的含义"。

从中得出的结论的性质,作出纯逻辑的评论;他几乎专门集中于他所解释的各种理论的逻辑一致性。"① 例如,在关于李嘉图的一篇著名论文中,奈特提出了一种"设想,按照这种设想,对像经济学这样一些领域中的'前人'的主要兴趣,应该放在从他们的错误中学习一些东西"。然后他将"古典的"体系与"正确的"观点加以对照,指出了古典派思想中的七种"过失"。② 这样尖锐的聚焦于纠正错误的评论有时显得是在嘲弄,但隐藏在这些批评背后的却是严肃认真的初衷。施蒂格勒回忆说,奈特肯定"从强调李嘉图和经济学其他历史人物的过失和错误中获益匪浅……(但是),他以李嘉图的错误和马歇尔的弱点为例,教导我们应当对这些过失比对当时那些荒诞不经的谬论予以更多的坚持不懈的关注。"③

尽管施蒂格勒在其自传中说,他是 1930 年代早些时候在芝加哥迷上经济思想史的,但有证据表明他的兴趣比这个时间来得早些,而且与奈特无关。④ 早在西北大学攻读 MBA 学位时,施蒂格勒就撰写了关于"分配理论"和"从亚当·斯密到斯坦利·杰文斯的价值理论"的文章。⑤ 这就是说,在投奔到奈特门下之前,施蒂格勒已经在分配和思想史这两个论题上有所著

---

① 唐·帕廷金:"作为教师的弗兰克·奈特",《论芝加哥传统》(达勒姆:杜克大学出版社,1981年),第35页。
② 弗兰克·奈特:"李嘉图的生产和分配理论",收入《论经济学的历史和方法》(芝加哥:芝加哥大学出版社,1956年)。
③ 乔治·J·施蒂格勒:"获奖者的生平:十位诺贝尔经济学奖获得者",威廉·布赖特和鲁格·W·斯潘塞编,第二版(剑桥:麻省理工学院出版社,1990年),第95~96页。
④ 乔治·J·施蒂格勒:《一位不循规蹈矩经济学家的回忆》(纽约:基本书籍出版社,1988年),第27页。
⑤ 感谢斯蒂芬·施蒂格勒提醒我注意并得到了这些报告。

述，而这两个论题在后来的这篇论文中则结合在一起了。此外，这篇论文也不总是反映奈特的倾向。例如，施蒂格勒对门格尔倍加赞扬和大力肯定，而奈特为门格尔《原理》英译本所撰写的序言却多有批评。① 不过，施蒂格勒仍然承认奈特对他这篇论文的深刻影响，他后来写道："他是这样一位富有主见和批判精神的文献研究者，以致我在好多年后才能真正通过我自己的而不是他的眼睛来阅读经济学的古典著作。我一直没有再通读我的博士论文《生产和分配理论：形成时期》，因为我知道我会因其所体现的奈特的过分严厉的批判态度和该论文的不够成熟而感到不好意思。"②

对施蒂格勒在本书中所采取的批判立场有若干评论。有人注意到，"总的调子是说教的，甚至是教条主义的，但它有一种明确和清新的气息"。③ 已故的埃里克·罗尔爵士赞扬这本书，但也指出了其中一些"天真的居高临下调门"的例证，而且评论说"尽管对各个评论要点作了精心打造，但总是携着一股高傲之气提出来的，这无助于读者"。④ 虽有几分放肆，但这些段落仍常语并带幽默，并给了今天读者一个机会，得以对施蒂格勒闻名的机智先睹为快，尽管博士论文不是搞笑之所在。

时至今日，施蒂格勒的博士论文仍是关于分配理论发展的关键时期的经典著作。正如熊彼特在其巨著《经济分析史》中所指出的："这部出自一位杰出理论家之手的优秀著作，也许是

---

① 马克·布劳格注意到这些分歧的观点，见其《经济理论回顾》，第四版（纽约：剑桥大学出版社），1985年，第326页。
② 施蒂格勒："获奖者的生平"，第97～98页。
③ S. H. 派特森的评论，《美国科学院年报》，1942年3月，第259页。
④ 埃里克·罗尔在《美国经济评论》（1941年12月，第855～857页）上的评论。见瓦西里·里昂惕夫的附评，第857～858页。

对那个时期出现的各个领军人物的理论著作的最好观察,因而备受推崇。"① 这部著作在其最初完成并问世五十多年之后再次出版,就是熊彼特的判断仍然有效的明证。

道格拉斯·欧文

---

① "这个推荐并不意味着在每一个事实或观点上(与作者)保持一致"。约瑟夫·熊彼特:《经济分析史》(纽约:牛津大学出版社,1954年,第849页)。

第1章 绪 论

本书是对分配理论的批判性研究,该理论源自主观价值论并最终系统化为一般的边际生产率论。它涵盖的时期从1870年到1895年;在这四分之一的世纪中,经济理论在许多领域的文献中从一种技艺转变为一种日益严谨的科学。将穆勒的《原理》(这一时期开始时的英国理论经济学的顶点)和接近这一时期终点的马歇尔的《原理》作个最一般的比较,便可知此言不虚。

向更科学经济理论的这种前进运动不以英国为限。瑞典的维克塞尔、洛桑的瓦尔拉斯、美国的欧文·费希尔以及约翰·贝兹·克拉克,都是这一先进经济学说的主要解释者。巴罗内和帕累托在意大利作出了相应的发展。门格尔、维塞尔和庞巴维克前后相继的研究表明,这一运动在奥地利的发展是迅猛的和不平静的。唯有在法国和德国,难以发现复兴理论研究的杰出代表者——这一状况延续至今。

尽管经济理论在1870年代有了长足进展,但遗憾的是它多半限于价格理论这个领域。杰文斯、门格尔和瓦尔拉斯,即这一时期的"革命者",集中致力于主观价值论,他们的直接后继者们大多延续了这条路线。需求因素肯定比在古典经济学家那里得到了更多和更充分的分析，但是这个新侧重点也不是一块圣洁的福地。这三位发现者都信奉享乐主义（尽管这一点在门格尔理论上的痕迹相对较轻），而且他们对价值论的陈述导致了享乐主义伦理学对经济政策的许多虚假的应用。只是在最近这些年才开始了一场实际的放弃功利主义观点的运动，旨在追求更多无色彩但也较少争议的替代理论。

事实上，最需要改革的经济学领域是分配。分配**理论**在1870年代还是没有的。斯密以后的大多数英国经济学家们倒是分别提出了论述地租、工资和利润的篇章，但它们几乎没有任何重要例外地只是对当代英格兰三个最重要社会阶级的收入作出了描绘。①地租给土地所有者，工资给劳动群众，资本家则得"资本利润"。这种类型的分析在李嘉图和穆勒时代的英格兰自然有其用处，但是这种分析的缺点也是显而易见的，对此不必详论；② 基本缺点在于它缺乏一种生产服务的价格理论。

人们可能希望"革命者们"能集中关注古典派结构中的这个空缺。一旦边际效用论被应用于决定消费品价值，下一步合乎逻辑的便是决定生产物品的生产性服务的价值了。在完全竞争假定下，生产性服务的价值额显然等于产品的价值，给予每种服务的

---

① 强调分析社会阶级收入，至少可以追溯到亚当·斯密，他说："一国土地和劳动的全部年产品……自然地被分成……三部分：土地地租、劳动工资和资本利润，并构成国民的三个不同阶层的收入，他们或靠地租生活，或靠工资或利润为生。每个文明社会都存在这三个伟大的、原创的和结构性的阶层，所有其他阶层的收入最终都来自这三个阶层的收入。"〔《国富论》，现代图书（坎南）版，纽约，1937年，第248页〕。李嘉图相同的论述可供比较：《政治经济学及赋税原理》（冈纳版，伦敦，1932年），作者的"序言"；麦克库洛赫：《政治经济学原理》（爱丁堡，1924年），第103～104页；J. S. 穆勒：《政治经济学原理》（阿什利编，纽约，1929年），第二篇，第3章。

② 参看 F. H. 奈特："李嘉图的生产与分配理论"，《加拿大经济学与政治科学杂志》，第1期（1935年），第3～25、171～196页。

分配份额便会很容易地用在边际效用论中如此突出的某种增量分析方法加以确定。

但是，主观价值论中如此明显暗含的东西并没有得以承续。本书以下各章将会说明这一过程何以会如此缓慢。杰文斯在处理需求理论时是如此地批判古典派，但在分配理论上却是"错误之首"李嘉图的最接近的追随者。瓦尔拉斯对这个问题的研究在许多方面是非常杰出的，但直到1896年他才放弃了使其理论完全归于无效的生产系数固定的假定。不过，门格尔才是一个真正神秘莫测之人，他对消费品和生产物品的区分仅限于将前者称为第一级物品，而将后者称为高级物品。在他的价格理论中，他提出了一个物品（包括资源在内）在各种用途之间配置的一个简单的模糊不清的脚注。他试图发挥出一种边际生产率理论的基本概念，但这一理论的基本要素即生产服务结合比例的变动，在他的追随者那里全然消失了。

1890年代终于出现了边际生产率论。① 如同二十年前的主观价值论一样，当边际生产率论在不同国家独自形成时它似乎还是"悬而未决的"。瓦尔拉斯在洛桑，马歇尔、威斯迪德等人在英国，维克塞尔在瑞典，克拉克在美国，还有巴罗内在意大利——全都出现在1890年代，而且都加进了处理分配问题的边际生产率论的实质内容。不过，边际生产率论最终由如此众多经济学家同时提出这一点，与下述事实相比并不更令人惊讶：它不像主观价值论那

---

① 对这一理论必然出现（但是不完全）的各种预见，本书不拟详述。李嘉图地租论暗含的边际生产率论，可见《原理》第12章以下；还可比较杜能：《孤立国》（第三版，耶纳，1930年），特别是第495页最为重要；朗菲尔德：《政治经济学讲义》，伦敦学派重印本第8本（伦敦！1931年），特别是第4讲；曼戈尔茨：《国民经济学原理》（第1版，斯图加特，1863年），第117、131页，鲍莱在《纳骚·西尼尔》（伦敦，1937）第114页的引述。关于朗菲尔德的后继者伊萨克·巴特（其著作比较费解），可参看塞利格曼："论某些被忽视的英国经济学家"，《经济学杂志》，第13期（1903年），第532~533页。

样被同时明确提出，也没有立即成为一般理论的有机组成部分。

当然，从1870年到1895年这个时期还是比较近的——原因之一是其主要经济学家比较长寿。在本书论述的十位（这样确定多少有些随意）伟大经济学家中，只有杰文斯没有活到20世纪；有六位逝世于本世纪第二个十年；有一位活到1938年。① 他们的著作像他们人生一样富于生命力；只有极为大胆或者极具洞察力的经济学家才敢于在不顾及他们著作的情况下来回答当代理论的一个重要问题。

我通常不觉得需要强调该著作主题的重要性，但起初仍不免感到吃惊的是这个主题一直没有得到详尽的研究。标准的经济思想史著作的确包含了这个领域的某些部分，但是大多数作者或是对文献全然不知，或是不具备批判分析的适当理论工具，或是两者兼而有之。甚至当代一些杰出的经济思想史家也是用望远镜而不是用显微镜来考察这一领域的。此外，一些欧洲国家特别是德国的研究者们写了一些关于核算史的小册子，但是其中有些在总体上就是不合适的，能令人满意者则完全没有。②

---

① 见本书第8页生平简表。
② 下面是我所能提供的一张完整的著作表：
W. 莫尔曼：《核算史讲义》（耶纳，1914年）；
H. 海芬德尔：《经济核算问题》（埃森，1922年）；
C. 兰德尔：《经济价值的功能分配基本问题》（耶纳，1923年）；
K. 斯蒂芬：《经济核算问题》（维也纳，1928年）；
W. L. 瓦尔克：《工资原理》（伦敦，1928年）；
E. 海茨：《经济核算》（维也纳，1931年）。

我一直不能对斯蒂芬的论文作出评价。莫尔曼和海芬德尔否认任何分配理论的可能性。兰德尔接受庞巴维克的理论，只作了少许修改。海德尔的论文是精心写作的，他维护汉斯·迈尔的分配理论〔参看：迈尔："核算"，《国民经济手册》（第四版，1928年），第八卷，第1206～1228页〕。瓦尔克的研究是其中唯一一部试图概括非奥地利文献的著作，他的书对这些文献是一个有用的导论，但是他的解释同这些文献的分歧在后面各章中就变得明显了。

现在转向我们研究的经济理论，这里显然存在着某些随意的现象。首先关注的分配理论同经济理论的各个领域都是密切相关的，随之一般均衡理论也就得到了适当的强调。这里涵盖的实际领域基本上是两个：生产和分配理论。这两个领域彼此交织在一起，试图将它们截然分开是荒谬的。所有其他领域尽可能地被排除在外，不仅是为了将研究主题分解为便于把握的各个部分，而且还有别的考虑。几乎每一个从事此项研究的经济学家都以这种方式处理生产和分配理论。他们在研究生产和分配理论时，一直并尽可能地不去关注一般价值论，也对公共财政和对外贸易等问题不置一词。

对研究范围的第二种约束基本上是对现代实践的认可。这种讨论只同静态的竞争经济相关。在排除垄断方面我们只能跟着作者们走。在排除历史变化方面我们将再次遵循主流的做法，而且这种排除还得到了下述事实的支持：这个时期的历史主义经济学基本上是描述的而不是分析的，只有在马歇尔的场合我们才看到这种标准遇到了困难。

本研究的态度是批判的。首先，选择是明显的和不可缺少的。选择分析还是选择描述——这是一个不必多言的陈旧话题。同样，还必须提到并不是这里包括进来的任何一个经济学家都讨论了所有的生产和分配问题。核心结构和理论框架得到了充分处理，但理论细节则只有在其显得新奇或错误时才受到注意。

这个研究是批判的还有一层含义。我们试图发现和评价在正式论证中的所有重要错误。没有哪位经济学家能够完全避免逻辑上的缺失；另一方面，这里研究的经济学家，除了极少例外，都是优秀的逻辑学家。正式论证在经济理论的作用如此重要，以致这里短暂的离题讨论可能是合适的。

经济理论是根据逻辑法则从各种假定条件中得出结论的，因而"纯"经济理论是逻辑的园地，它的性质基本上是数学的。如果经济理论的假定不是不一致的，而论证也不是错误的，那么这种经济理论就是"正确的"。同样，如果经济理论的假定条件与"事实"不符合，那经济理论也就是失去了它的意义和重要性了。

经济分析的这些特征引出了本研究最终的批判方面。作者不限于进行选择和注意逻辑的一致性，还注意到了所讨论理论的经验的真确性。选择的假定是"正确的"吗？经济思想史家常常提出这个问题，而答案在总体上是不能令人十分满意的。有过许多失败，但庞巴维克的利息理论史可以作为一个重要陷阱的典型。这位作者十分自信，他从一开始就抱定拒绝先前所有利息学说的宗旨，认为他自己的理论无论在逻辑上还是真实性上都是无可匹敌的，这就导致了他对别人理论和观点的曲解和不公正解释。显然，巨大的困难在于确定什么是正确性的标准？

本书评价的基础是当代的尚未给出清晰阐述的新古典经济学。这种理论的资料直接来自于马歇尔，但它在瓦尔拉斯、威斯迪德和埃奇沃斯等人的手上才变得更为严谨；近来众多经济学家则进一步发展了这一理论。没有一种统一的"新古典"理论，但是另一方面，可以肯定的是，有影响的研究者之间的分歧比穆勒以来任何时候都小。这种理论的陈述有些反复和迂回，但是必须承认，因为它有广泛的解释力，因而可以接受这种理论体系。不过，某些理论体系必须用来评价某些特殊的学说，如果历史果真是批判的话。

历史要有用处，即具有建设性，就必须是批判的。包含着发现逻辑缺陷的历史研究只是规范论证的一种检验。尽管这种检验是重要的，对作者也许是有用的，但对读者来说却未必如此，读者或许去写一篇关于逻辑的论文会更好。经济学首先是政治经济学，社会政策总是它的中心议题。

参考资料的具体细节在以后的分析中会变得明显，所以我们可以转到最后的一个问题上：将上述标准应用到任何一个经济学的困难。每个经济学家——或者非经济学家——都必然会从研究观察中得到大量关于经济学的知识。几乎每个经济学家都能直截了当地回答一般经济理论问题。托马斯·曼对于其东印度公司产品的边际生产率理论必定是了然于胸的，但是这个理论直到1890年才正式地令人满意地形成。马歇尔说过："在每个人口稠密的国家，每个有思想的人都必须研究报酬递减法则。"① 但是他指出这个法则有各不同的分析形式。②

这个问题在1850年前的经济思想史上是最为严重的，后来就变得不那么重要了。解释渐渐专业化，而他们的理论也系统化了。但是，各种正确的"洞察力"使复杂的解释得以平息。在这些场合，检验得以应用，作者提出的是：这些观察是否符合经济学家的一般理论体系？或者顺便说说，它与其整个结构是不一致或不相干吗？

在运用批判研究方式时，公正性问题应当是决定性的要求。作者一直为"马歇尔科学用语中的一些模糊不清"所困扰；③ 阅读和再阅读威斯迪德冗长的《政治经济学常识》一直在考验着作者的忍耐力；他也一再被庞巴维克的卖弄学问和强制的雄辩力所伤害，如此等等。这些反应无疑是所有读者在一定程度上都经历过的，而在判断经济学家对理论分析的贡献时完全撇开个人的个性是困难的，尽管那是一种自发的反应。不过，我们希望这里提供的证据能够加强作者的结论。无论如何，读者不要将不妥的个人观点视为现成的结论。

至于本书涵盖的范围，它显然由一系列独立的研究所组成。包括十位杰出的经济学家；下表一列出了他们的名字和简历。除了克拉克以外，其他都是欧洲经济学家。除了这十位经济学家以外，

---

① 《经济学原理》（第八版，伦敦，1920年），第172页。
② 参考本书第55页。
③ T. 帕森斯："经济学和社会学：马歇尔与其时代的关系"，《经济学季刊》，第46期（1931~1932年），第335~336页。

帕累托、巴罗内等人的一些重要观点则被集中在最后一章。

表一　　　　　　　　　　本书研究的经济学家的简历

姓 名	生 年	卒 年	就读学校	职 业	首部重要著作问世
杰文斯	1835年	1882年	伦敦，大学学院	教学（曼彻斯特）	1871年
威斯迪德	1844年	1927年	伦敦，大学学院	政府部门，讲师，教学	1888年
马歇尔	1842年	1924年	剑桥	教学（剑桥）	1890年
埃奇沃斯	1845年	1926年	都伯林，三一学院，牛津	教学（牛津）	1881年
门格尔	1840年	1921年	维也纳，布拉格	教学（维也纳）	1871年
维塞尔	1851年	1926年	维也纳，海德堡，耶纳，莱比锡	教学（维也纳，布拉格）	1884年
庞巴维克	1851年	1914年	维也纳	教学（因斯布鲁克，维也纳），财政部	1884年
瓦尔拉斯	1834年	1910年	矿业学院	教学（洛桑）	1874年
维克塞尔	1851年	1926年	乌普萨拉	教学（劳德）	1893年
克拉克	1847年	1938年	布朗，阿穆赫斯特	教学（哥伦比亚，卡尔顿，阿穆赫斯特）	1886年

　　就研究的强度来说，每位经济学家所有可以得到的名著都囊括在内了，但有两个例外。第一个例外是瓦尔拉斯，由于贾菲教授的想法，我们还未能得到《纯经济学要义》的集注译本。这里依据的主要是1926年的版本，在一些问题上还参考了先前的版本。第二个例外是马歇尔，在有限的时间内详细校勘《原理》的八个版本和其他许多著作是不可能的。在这两种场合，可以相信的是现在的解说不会依据各种校勘版本进而作重大的改动。

　　最后，关于论述的次序需要作点解释。安排材料要么根据论题，要么根据人物。前一种方法会使重复大为减少，并且强调发展的连续性（但常常并不如此）。根据不同国家集团的人物来安排更为可取，最大的好处是可以解释个人的统一理论体系的各个部分，从而更容易评价一个人的总贡献，这在经济思想史中不是无足轻重的。对每个经济学家的讨论可以在中性标题下分别进行，更易于对理论观点进行比较。

只有一个论题脱离了上述次序，将一个论题的所有著述集中到一起。这就是关于分配问题的尤勒定理的著名争论。除了瓦尔拉斯、克拉克、埃奇沃斯和维克塞尔的预见以外，所有相关资料都集中在第 12 章。

第2章 威廉·斯坦利·杰文斯

威廉·斯坦利·杰文斯是新古典经济学的先驱者。① 他对古典理论有所背离，但更多的是补充，尽管粗心的研究者可能很容易得出相反的印象。诚然，杰文斯本人视其理论是革命性的，他推动了效用价值论并对它作了热情洋溢的陈述；众所周知，"他相信约翰·斯图亚特·穆勒是所有有害的经济影响的典型"；② 还有，他的数学表述方式通常也被看作是要强调对古典理论的对抗的。但是，他的生产和分配理论——即本章所研究的理论——却基本上是古典的。马歇尔和埃奇沃斯总的来说接受杰文斯的工资理论，就是杰文斯研究路径正统性的一个表征。

---

① 有关杰文斯生平详情，可查阅 H. W. 杰文斯和 H. S. 杰文斯："威廉·斯坦利·杰文斯"，《计量经济学》，第二期（1934年），第 225~237 页。还可参照：《杰文斯书信和日记》，（伦敦，1886年）；L. 罗宾斯："杰文斯在经济思想史中的地位"，《曼彻斯特学派》，第7期（1935年），第 1~17 页；P. H. 威斯迪德："斯坦利·杰文斯"，转载于《政治经济学常识》，第2期（伦敦，1933年），第 801~813 页；J. M. 凯恩斯："威廉·斯坦利·杰文斯"，《皇家统计协会杂志》，第 99 期（1936年），第516~548 页。

② 威斯迪德：同上引书，第813页。

杰文斯阐述资本论与构建主观价值论几乎是同时完成的。他在1860年6月1日的一封信中说:"当然,(这个真正经济理论的)大部分结论都是以一种前后一贯的形式所表述的旧结论,但是,就我所知,我对资本所下的定义以及对资本利息法则的说明是崭新的。"① 在同其兄弟的通信中,杰文斯偶尔提及他的资本论和利息论,并认为这些理论的重要性仅次于他的价值论。他关于利息率决定于各个生产期间边际生产率的理论,早在1860年就以同十一年后《政治经济学理论》基本类似的方式提出来了。② 1862年杰文斯向英国科学促进协会提交的富有启发性的论文"政治经济学一般数学理论短论",概述了他的价值论,也概述了他的分配论。③

以更扩展的形式出现在《政治经济学理论》中的分配理论很少引人注意,与作者的主观价值论相比,引起的注意当然更少。造成这种情况有多种因素。首先,杰文斯对分配问题(资本问题可能是个例外)的处理,就其原创性与内容的整合来说,远不及他对价值论的处理。其次,分配论(连同第4章论交换一起)是以半数学的方式说明的,而杰文斯的蹩脚的公式表述使这一进程不是更清晰而是更模糊了。④ 最后,他为《政治经济学理论》所撰

---

① 《杰文斯书信和日记》,第152页。
② "不过,我将说明,对所使用的全部资本,只能以与最后增加的份额相同的比率来支付;因此,各最后份额提供的生产增益或收益决定着全部资本的利息"(《杰文斯书信和日记》,第155~156页)。
③ 该短论重印于《政治经济学理论》(伦敦,第四版,1911年)附录三。
④ 马歇尔在论及杰文斯的数学应用时指出:"……他像扫罗(Saul)盔甲中的大卫"(《马歇尔纪念文集》,伦敦,1925年,第100页)。杰文斯不时坦承他研究数学的困难,说自己的数学功底充其量不过微分学基本原理而已(《杰文斯书信和日记》,第29、32、36、48、88、118、158页)。下述一点无疑是真的:杰文斯"蹩脚的数学公式"(对凯尔恩斯来说似乎如此),对当代经济学家只起了模糊其著作重要部分的作用。参看 J. E. 凯尔恩斯:《政治经济学若干基本原理》,伦敦,1874年,第21页及注释。

写的自序很少强调分配论,他强调的反而是他在分配领域中接受的大部分的古典理论。①

初步的考察

为了构建正确的分配理论,杰文斯提出了若干基本点。他强调了这个事实:没有一个生产要素(他特别提到劳动)是价值的源泉(参看"价值的源泉",第 161~166 页)。② 他在第二版中越来越深信,所有生产要素同价值的联系都来自于相同的关系,即稀缺性;他说:"我们必须把劳动、土地、知识和资本看作是整个生产的协同条件,而不能看作是某一部分产品的原因"(第 46 页)。在第二版序言中,杰文斯得出了可以代替成本学说的重要论述。他指出,穆勒所谓价值的例外情形,即若制造业必须使用来自农业的土地,则土地地租将加入制造品的生产成本,事实上这正是典型情形。这样一来便可立即得出结论:某种类型的农产品必定会使土地远离农业用途。这不是土地使用的特例:

> 可以看出,工资的原则恰好相同。一个人若能在一种职业上每日挣 6 先令,那么,除非他能指望在别的职业上每日也挣 6 先令或者更多,否则他是不会转行的。不存在劳动的绝对成本这种东西,它完全是比较而言的(序言,第 49~50 页)。③

---

① 杰文斯在痛斥工资基金学说是不说自明之理的同时,却认可古典派地租论和人口论的正确性。
② 参看《政治经济学理论》。第二版是作者生前最终版,此后各种版本都是原版重印,正文没有改动。所有参考资料均引自第四版,除非另有说明。感谢麦克米伦公司允许我引用这部著作。
③ 着重号是我加的。马歇尔基于不能令人信服的理由拒绝这种论证。《经济学原理》(伦敦,第八版,1920 年),第 437 页注。还可参看第 92 页(极为重要)。

因此，工资与价值的关系同地租与价值的关系是一样的。份额、地租、工资和利息是完全对称的："地租论和工资论是完全相似的……同样的看法，经过必要的调整，完全可以适用于由固定资本引起的租金，也适用于自由资本的利息。"（序言，第1页）。①这段话说明，同自由（可转移）资本相比，固定（消耗掉）资本的收入和价值是由地租法则决定的。

劳动理论和生产

尽管有上述极富启发性的预先说明，杰文斯在正文中，在解释生产成本与价值的关系时，还是没有作出实质性的变更。他对生产成本与价值的关系问题的讨论出现在论劳动的第5章中，②而不是出现在更合适的论交换的第4章中，这是因为他想更多地强调古典派的劳动成本论。③他的劳动章节开宗明义地援引了亚当·斯密的著名论点："每一物的真实价格，每一物对于欲获得该物的人来说的实际花费，就是获得该物的辛苦和麻烦……劳动是第一价格，是支付任何物品的最初的购买货币。"杰文斯相信，这个论点"实质上是对的"。④

杰文斯没有深究生产组织问题。在"劳动的分配"一节中（第183~186页），杰文斯试图确定个人如何在两种商品之间分配劳动。这种分配是这样决定的：两种产品的边际效用与两种（或

---

① 他又说："……支配工资率的法则同支配租金的法则是一样的"（第47页）。
② 第5节（第183~203页）讨论了成本与价值的关系。在第二版增加了"经济量的关系"（第189~193页）和"联合生产"（第197~202页）两节，但对成本与价值的关系问题没有增添什么新内容。
③ "生产的主要因素和财富的主要源泉，毫无疑问是劳动。"〔《经济学原理》（伦敦，1905年），第71页〕。
④ 他在第二版紧接着加了这么一句："如果深加分析，便可知这一名言可能并不像大多数读者乍一看会感觉到的那么完全正确。"（第167页）

更多）职业的劳动负效用具有相同比率。① 他承认例证可能并不真实，但他认为指导个人行为的原则"就其一般性质来说也适用于整个国家"（第183页）。

然而，这个原则显然不能指导"整个国家"。② 杰文斯通常总是精心地否认不同个人之间主观量的可比性："可以看出，在我的方程式中，没有一个表现的是一个人的劳动和另一个人的劳动。"（第166页）。由此可见，在企业经济的各种不同用途之间，（随着劳动分工的发展）劳动的效用或负效用对劳动或其他资源的配置，不可能保持单一的比例。假如用货币成本和收入来代替负效用和效用，那么，这种分析思路就会导致资源在各个产业之间按照选择成本理论来配置，但是杰文斯没有走到这一步。这种理论不能轻易地适用于劳动分工具有重要地位的经济中的个人。

成本价值论和效用价值论在一定程度上被看作是吻合的。以下的说法包含着相互决定的概念："生产支配交换率，同样，交换率也支配生产……它们（交换率）决定于生产力的均衡和用最后效用程度衡量的需求的均衡。"（第188页）。在第8章"结论"中，杰文斯概述了一般均衡问题："已知一定的人口，他们有各种需求和生产力，并占有一定的土地和其他物质资源：如何利用他们的劳动使其生产的效用最大，这就是所要研究的问题。"（第267页）。但是，这个观察（它们实际上构成了杰文斯的全部生产论）并没有超过对所涉及问题的一般陈述。

同样地，在"联合的生产"一节（第193~202页）中，整个分析也因假定联合生产的商品只能以固定比率生产而变得肤浅和

---

① 他以数学公式表示如下：$\frac{du_1}{dx}\frac{dx}{dp_1} = \frac{du_2}{dy}\frac{dy}{dp_2}$。其中 p_1 和 p_2 分别代表生产商品 x 和 y，并带来效用 u_1 和 u_2 时所花费的劳动的负效用。

② 杰文斯著名的"贸易体"理论（第88~90页）也犯有同样的错误：试图将个人分析直接应用于各个竞争性团体。

16　生产和分配理论

毫无意义了。更遗憾的是，这种重新陈述必然将其成本论置于与杰文斯先前决不接受的见解相一致的境地。

杰文斯接下来论述的分配论的顺序离开了他的本意（即第 5 章劳动论，第 6 章地租论，第 7 章资本论）。如果前后连贯，则要求地租首先被排除，按照他的理论来决定这个纯产品，然后以边际生产率理论的变种来决定利息，余额则构成工资。

地租理论

除了以简明代数和几何方法重新陈述了古典派地租论之外，杰文斯对地租论没有做出什么新贡献。① 他完全接受李嘉图的地租理论："对李嘉图地租论的最佳阐述"是由麦克库洛赫作出的。

地租缘于土地肥沃程度和土地耕作报酬递减这两个条件。为确保投资而支付的价格，必须等于该资本在土地耕作花费最多条件下的成本，因此更肥沃土地所获得的超过额，以及在"边际内"（用现代术语来说）使用劳动和资本所获之超过额便是地租，即土地所有者的份额。

杰文斯一如古典派的学者，将比率和递减报酬的增量相混同。在同一段落中，两种定义兼而有之："……如果在同一块土地上使用或多或少的劳动和资本，则生产物不会与劳动量成比例地增加……生产物的最后增量总会与生产它所需的劳动保持越来越小的比率。"（第 212 页，又见第 217 页）。其次，杰文斯确信，一块土地的产品总会随着使用于土地的劳动的增加而增加，尽管增加

---

① 可能有人认为杰文斯改变了他的观点。在第二版前言中，他对其《政治经济学初阶》（纽约，1881 年，第 94 页）关于地租的讨论表示不满意，对他在《政治经济学理论》中对地租的意见同样不满意，参看《政治经济学理论》，第 51 页。不过，《初阶》没有讨论报酬递减问题。

的比率会"不断递减,甚至减到零"(第217页)。下述说法实质上是对的,但在表面上又不对:① 决非无限的劳动量应用于数量有限的土地上必然带来零产品。

为了方便,也因为一些古典派学者将资本归结为劳动,② 所以杰文斯仅仅考虑了花费在一定量土地上的劳动量这一个变量。几何表述如下图1,他初次提出的这种图形后来流行于经济学教科书。其中 *OX* 表示所花费的劳动量,*OY* 表示劳动的边际产品,*APC* 表示在一定量土地上所花费劳动的边际生产率。*RP* 线由通过 *OM* 劳动供给点的水平线(它由所有土地上"劳动"边际生产率的均等化决定)与 *APC* 曲线的焦点决定。在这种场合,工资将是 *OM·PR*,而地租就是产品余额,即 *RAP*。

这个分析只在表面上类似于真正的边际生产率工资理论。③ 类似缘于术语;如果"资本和劳动"一词被"劳动"一词所取代,④ 则工资和利息的各种因素就变得不确定了。实际上,后来出现了

---

① 参看 F. H. 奈特:《风险、不确定性和利润》(剑桥,1921年),第99页特别重要。

② 在第二版中,杰文斯说这种理论是完全错误的,但他没有改变他先前的表述,他相信假定劳动的增量(他称之为"剂")得到资本同等的支持,会有助于简化问题(第216页)。这一点并没有影响到他对地租的表述;他对地租的表述又回到了当前的假定。

③ L. 阿莫洛莎:"W. S. 杰文斯的纯经济学",《经济学年鉴》,第二卷,(1925~1926年),第98~99页;瓦尔拉斯:《纯政治经济学要义》(洛桑,1926年)第375页;B. H. 希金斯:"杰文斯:百年评价",《曼彻斯特学派》,第6期(1935年),第109页,该文将工资边际生产率论归之于杰文斯(我以为这未免太随意了)。实际上,杰文斯在其最后某部著作中,以相当混乱的论证看来否认将劳动产品同其他与其结合在一起的生产资源的产品加以分离的可能性。参看《国家与劳动的关系》(伦敦,1882年),第99页特别重要。

④ 应当记得,杰文斯这里关注的是地租理论,而其他生产要素是非主要的。注意到下述一点是有意义的:他对穆勒假定劳动和资本之间的比例是固定的这一假定(参看《经济学原理》,第24章)持强烈批判态度。

一种特殊类型的用以解释利息的边际生产率理论，结果工资成了一种剩余。

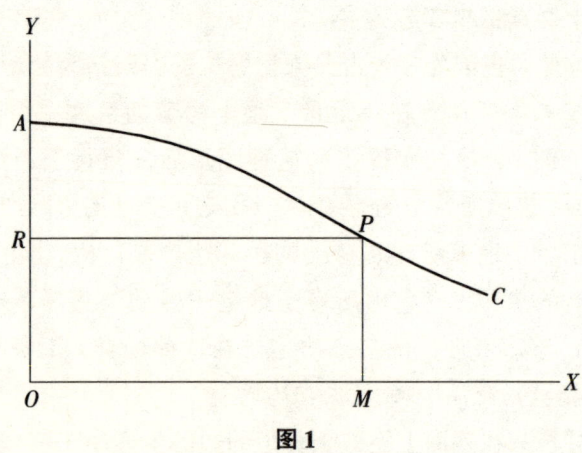

图1

不过，杰文斯没有看到，他的分析还意味着，应用相反的方法，地租能按土地（和固定资本）的边际生产率加以确定。① 他实际上分析了地租理论可应用于固定资本的情形，但是他暗示说，他可能会拓展他的资本概念，以便容纳各种形式的资本及其边际生产率，而不光是生产期间的变动。最后这个限制是其资本理论的主要缺点，现在我们就来考察他的资本理论。

资本理论

资本概念

杰文斯的资本概念实质上就是后来所谓"生产时期"派（其首领是庞巴维克和维克塞尔）的概念。杰文斯说他的理论同李嘉图主义的分析基本上一致，但他的方法在一些方面不同于古典派，

---

① 维塞尔首先指出了这一点（本书第60页），J. B. 克拉克和 J. A. 霍布森继而也指出了这一点（参看本书第11章）。威斯迪德的分析见第12章。

他这样说是对的。① 首先，杰文斯依照李嘉图指出的用途对资本这一术语的含义加以限制和拓展。就限制来说，杰文斯只是排除了所有现今所谓"免费和非投资的"生活资料：②"构成资本的不过是为维持任何一种劳动者或从事劳作的阶级所需要的商品之总和"（第223页）。资本包括"日常所用的各种物品"，例如食品和衣物，但是不包括住房（第262页）。另一方面，他又把资本扩大到包括消费者手中的一切可消费的商品（参看"消费者手中的各种物品是资本吗？"，第259~265页）。他的论据实质上是认为在决定一物是否资本时，所有者方面的偶然情况不应当是决定性的。"只要一个人提供某种物品，另一个人使用它并支付租金，这就表示存在资本。因而，如果某人既使用又拥有某种物品，那么事情的性质也不会有什么基本的差别"（第263页）。应当看到，第二种变化同第一种变化有些抵触，因为固定资本构成了依照所有者标准被排除的大部分资本品（第260页极为重要）。

从古典派的立场来看，上述两种变化都是典型的杰文斯主义半真理。第一种变化基本是术语的变化，用利息论解释的只是对非投资资本的回报（古典派会认同这一点），这样说当然是对的；对固定资本品和"土地"的回报则须以地租论加以说明。在第二种场合，杰文斯依据不正确的论据得出了正确的结论。构成资本的乃是能够带来收入或一定时期服务的一切物品。然而，由此看来，不能再从引起各种消费服务的东西来区分资本，区分为因数量微

---

① 杰文斯《经济学原理》第24章"穆勒论资本"一整章都是用来攻击穆勒关于资本的四个基本命题的。他完全拒绝其中的两个命题：工业受限制于资本；对商品的需求不是对劳动的需求。他对另外两个命题的拒绝陷入了他指责穆勒所犯的同样错误，诡辩和玩弄辞藻。V. 埃德尔伯格："李嘉图主义利润理论"，《经济学家》，第13期（1933年），第51~74页。他试图在李嘉图著作中发现边际生产率利润论，但在我看来他没有成功。埃德尔伯格对李嘉图主义利润论的表述同杰文斯是一致的（同上，第64页）。
② 这个定义并没有坚持到底。参看杰文斯：《原理》，第24章；《理论》，第260页特别重要。

不足道而随时资本化的服务的价值,以及因其实际发生即服务期短暂而提供的服务价值。

杰文斯非常强调资本的时间因素。这是因为在一个项目的开始和它能提供服务的时间之间存在一个间隙,这就需要储备一定物品(它们构成资本)以支持劳动者。这个时期可以称为建设时期。"资本使我们得以事先增加劳动"(第226页)。总产品将随着用于建设项目的资本额的增加而增加(参看特别是第224、225、226页)。

资本每有增加都暗含着用于装备建设项目的资本耐久性增加(参看第226、228~229页,特别是245页)。这个"利用时期"同"建设时期"甚至并非密切相关,但杰文斯将它们完全混为一谈了(第227~229页)。他的利息论仅仅适用于"建设时期"问题,的确也很难用于"利用时期"场合。然而,他正式讨论的是一般生产过程,包括建设时期和利用时期(如果该物品是耐久物品的话)。杰文斯表明这种一般生产过程的每次延长都会增加使用资本,① 而且生产过程的发展还以相反的情况为必要条件,即使用资本每有增加等同于生产时期的延长。

杰文斯资本概念的最后一个方面是,他明确区分了投资资本量和投资量,分别称之为资本和资本化,尽管他没有给出定义。前者只由一个"维度"构成资本,即投资于购买劳动的生产资料;后者则有时间和资本两个维度。② 图示如图2。沿 OX 测量时间,资本(或购买的劳动)则沿 OY 测量。图2A表示投资率,它是时间的线性函数,例如,一年中雇用一个劳动者。因为资本投资可以是无限小地进行的,它可变成连续曲线(图2B)。"非投资"(杰文斯用语)资本也遵循同样过程,以图2B中从 A' 到 T 向下倾

---

① "……商品供给的任何改进都会延长使用劳动和得到最终成果或实现最终目标之间的平均时间间隔,这种改进有赖于使用资本"(第228~229页)。
② "资本投资量显然决定于任一时刻所投资本与其投资时间长度的乘积"(第229~230页)。

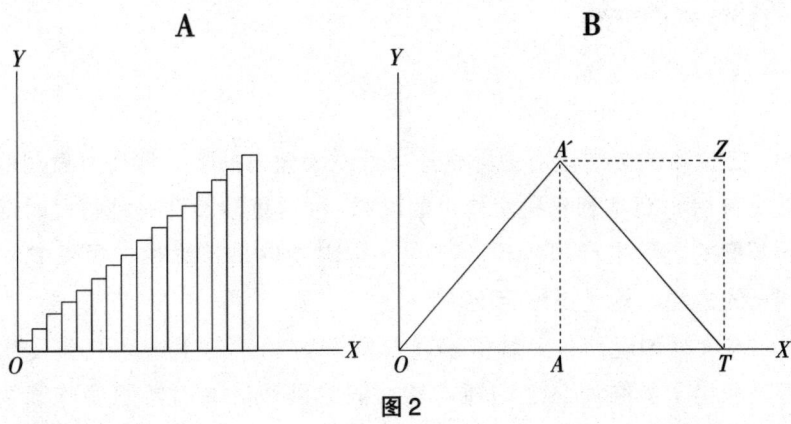

图2

斜的曲线表示。OX 线上 O 和 A 之间任一垂线高度表示当时的投资资本额;它所圈起的面积表示资本投资额,如杰文斯所说,不计先前支出的利息。① "非投资"额(或者资本品的消费)在图2B中以处在任一时间点的三角形 $A'ZT$ 的面积表示。② 杰文斯没有讨论投资和"非投资"之间的关系;为了图解他只给出了一种简单的对称图例(第231页)。

杰文斯资本概念的主要错误是,他假定资本的增加等于生产时期长度的增加。这一点将在后面联系庞巴维克的理论进行讨论。其他值得一提的错误有两点:第一,他暗中假定每一种资本物品被完全清偿,清偿一旦完成,事实上也就是清偿完毕之时,它就不再带来纯收入(根据纯收入定义),除非提供了维修和补偿。杰文斯的例证之一表明,他在这方面是受到了古典派假定生产循环期为一年(在农业中)的影响的。另外一个错误是,与古典派一样,杰文斯也假定自由资本对新创造资本装备的贡献仅仅是通过

---

① 在别处考察投资利息(第239~241页)。
② 以数学公式表示,资本投资纯数额是:$\Sigma t \cdot \Delta p - \Sigma t \cdot \Delta q$,其中 t 表示时间,Δp 表示 Δt 期间投资的资本额,Δq 则表示 Δt 期间"非投资"的资本额。

维持劳动来实现的。

利息率

杰文斯的分配论对边际生产率论发展做出的唯一重要贡献是他对（自由）资本利息决定作出的说明。① 这里涉及到一种建设时期的**长度**的边际生产率理论，它在一定限度内是正确的，虽然它对利息的说明必然是不恰当的。

杰文斯假定，一定量资本（投资于劳动）的生产率只是支出劳动和售卖最终产品之间所花费时间的函数。如以新酒变陈酒为例，② 储存时间的微小增加都会使既定量的生产有所增加。③ 因此，"这种（生产的）增加与资本投资增加的比率将决定利息率"（第245页）。这就是说，（即时的）利息率等于该生产（它是时间的函数）增加率除以整个生产过程。杰文斯以数学方法表示利率决定（见下文），又以几何图形示例，以一条曲线表示资本边际生产率。④

对杰文斯数学陈述的下述总结表明了他的假设是十分大胆的，而结论却是很有限的：

1. 令 p 表示生产，t 表示时间，所以 $p = F(t)$。建设时期的增加（Δt）将使生产增加到 $F(t + \Delta t)$。因此，生产增量是 $F(t + \Delta t) - F(t)$。
2. 投资增量、资本与时间之乘积，是 $\Delta t F(t)$。以投资增量除生产增加，便可得出投资增量的回报率，即：

---

① 重要的一节是："利息率的一般说明"（第245~247页）。
② 因为酒可被设想为一次被消费掉，所以没有利用期间。
③ 暗含假定所有其他生产要素保持不变或未曾加以利用。
④ 第258页的图有一处错误；纵坐标所表现的并不是扩展的（如杰文斯所说）生产期间的边际生产率 $[F'(t)]$，宁可说是资本的边际生产率或即时利率 $[F'(t)/F(t)]$，此处 $F(t)$ 是生产，t 是时间。

$$\frac{F(t+\Delta t)-F(t)}{\Delta t}\cdot\frac{1}{F(t)}$$

3. 即时利息率：

$$\frac{d[F(t)]}{dt}\cdot\frac{1}{F(t)}=\frac{F'(t)}{F(t)}$$

但是，必须强调指出，这不是年利息率，而是即时利息率或"利息能力"。庞巴维克未能理解（杰文斯亦然）[①] 这两个比率之间的区别，因此把杰文斯理论中并不存在的一个错误归结于他。[②] 实际年利率与即时利率（有时称为利息能力）之间的区别可以数学公式表示如下：[③]

1. 假定（如杰文斯所说）$p = F(t)$，但 p 现在不是产品售卖或实现时的价值。如果 V 是现在的价值，r 是年利息率，则：

$$V = p(1+r)^{-t} = F(t)(1+r)^{-t}$$

2. 假定年利率 r 不变，现在价值 $V[=g(r,t)]$ 最大化，则：

$$\frac{\partial V}{\partial t} = F'(t)(1+r)^{-t} - F(t)(1+r)^{-t}\log_e(1+r) = 0$$

3. 因为 $(1+r)^{-t}$ 不可能是零，它可以被除去，余下：

$$F'(t) - F(t)\log_e(1+r) = 0$$

---

① 有图中的错误为证（第 258 页）。

② 参看：《资本实证论》（英译本，伦敦，1891 年），第 399 页注释。维克塞尔维护杰文斯："资本利息和劳动工资"，《国民经济和统计年鉴》，第 59 期（1892 年），第 867~868 页；《论劳动、资本和地租》（耶纳，1893 年），第 116~119 页。庞巴维克不理解这种混同，坚持他的批评；见《资本实证论》（第四版，耶纳，1921 年），第一卷，第 461 页注。

③ 参看维克塞尔：《论价值、资本和地租》，同上，第 117 页注；又见：R. v. 杰涅希藤："论资本生产率、报酬和利息之间的关系"，《国民经济杂志》，第 2 期（1930~1931 年），第 219~220 页。维克塞尔（同上书）将工资扩展到公式之中。

$$\text{或} \qquad \log_e(1+r) = \frac{F'(t)}{F(t)}$$

这就是即时利率与年利率的关系。

可以设想（不过杰文斯没有这样说）建设时期可能被任何企业所延长，以致即时报酬率等于市场利息率。

即使杰文斯有一种利息边际生产率论，那也是很不完善的。它只是为一种商品的特殊场合而提出的：该商品价值的增加是通过时间但没有增加任何开支而实现的。杰文斯的利息率通常与工资和地租没有关系，① 而且，他也不考虑工资和地租与市场利息率的关系。更一般地说，他没有提出报酬率最大化的条件。

杰文斯显然没有脱离古典派理论。他的资本及利率概念基本上与包含在工资基金学说中的概念是相吻合的。基本区别实际上在于，古典派假定生产期间是固定的（一年），又凭借生活资料工资概念以便在劳动和资本之间分割去掉地租之后的产品，而杰文斯只不过为利息率的决定增加了生产时期变化这个新因素。

劳动理论

在劳动分析中，杰文斯集中注意的是痛苦或反效用成本问题。他完全是从个人的角度来讨论的，讨论个人在一种职业中的劳动。他的分析着重说明决定某职业中的劳动供给的因素，但他没有一般地研究成本和价值的相互关系，也没有落脚于说明企业经济中的劳动报酬问题。

劳动被定义为：为避免更大痛苦或为带来更大快乐所经历的某种痛苦体验。这个定义可能带有其价值论的享乐主义色彩；杰文斯认为效用的尺度具有一种可以确定的零点，并且相信人的感受

---

① 他实际上认为工资独立于资本量（第254～255页）。

可从正（效用）负（痛苦或反效用）方向加以衡量并用代数式予以表述。① 他又从经济意义上对劳动加以限定，即从未来物品来说，劳动是一种或局部或整体所体验的特殊动作和创造等（第168页）。直接享乐与劳动相抵销的场合被理解为一般意义的所谓"非经济的"场合。劳动定义的这种两段论反映了古典派对杰文斯的强烈影响。他的劳动一般定义反映了典型古典派的观点，将心理量看作是绝对量。人类动机代数值的非现实性不是这种概念的主要缺点；使享乐和劳动者（更一般地说，资源）的生产抉择之间的竞争原理变得模糊不清才是它更应受到责备的地方。对心理绝对量（例如"消费者剩余"和"牺牲最小化"）的全部讨论都是这种倾向的不幸产物，即把经济动机视作代数甚至数学项目，或是经由一定的几何图形加以表现。

试图基于补偿未来以区分劳动和游戏是不妥当的。② 也许在大多数场合，生产当事人是在提供服务以后得到补偿的，而不是在这之前，这原本是一个基于偶然或方便的社会习惯问题。唯一完整的与游戏相对照的劳动定义是：构成劳动的是各种形式的人类活动，这些活动相对于需求来说是不充分的，对劳动的需求是为了获得在各种竞争性用途之间的经济配置的报酬。

劳动量

杰文斯将时间视为劳动数量的第一尺度，劳动强度是第二尺度。如果时间不变，劳动量就是劳动强度的倍数。劳动强度不一致时，劳动量可用"一条曲线的面积"来表示（第170页）。劳动

---

① 劳动"显然是负价值的最重要的例证"（《原理》，第135页）。
② 杰文斯承认应用这个概念存在"很大困难"，不过他提出通过符号区分劳动则更为不幸（第168页注；《原理》，第14章）。他当然没有分享古典派关于非生产劳动的观点，反而对之采取了完全否定的态度（参看《原理》，第18章）。

强度可能涉及痛苦程度或生产率；生产率则反过来可分解为物质产品和效用的增加。① 如果劳动不是用在报酬递减的对象上，则生产率将与该劳动者的劳动强度和持续时间成比例。杰文斯似乎认识到这一点，因为他的讨论局限于痛苦的变化，在地租章才讨论生产率的变化。

个人劳动的供给决定于边际的劳动痛苦等于产品效用。劳动的厌倦感是劳动量即劳动强度和劳动持续时间的增函数。另一方面，边际效用是商品拥有量的减函数。为使产品效用和劳动的反效用可以比较，杰文斯似乎摇摆于两种不同的路径之间。

痛苦程度是劳动生产率的线性函数构成了一种假定，尽管杰文斯试图在它们之间划出一条界线。② 这种方法可能构成了他的几何图式的基础，他在解说这种几何方法时说："我们可以想像用某种曲线来表示同生产成比例的劳动的痛苦程度……"（第172页）。显然，要这样作须有一系列基本假定条件：一痛苦劳作的各个单位的效率是一致的；③ 二劳动（在劳动力意义上）不遵循可适用于其他资源的报酬递减规律。④

杰文斯依据的也许是第二条路线，这条路线更具适用性，而且假定条件也不那么极端。它在一个类似场合给出了明确的数学陈述（第174～176页）。痛苦程度和生产率被看作是时间的函数，

---

① 换言之，构成任一劳动者劳动量的要素有：一劳动持续时间；二劳动强度；强度则基于 a，痛苦程度或 b，在物质产品或效用价值产品意义上的生产率。
② 关于生产率和痛苦程度，杰文斯说："必须对两者仔细加以区分，它们对（劳动价值）理论都很重要。"（第170页）
③ 如以 P 表示产品，A 是劳动量，E 为劳动效率，则 $P=AE$；而且 $\frac{P}{A}=E$，E 被假定不变。
④ 十分好笑的是，所有这些限制条件将是不必要的，如果杰文斯遵循劳动价值论的话。

而且通过排除它们之间的分界线,他借助于产品而得出痛苦曲线。如下图 3。①

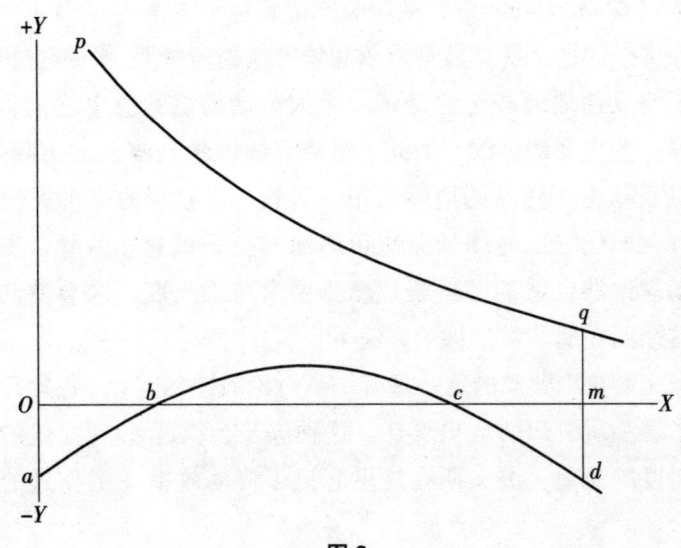

图 3

在作了一系列假定之后,杰文斯以效用和反效用相等来决定个人的劳动供给,并以产品效用和劳动反效用来说明其价格。② 他的方法是几何法。图中 OX 轴线显然是"产品量",OY 轴线衡量产品效用(正值)和生产劳动的负效用(负值)。实际上,当"劳动痛苦程度"的供给曲线(abcd)被表现出来时,OX 则完全表现了劳动的持续时间(作为劳动日的分数)(参看第 172~173 页)。③

---

① 这个过程可以表述如下:p(痛苦程度)$= f(t)$,P(生产率)$= g(t)$;所以 $P = h(p)$。
② 戈森实际上用同样方法说明了同一理论。参看埃奇沃斯:"戈森",《帕尔格雷夫政治经济学辞典》(伦敦,1923 年),第二卷,第 231~233 页。
③ 参看《原理》,第 74~75 页。以代数法表示如下:劳动痛苦程度被定义为 $\dfrac{dw}{dt}$,其中"t 是时间或劳动持续时间",w"是劳动量,意指伴随它(劳动时间)的痛苦余额,但不计其生产物"(《理论》,第 174 页)。

28 生产和分配理论

这涉及到进一步的假定，即在上述场合，劳动强度也是一致的。①产品递减的最终效用之普通曲线以 pq 表示。② 当效用的增加与痛苦相等（即 $dm = mq$）时，效用和厌倦感达于均衡。③

杰文斯的这个解释被马歇尔和埃奇沃斯所接受。④ 不过，在它被用于启发性地解释企业经济中个人劳动的供给决定之前，还不得不作一些主要的修改。为此，更恰当的说法是收入的边际效用，而不是实际生产商品的边际效用。当然，反效用的全部讨论都将被抛开，而代之以时间的非货币用途的竞争概念。另外，杰文斯的劳动理论的合适的图形表现至少要求三维尺度，这会使其成为解决这个问题的非常笨拙的方法。⑤

杰文斯在论劳动的这一章有一节讨论效率的变化。⑥ 他只考察了技术进步所引起的历史变迁。这种进步会引起 $abcd$ 曲线的变化及其斜度的变化。杰文斯在这里忘记了劳动效率（工作日的每一

---

① 如以 $P = AE$（参看注㊷），$A = TI$（T 表示时间，I 表示强度），则假定 $\dfrac{P}{T} = IE =$ 不变。"劳动强度界限"一节（第 203~209 页）对此没有作出理论分析，只不过论述了影响劳动强度变动的若干要素（参看第 175 页）。

② 然而，由第二种方法（如果我们要使这种几何方法协调一致）可以确定，首先要确定每单位时间所生产的商品量。然后从个人递减的最终效用图得出该商品量的效用，而后面这个量，即单位时间的效用，在图中是直接同单位时间劳动的反效用对立的。

③ 比较数学表述（第 174~177 页）。

④ 马歇尔：《经济学原理》，同前引书，第 141~142 页；埃奇沃斯：《政治经济学论文集》（伦敦，1925 年），第一卷，第 35~36 页；第二卷，第 289 页特别重要。

⑤ 如以无差别平面来表示，则其基本尺度是劳动效率，劳动持续时间（每个工作日）和劳动强度（或用产品代替其中任何一个）。

⑥ "需要和劳动的平衡"（第 179~183 页）。杰文斯在这里触及到了现今经济学的一个实际问题，但他没有深究："依照工人的意愿将工作加以分解总是不可能的；在一些企业中，坚持一日只工作几个小时的人会立即没有工作。"（第 180 页）。这是消费和生产不协调的重要原因。

部分）在既定技术条件下的不变的假定。不过，在其并非大有助益的结论上，他显然是正确的：这种历史变迁是增加还是减少了工作（主要是时间）量，这要取决于效用和反效用函数的性质。①

结　论

杰文斯的分配理论对该理论的发展甚少贡献，尽管其中包含着一些后来被发展的重要萌芽。② 地租理论因"固定"资本暗含的结论而有所改进；利息理论以边际生产率得到了部分解释；工资仍然是一种余额。没有追踪既定资源之间的不同用途的竞争；没有研究不同资源在一定产品生产中的相互关系；资本和利息同资源的关系也付阙如——对创造一种内容广泛而且内在统一的理论来说，所有这些缺点都是致命的。尽管"加总"或"产品分尽"问题在所有分配份额被决定（即没有余额）前不可能提出来，但杰文斯还是讲述了这种份额。在去除地租（依照李嘉图主义的分析）和赋税（被视为无关紧要）之后，他给出下列公式：产品＝利润＋工资。

依据一个方程式不能解两个未知数原理，这就否定了古典派关于工资和利润成反比例的命题。他进而拒绝了任何生活资料的工资理论，主要基于两点：不同职业和地区之间的工资大不相同；"生活必需品"的概念很不确定。尽管他赞同工资基金说作为一种短期解说的有效性（参看第 268～271 页），但他一贯强调资本和劳动报酬是相互独立的（参看第 255～256 页）。

---

① 关于这个问题，可比较 A. C. 庇古：《静态经济学》（伦敦，1935 年），第 9 章。
② 马歇尔对《理论》的评论，见《马歇尔纪念文集》，前引书，第 93～99 页。他对杰文斯的相关理论颇感失望。A. 扬的评论虽简短但比较平和与公正，见《新旧经济问题》（剑桥，1927 年），第 213～232 页。

对杰文斯地租理论的数学注释

1. 劳动被用在两块土地上,相等单位劳动的产品相等。这里的 x_1 和 x_2 是两块土地的产品。w 是劳动(在生产效率的意义上):

$$\frac{dx_1}{dw} = \frac{dx_2}{dw}$$

2. 报酬递减进程是因假定 $\frac{dx}{dw}$ 在经过一定的早期报酬递增阶段之后,可以"无限制地"递减到零而确立的。杰文斯又说,当 w 增加时,x 决不会减少。这是错误的:这否定了从既定土地获得最大化产品的可能性。

3. 回到第5章的命题,即劳动将扩展到效用与痛苦在边际上相等之处。由于忘记了这些变量的主观性质(这会使得先前的假定变得不可能,这些假定是:个人之间的生产函数是连续的,不同个人的相同工资的最后效用程度必然相等),他否认可将工资率作为劳动的边际生产率,即:

$$\frac{dx}{dw} \quad \text{或} \quad P'(w)$$

4. 工资总额是劳动时间与边际报酬之乘积,即:

$$w\frac{dx}{dw} = wP'(w)$$

5. 地租是总产品和工资额之差额。可被定义为:

$$P(w) - wP'(w)$$

第3章　菲利普·H·威斯迪德

菲利普·H·威斯迪德可能是老一代英国经济学家中最不知名的一位了，在他的同时代人中也不例外。① 尽管威斯迪德在其杰出的同时代人马歇尔、埃奇沃斯和帕累托等人中名声甚高，但在当时同辈的经济学家当中仍旧鲜为人知。不过，他的三本经济学著作中的两本却是专为普及经济理论而写的，这两本书是：《经济科学入门》（1888年）和《政治经济学常识》（1910年）。不过，这个悖论只是表面现象。《入门》是对边际分析的严谨说明，其中包含着对边际、变化比率、极限等数学概念的困难而出色的发挥；《常识》没有这么专业，但在其透彻性以及专注于"详尽甚至谨慎小心"② 之中，却也尽显令人痛苦的冗长和过分精雕细刻，甚至有卖弄学问之嫌。

威斯迪德在一定意义上建立了杰文斯"学派"。他和威廉·斯

---

① 关于威斯迪德的生平，参看 C. H. 赫福德：《菲利普·亨利·威斯迪德的生平和著作》（伦敦，1931年）；又见 L. 罗宾斯为《政治经济学常识》重印本所写的序言（伦敦，1933年），第5~23页。
② 《常识》，第385页。以下注释皆出自本书，除非另有说明。感谢乔治·鲁特勒基父子出版公司应允我援引该书。

马特（庞巴维克和维塞尔著作的译者）是 1870 年和第一次世界大战期间仅有的两位放弃古典传统的英国重要经济学家。这是威斯迪德名声较低的又一原因。然而，他比杰文斯更为彻底和始终如一。他将边际分析扩展到了人的理性生活的各个方面；① 他发展了一种同效用理论的一般应用相一致的成本论；他首次对一般边际生产率论提出了一个详尽有力和令人满意的陈述，他主要在其名著《分配规律的协调》（1894 年）一书中研究了这个问题，对此，我们将在第 12 章中加以说明。在阐述威斯迪德一般的生产和分配理论之前，让我们先对他的早期著述加以评析。

早期著述

威斯迪德早期关于生产和分配的经济学著作有两本，其中一本是《经济科学入门》（伦敦，1888 年）。② 该书的主旨是需求理论，附带论及资源配置。在这部早期著作中他概述了选择成本理论：

总是存在这样一种倾向，即所有可以自由处置的生产

---

① 《常识》第一篇包含许多很有特色的例证，其中一组如下："同样的规律也存在于文化、道德和精神领域。凯撒曾说过，当受到纳维（Nervii）攻击，没有时间向士兵发表长篇演说时应该怎么办。显然，这里暗含的意思是他的演说时间要比通常来得短。他说，在此危机时刻没有多少时间对士兵大加训斥；这种言辞的价值的边际价值在递减，而鼓励性言辞的价值在迅速上升；以至于这样一个时刻很快就会到来，即不再将时间花在动人的行进演说上。有这样一则发生在南美战后的故事。一个农人，当他正祷告时，敌人冲到了大门外，妻子向他发出惊叫，他却还要以简短和真诚的祈求结束祷告，然后才开始着手自卫。他确是一个形式主义者，他最后的祈求还没有来得及完全说出来；但是，在当时情况下，祷告的冲动尽管虔诚和迫切，但与随着时间推移必须立即采取措施自卫的紧迫性相比，总会变得那么紧急。"（第 79~80 页）。
② 威斯迪德撰写《入门》时曾想补之以经济思想和经济生活的其他著作，然而《入门》只在一个小范围内被热情接受的事实，促使他致力于普及。

力转向这样一些生产部门，这些部门能以最少的劳动和其他必需品生产出既定的产品；也就是说，生产的这些产品同生产它们所需的劳动等等相比具有最高的边际效用；各种生产力向这些特殊部门的涌入将增加各种商品，从而减少它们的边际效用，直至每单位的这些商品在边际上不再比其他花费同样生产力的东西具有更多价值为止，这时不再有任何特殊理由进一步增加这些商品的供给。

该商品的生产力，如同自给自足的工业单位的劳动一样，将倾向于这样来配置自己：一定量生产力将生产在任何应用的边际上相等（以等价"黄金"衡量）的效用。①

在成本不变的场合，② 价格理论是很简单的："假定 a 所包含的工作量是 b 的 x 倍，那么，除非 a 和 b 各自的产量达到能使 a 的交换价值刚好等于 b 的交换价值的 x 倍，否则便不会有均衡。"③

第二年出现了威斯迪德的一篇尖锐的评论文章："评杰文斯《政治经济学理论》的若干段落"。④ 该文之所以值得注意是因为它讨论了利息理论。杰文斯的基本命题是：一定量劳动的产品会随着花费劳动和获得产品之间时间的推移而持续增加。威斯迪德完全拒绝这个命题，因为它"不是以使用资本的典型场合为基础的"（第753页）。典型场合是这样的：资本在这种场合会持续带

---

① 《入门》，第150页。
② 指出如下一点是有意义的，即威斯迪德从未达到《协调》的中心思想，因为他说："我们这里必须做出一种简化，对于我们研究生产理论来说，这种简化是极端的，然而又是完全正当的。也就是说，我们必须假定，不管生产出来的新产品是多还是少，每个生产阶段上单位产品的'成效－代价'之比是一样的。"（《入门》，第113页）。
③ 同上书，第116页。
④ 该文重印于《常识》第734~754页。该文最初刊登在《经济学季刊》，第3期（1889年），第293~314页。感谢哈佛学院院长和职员应允我引用《经济学季刊》的这篇文章和其他文章。

来产品，资本会持续消耗掉并得到补偿，而且补偿是以其特有的方式进行的。利息率就是由这种典型场合决定的，这是"大型必需品工业"的特点。

> 作为一种例外，如果一种资本投资在经过一定时期之后带来的不是收入，而是绝对的效用；或者，作为一种极为普遍的现象，如果一种分批的资本投资指望在投资完成时其全部投资资本（表现为，例如一艘船或一部机器）将被某人所购买；或者，如果一笔直接资本投资在经历一定时间后被投资者所享用——在所有这些场合，投资者都不得不考虑他起初投资于某个大型必需品工业时在一定投资期满时他所能支配的商品量，然后考虑按照回报继续再投资于同一工业（第753页）。

这个说法表面上是不正确的，因为所有利用资本的方法都会影响利息率。但实际上这种说法是有道理的，因为特殊类型的投资——以及消费贷款——对利息率的影响微乎其微。

42 大型必需品工业的利息率是怎样决定的呢？回答是十分紧凑的（第 748~752 页）。设想某个企业家拥有一定量的劳动，使用可变量资本 c。资本品在一定时期 t 内消耗殆尽并被重置，为了简单起见，假定 t 不变。① 每单位时间的维持和重置费用是 $\frac{c}{t}$。如果 t 不变，重置费用可用图 4 的直线 OW 表示。这张图的 OX 表示资本量，OY 表示单位时间的产品。资本品在 t 年中所得的总收益（减去资本非劳动操作成本，例如原料）是 q，所以单位时间的收益是 $\frac{q}{t}$，以图中 OL 表示。$\frac{q}{t}$ 和 $\frac{c}{t}$（或 OL 和 OW）之差额是 c 单位资本

---

① 威斯迪德相信 t 实际上是 c 的函数；使用的资本越多，它能以一定劳动力适当维持的就越少（第 748 页）。在这种情况下，补偿费用可以曲线 OW 表示（见图 4），它是凸向 X 轴的。

的纯收益；这是总租金或利息。总如以 $\frac{q-c}{t}$ 除以 c，即"资本获得年收益的比率（依照这个比率，增量资本不断增长）"被确定，那么利息率也就被确定了（第751页）。换言之，利息率等于增量资本所获得的每年（连续不断的）收益。

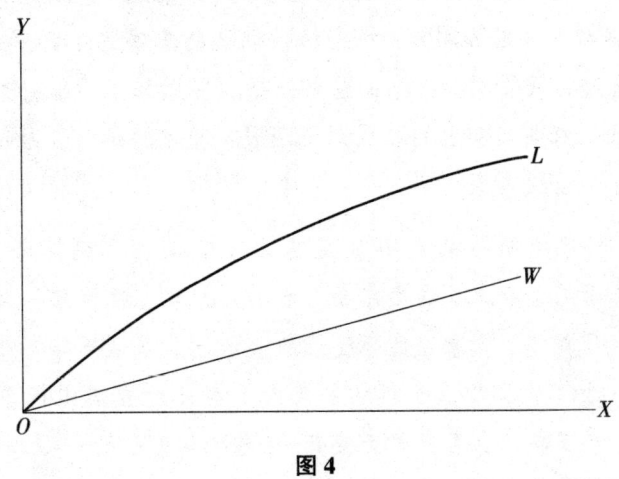

图 4

利息论的这个概述应当得到高度评价。威斯迪德已经把握了收入源泉的基本永恒性；他处理投资时间维度的方法也无可挑剔。遗憾的是，威斯迪德后来的《常识》没有继续沿着这一方法深入研究，却把主要注意力转向了相对不甚重要和不甚有意义的消费借贷问题。

成本的性质

《常识》是将选择成本论明确用于确定资源数量及其配置的第一部英文著作。① 在讨论这个问题之前，先就威斯迪德的经济行为理论说几句话是恰当的。可将他的基本思想归纳为两个命题：第

---

① 我们将会看到瓦尔拉斯预见了这一理论。参看本书第9章。

一，在资源有限（相对于目的而言）之地，更多的物品（A）只有以更少的另一种物品（B）为代价才有保障。第二，当A的增量效用预计等于B的增量效用时，满足才能最大化。① 正是这个相对估价的一般过程才把"鲜鸡蛋和友情"转变为对（例如）未来乡下人可以比较的东西（第776页）。经济行为的这种"无所不在的规律"显然与理性是等同的，按经济行动就是按感觉行动。②

不管是否接受对经济学的这种概括，显而易见的是它能适用于资源问题。威斯迪德也的确在论心理报酬递减的第2章为资源问题提供了一个解决方案。

> 按照供给量的大小改变其边际价值的不只是面包、水、葡萄干和土豆这类东西。我总是大体上根据那一天的享乐量或那个周末我已享受到的快乐量，来估价那天额外一小时的享乐量，或额外半天或1/4天对我周末的享乐量。如果我正在考虑是否接受一小时10先令的一份工作，那么（如果不谈这份工作给我可能带来的任何厌烦或享乐）很显然，如果我有闲暇而手头又缺钱，那么我将愿意接受这份工作；如果有多种工作机会，我将接受它们。但是，后续的每周半个沙夫林（英国硬币金镑，面值20先令，现不通用。——译者）会变得越来越不重要了，因为我手头已经有了现金，而从其他职业移过来的每个后续一小时却会给我带来更多的牺牲，因为我得到的享乐减少了。最终我将达到这样一点，在这一点上，处于上升边际的另外一小时之所失，将恰好被另半个沙夫林在下降边

---

① 这里使用"满足"一词是有条件的。当威斯迪德明确表示他与享乐主义无关（第434~435页）时，他的"极其重要的"讨论〔第146页特别重要，第189张（指书中对折的两页，下同。——译者）〕包含着这一体系的大量内容。

② 参看第404页："我自始自终坚持认为经济学规律就是生活规律。"

际上之得所抵补（第76~77页）。①

出于前后统一的要求，同样的理论也被应用于其他的资源："还应当指出，土地本身被用于花园、公园或牧场时，它能直接带来享乐回报，而且直接获得享乐回报的愿望还会进入土地市场，同将其用作工具的服务或增进劳动的工业效率的意愿相竞争。"（第290页）。

这一理论未曾得到尽善尽美的发挥，使之被应用于各种可能的方面；威斯迪德也未曾注意到该理论很大的局限性。他小心翼翼地指出，一种资源的商业用途价格的上涨，会导致从既定资源所得生产性供给量的增加还是减少，这要取决于货币和闲暇的相对边际效用。不过，工资的增加多半会引起劳动时间的缩短（第77页）。

但是，选择成本理论暗含的各种假定条件完全没有得到批判的解释。威斯迪德承认，在实行劳动分工的经济中，人们显然不可能自由地从一个职业转到另一个职业（第332~337页）。不过，他像马歇尔一样找到了回避这个问题的办法："……下面这一点总是对的：在专业化和人力与脑力的分工时代，任何特殊能力的发展都会对无差别的人力的总储备提出需求，这种无差别的人力正以鲜活的人类生命的形式涌进世界，并且限制了在其他方向上可以得到的人力数量"（第332~333页）。

然而，即使这种倾向也要受到多种限制。父母为了得到一份报酬最优厚的工作而最终不能养育自己的子女（第334页）。最重要的是："只有在极例外情况下，我们才能指望着眼于市场而自由地生育子女，也就是说，为了给他们的生产者提供经济好处而生

---

① 还可见第327~328页。参看第522~525页，威斯迪德在此利用了杰文斯的劳动供给曲线，不过，威斯迪德以享乐意愿替代了劳动厌烦而将这个解释一般化了。

产。"（第336页）。威斯迪德还要人们进一步相信，不同职业的吸引力而不是货币报酬，将在一个完全竞争的国度里趋于相等，而人们对其意义却可能浑然不知（第335页）。当然，这势必把个人视为一个单位（而不是看作个人在不同职业上所花费的时间的一部分），或者，这种认识是不真实的，如同货币报酬相等化理论不真实一样。

职业专业化和货币报酬不能均等，即使在职业流动的情况下也会导致对选择成本理论的基本限制。如果同样的或类似劳动者在两个职业中的货币总报酬不能被相等化，例如，就不能说一个劳动者在工业 A 中的成本是该劳动者在工业 B 中能够生产的数量。一个人不能同时在两个职业中劳动，仅仅这一点就会使对成本的最终解释变得模糊不清了。① 在这方面人们会提到威斯迪德的一个设想：一个团体中的个人处于不同职业之间的边际上就足以保证有相同的吸引力了（第206页），但这是不够的；选择成本理论所要求的是：一种资源的所有单位在性质上和心理上都是同一的，因而如果其中一部分单位处于转移的边际，那么其余单位的资源也必定如此。

非人力资源的配置同其数量决定相反，则基于每种这类资源所有用途的边际意义的相等。在这方面，资源与直接消费品是一致的："市场规律决不改变"（第262页；又见第517~518、540、543页），它不会排除进入市场循环的任何物品（第261~262页）。② 一般理论概述如下：

> 所有行政工作的指导原则……是在各种公开的可供选

---

① 第一篇，第6章，特别是第258~265页；又见第380页极为重要，第517~522页；第二篇，第5章到处可见；第776页极为重要，第820~821页。
② 甚至企业家能力也是这样配置的（第271页）。

择的做法之间进行选择,在相关条款对我们公开的条件下,利用我们的资源去完成体现我们最高偏好的任务。当我们看到各种可供选择的方法的边际意义肯定会不断降低,而被忽视的其他可供选择的方法的边际意义上升时,我们将总能使满足我们的边际增量与各种对我们公开的条款达于均衡(第373页;又见第360~361页)。

从对资源配置的这个陈述来看,将生产成本"简单地和唯一地"解释为"其他东西的边际意义"(第382页)当然仅仅是一小步。或者,用更常见的术语来说,"生产成本,或者成本价格,当对这些词语未作特别说明时,我的意思是指对各种业已被销售的可供选择对象的估价,以便确定每单位该商品在市场上的地位"(第385页)。威斯迪德所表述的选择成本理论必须得到完全的肯定,但是只有最狂热的雄辩家才会宽恕对其历史成本概念的无尽的批判(第373~380页及以下各页;又见第89~93页)。不过,他的结论是明确的和正确的:"生产成本,在历史的和不可改变的事实(即各种资源一直被用于这种或那种特殊的目的)的意义上,对所生产的物品的价值是没有影响的,因而也不影响其价格"(第380页)。威斯迪德对这个原则的生动描述值得加以引述:"把精力用错了地方对我来说是不可挽回的,它使我遗憾地投身于研究希腊文,并获得了大学文学学位,而不是酿酒学位……"(第383页)。

替代:成本规律

在威斯迪德的生产理论中,没有那个部分比替代原理加工得更精彩了。他的这部分理论我们将在后面讨论尤勒原理时加以申论,所以这里只限于说明一下威斯迪德观点的特点和范围。他假定任何生产要素都有可能替代其他生产要素,其范围是相当宽泛的

（第361和778页极为重要，第798页）。例如，制砖工厂既需要智力又需要干草，但是，在边际上一个可以代替另一个，而不影响产品质量。还应该特别提到该理论的这个方面，即管理能力和土地被视为可量化的要素，并同其他要素进行精确比较（第362~372页到处可见；第545页）。我们将会看到，威斯迪德接受这种研究方法对其分配理论的逻辑内涵：因为存在完全替代性，所以分配份额，甚至包括"利润"在内，都不可能是某种剩余。

报酬规律

适用于一种资源变量的报酬规律与适用于农作物变量的报酬规律显然是不同的。① 对一种资源数量变化（其他条件不变）时产品的变化现象，威斯迪德作了尽可能明确的说明。在这种条件下，报酬递减规律"确实不过是对一个普遍原理的公理式陈述，这个原理对所有工业组织都是适用的，在很大程度上也适用于非工业经验和现象"（第529页）。② 没有提供什么严密的证据，然而，显而易见的是：如果生产组合中只有一个要素倍增了，那么产品不可能也倍增（第529页）。威斯迪德的发挥为基于三点理由的批判打开了大门。

威斯迪德极少给报酬递减规律下定义，他显然只是偶然地将其解释为经济上相关的增量（第527，550、560页）；在很多地方它又被用于不太合适的比例形式上（第530、531、532、533，534页；又见第556、563页）。更重要的是威斯迪德没有强调说，这个规律的"公理"性质只有在资源完全可分的条件下才是真的。然而，最厉害的谴责是他不理解递减规律的先验性质。他假定生

---

① 他这里暗含假定：一个农场只有一熟作物。
② 又见第530页："……一个公理式的缺乏独创性的命题。"

产函数是齐次的和一次的。① 但是，威斯迪德是基于农作物的规模来讨论经济的，他公开否认所有要素倍增必然会使产量也倍增。这不仅与报酬递减规律的先验性质不协调，而且也同他整个地租论——以及一般边际生产率理论不协调。② 否定尤勒定理假定条件的根据是由最初将其引进经济分析的人提出来的，这应引起我们的注意。

在确定了报酬递减规律无处不在之后，威斯迪德接着研究了增加资源对产量的影响。他说："如果你以合适的比例增加**所有的**要素，在很多情况下你就能确保产品增加一倍，虽然没有哪个或哪些要素增加了一倍"（第529页）。这种条件在制造业"到处可见"（第528页），农业，特别是小麦，也是例证（第534页）。好像为了使读者感到吃惊似的，他说事实上**所有的**工业都屈从于降低成本（第531、534页）！这个新理论需要证据。威斯迪德提供了什么呢？

以扩大农耕来解释成本降低是不合适的，唯一的解释是：一定的经济会随大规模生产而出现（第529页）。一个人为50英亩可能需要一驾五轮马车，但为200英亩只需要两驾。这是资源（马

---

① 在威斯迪德的论证中，报酬递减的证据涉及假定齐次的一阶生产方程。设 $(P) = C^k L^{1-k}$，其中 C 和 L 分别表示资本和劳动；资本的边际效率是 $\frac{kP}{C}$，劳动的边际效率是 $\frac{(1-k)P}{L}$。则两者边际产品递减，即 $\frac{\partial\left[\frac{kP}{C}\right]}{\partial C}<0$ 和 $\frac{\partial\left[(1-k)\frac{P}{L}\right]}{\partial L}<0$。但是，如果生产函数不是线性的，那么这个结论不再必然正确。就是说，如果 $P = C^k L^{a-k}$，而此处 $a>1$，那么一种也许两种边际产品都递增。K.门格尔的杰出论文讨论了报酬递减的先验性问题："论报酬"，"再论报酬"，《国民经济杂志》，第7期（1936年），第25~56、388~396页。

② 参看本书第12章。

车）不可分①以及缺乏其他资源替代性的明确案例，它也绝对不支持威斯迪德直接进行的彻底的一般化：

> 当任何工业的产品增加时，在一个或其他方向实现节约化的可能性看来是无限的。在每个阶段上总是可能引进某些新专业化流程或劳动分工，并实行某些新的节约化举措，对于这些节约化来说，该工业还不够成熟，除非它能达到现在的规模（第529页）。

这个分析显然基于一些生产资源的可分性。因为首先这种可分性的确存在，而且在一些场合可能还有巨大意义（例如公共效用），所以没有什么经验证据来确定其范围。其次，可分性在重要性上是随厂商规模而加深的，它们不是"无限的"。

威斯迪德对规模经济的其他观察具有可变的优点。应该提到他对生产成本的历史曲线的尖锐批判（第536～537页）。我们还可以接受他在使用成本曲线的"特殊开支"方面的严苛态度（第538页极为重要）。然而，他却没有注意到厂商或工业能否降低成本对竞争理论的重要性——实际上他说这是无所谓的事情（第529～530页）！最后，威斯迪德强调了局部均衡分析的局限性（第518、545页），他没有前后一贯地将其大规模生产的节约化理论用于主要的世界农作物生产（第533～534页）。

分配理论

威斯迪德在经济思想史上的重要地位主要是通过他的分配理论确立起来的。他对这个基本问题——一般边际生产率理论——的研究提供了最初的推动力，而且提出了多半是正确的解答。他在这方面的主要著作是《分配规律的协调》（1894年），该书引起的争论是如此广泛和重要，以至于需要在我们的这部著作中辟出专章

---

① 顺便指出，这为报酬递减规律的公理性质提供了依据。

加以讨论。①

在本章，我们仅限于先来讨论一下一般边际生产率论中对更详尽地分析分配理论的核心内容是必要的那些部分。这里讨论的主要议题是：威斯迪德对古典经济学家提出的生产要素分类的评论，以及威斯迪德的资本和利息理论。

生产要素的分类

威斯迪德拒绝将生产要素分类为土地、劳动和资本。考虑到他的一般成本论和替代论，这种态度几乎是必然的，肯定不会令人感到惊奇。如果土地无数的变量能被可生产资源所替代，如果"土地"能用于各种各样的目的，那么，将土地与其他各种资源加以区分的所有分析就消失了。这就是威斯迪德论据的要点（第365～367页；又见第290、535、540、687页）。

一般论据（这些论据如他运用的那样当然是正确的）被补充以各种较不重要的考虑。他拒绝依据历史理由来区分土地的错误尝试。他说："在实际生活中我们用土地所表示的是那些大量人类劳作积累的成果……"（第365页）。威斯迪德批评该理论的第二个论据是认为它"与通常的用语极不相符"（第366页；又见第573～574页）。我们对此是太熟悉了，不必赘言。第三个论据更重要，他认为即使这种区分是正确的，它也是无用的，理由是：即使这种区分有经验的根据，它也没有什么好处。因为"它无助于说明市场规律"（第366页）。这样说并不完全对。应当承认李嘉图理论在理论价格关系问题上所投下的阴影多于光明，但是如果土地的供给（相对）固定，②像所假定的那样，那么，这个假定所

---

① 见本书第12章。《协调》大部分论证后来以非数学的方式出现在了《常识》地租章（第二篇，第6章）中。

② 威斯迪德否认这个假定的正确性（第533页）。

暗含的意义远大于这种区分的极端重要性。在李嘉图时代的英国，这个假定可能是合理的，而且它的社会政策含义是如此强烈，如李嘉图所说，以致这个形式上的弱点（在科学上充满了形式的错误）并不足以证明放弃它是正确的。

威斯迪德讨论土地时还有两点值得一提。他试图反驳这个观念：因为在边际土地上不支付地租，所以地租不进入生产成本。① 然而，他的反驳是错误的。威斯迪德说：

> 适用于土地的论证，当然也同样适用于劳动、原料或资本。在工资的支付上，对这些小麦的支付少于对那些同量小麦的支付，如果生产成本决定交换价值，那么，工资便不是生产成本的组成部分（第541页）。

威斯迪德关于地租是成本的论证缺乏说服力，因为他忽略了李嘉图理论的核心，即土地供给是固定不变的。

另一个值得提及之处是威斯迪德对地租是"剩余"这个概念的精彩的和透彻的批判。在他看来，一旦描绘出一个长方形，便把处于曲线之下的任何经济量都打上了"地租"标签，这种做法是非常不幸的（第568～570页）。他还认为，如果一种剩余在形式上是正当的，那就没有理由将两种或更多的分配份额也定义为剩余（第571～572页）。

劳 动

关于劳动报酬的一章的理论意义不大，尽管其中包含着许多对事实的明智观察（第一篇，第8章）。劳动服务一般是按其边际意义给付报酬的，这同其他生产资源的情况没有什么两样（第323

---

① 类似论据先前在 H. M. 汤普森的一部很棒但被忽视的《工资理论》（伦敦，1892年）中提出过，但是汤普森适当地限制了自己的论证，他认为地租进入产品的价格，但不进入成本。

页)。该理论的局限性缘于分工制度下劳动者移动受到限制,我们在前面已经讨论到这一点。

然而,某些模糊不清的论题还是要提一下。他相当强调劳动同其他资源相比的易逝性:"除非劳动被直接用于或体现在物质产品中,否则劳动服务一经提出便立刻消失了。"(第320页;又见第320~322页)。这大半是真的。但是,威斯迪德的下述说法就错了:劳动的这个特点使其只类似于"那些最快的和不可挽回的易腐烂商品"。任何资源在一定程度上都会被损耗,如果它们不被使用的话,所有耐久性资源在这方面与劳动是相类似的。土地在这一年没有收成,这同劳动者在这个月没有工作没有什么区别。可以说的是,边际能力的性质是多种多样,衡量起来是非常困难,因为在他们的报酬中存在着异常庞大的特殊因素(第328~329页)。然而,他没有想把利润引进这个分析;管理者报酬是由同样的"基本原理"确定的。

资本理论

威斯迪德的资本理论具有非同寻常的性质。与他的理论结构的其他部分相比,这部分理论更显得不够严整,在普及过程中没有获得广泛理解或清楚说明。在评价威斯迪德这部分理论的意义时,存在的失误是值得注意的:基本方面被忽视了,而次要之点却被反复强调,致使读者深受其苦。这些批评更注重外表而不是内容,但是这些内容的分量仍然是很重的。

相反地,威斯迪德解说的一般特点应该受到强烈称赞。他提出了最早和最明确的证据之一,说明所有的租借(*hire*)契约与借贷(*loan*)契约是基本相同的。贷款者要确保为使用100美元而获得5美元年息,他才肯在年底更新借贷。在这种情况下,这种交易被叫做获息贷款还是每年出租货币投资的商品,都是无所谓的。因为货物是同货币相比较的,所以借贷通常总是花费在货物上的,因此，很显然，任何租借契约都能被转变为借贷契约条款（第275～276、310～314页）。① 因为所有的租借和借贷行为基本上都是相关商品的分次售卖，所以，订立契约不过是为了方便。因为地租是一种特殊形式的租借，所以，它同利息是绝对相同的（第311～312页）。

我们现在可以转到资本和利息论了。重要议题是资本积累、消费借贷和生产借贷。

储蓄和利率。该理论不是首创。"储蓄"一词被扩大到包括投资在内，威斯迪德在一段总结性的论述中说："……储蓄看来由下列各项构成：(1) 通过应用可能一直被用于增加相对短暂或快速成熟的资本，来不断增加相对耐久的资本和或者缓慢成熟的商品；(2) 消耗能源和资源从以相对直接的方式实现我们的目的（通过使用我们已有的工具和装备），转变到以相对间接的方式（将它们物化到工具和装备中）来实现我们的目的。"（第283页）。这段引语说明，威斯迪德没有把服务之**流**和服务之**源**区分开来；他所说的资本物品既有耐久的服务之源，也有即刻提供的服务本身。决定资本积累率的主要是"共同体成员的节俭或浪费及其资源的数量和分配（所有权）"（第307页）。

威斯迪德的储蓄概念也是传统的，指现在**财富**与未来**财富**的交换，即延迟消费。他的整个分析都是以储蓄在现在、消费在未来这种方式进行的；他说储蓄是推迟，而不是节欲（第279～280、283、293～299页）。② 这个模糊不清的储蓄过程概念可能来自杰文斯，后者对他的影响是很大的。

对威斯迪德这部分理论的最后一点可简略评论如下。资本的供给，或者说预支，是作为决定利率的一个协同因素提出来的（第

---

① 然而，这个论证在两方面是不准确的：不可毁灭性是借贷物品的基本特征；作为一个必然结果，租借契约的租率必然总是大于其他同一借贷契约的利率的。

② 他在第279页还提到"现在财富和未来财富之间的市场"。

292页），有时又难以避免这样暗含的意义：供给条件对利率会发生决定性影响。① 威斯迪德的解说含糊不清，以致不能说明无视服务流与资本品之间的区别有什么错误，但他确为批评他未能承认下述事实的人打开了大门，这个事实是：在既定技术下对资本的需求弹性相对较高，而实际的供给弹性很低；以及技术进步对资本需求曲线的转变的影响是很大的。还可注意到，在承认积累的意义又承认积累是一种延迟行动之间存在着不一致。单纯的延迟行动对资本供给只有次要的影响；如果储蓄对长期利率的影响重大（通过创造资本替代品），那就真正涉及"节欲"了。

消费借贷。在消费借贷的起源与基本原理的经济文献中，威斯迪德的讨论是最好的之一（第268～280页）。他对消费借贷出现的一般情况有如下简洁的解说："（对个人来说）最重要的是形成一种费用，依照这种费用，他对商品的支配与他如果需要维护自己的权利而采取的不规范方式形成某种联系。"（第268页）。收支相等问题可由贵重的耐久物品消费来说明。衣服、家具和住宅被引为典型的支出项目，因为它们是非同寻常的大的开支项目（第268页极为重要）。收入流和支出流的差额有时可以利用租借来消除（第108～109页），但是，在要求所有权的地方（或者，通常如对个人衣物的所有权总是非常必要的），就必须利用消费借贷。

如果说消费借贷的需求表是容易想像的，② 那么这种借贷的供给表是"同样可以想像的"（第268页）。某人有1 000美元而不能指望未来获利，他将乐于以其资本去交换一定期限内的一笔收入。如果必要，他甚至还愿意接受低于交换等价的收入（即接受负利率），因为保存未来需要的许多东西是很花钱的，而且不少东西（即易腐烂食品）会被完全排除在外。

---

① 特别参看第309～310页。在第310页中他说："可以看到，随着智力、整合与节俭（所有供给要素）的不断增进，我们无法确定利率会在零以上的任何确定的范围内。"
② 也要注意到浪费（第286页）。

在任何给定时间内,一些人相对高估现在的物品,而另外一些人则高估未来的服务,未来是某种被恰当定义的日期或期间,这是发生交换的一个充分条件。依照服务流可以更好地表述物品交换:一些人偏好更短(和更大)的服务流,另一些人则更喜欢更长(和更小)的服务流。关于可能的利率,威斯迪德的说法是含混不清的。在关于利息的一节中,他坚持暗示说将会形成一种小额的加息(即一种正利率)(第270~276、280页)。① 但没有为此结论提出明确的理由,反而暗示几乎所有的人都更偏好现在物品而不是未来物品。然而,这个假定(即庞巴维克的"第二个"根据)与威斯迪德先前提出的很有说服力的原理是很难一致的。他说:

> 对未来(一个商品的)一个单位的意义的谨慎的估价,通常是同对现在一单位的估价一样高的……一句话,遥远的或最近的事实本身,都不会(在一定范围内不会)影响我们对这种过去和未来对我们仍然有意义的物品的估价(第113页;又见第295~299页)。

将该论证用于静态经济时,② 除了得出对消费借贷的零利率或者在零上下浮动的利率以外,也难得出其他的利率了。

生产借贷和利率。 与威斯迪德早先"杰文斯的《政治经济学理论》"一文对生产借贷的分析相比,他在《常识》中的分析就逊色多了。他的讨论如此简单化,以至于几乎没有可能表现出独创性或错误。例如,他以鱼网这样令人不解的相似的和完全误导的场合为例,对资本生产性作了简略的描述(第281~285页)。资本物品的生产性被加以通常的限制:"如果在一定点之后继续增加

---

① "……在现存条件下,相对于未来财富,存在是对现在财富的一种贴息"。基于市场的这种观察是一种"不根据前提的推理"。参看本书第85页注①。

② 威斯迪德肯定谈到了静态经济;参看第280、281页。

工具和设备,其人力和资源的效率以及经济仍会增加,但却是在较小的比率上。"(第284页)。要衡量资本装备的纯生产性,须减去维护和更新该装备所必要的费用(第289页)。如果适当的补偿能跟上,那么该机器就会变成经济意义上真正"永恒的"东西了。它的潜在的未来收益(其总额当然是不确定的)将是一个确定的数额,其大小取决于折旧因素。①

工业对资本的需求是容易被减去的。企业家将借贷,直到对资本最后增量的报酬恰好足以支付对资本增量的现行利息费用。② 如果工业需求是加到消费借贷上的,便可确定该经济对资本的总需求表(第285~287页)。没有讨论总需求的这些构成部分的相对重要性及其相对弹性,竞争会将资本的边际意义(即利率)在所有可能使用的领域达到均等(第288页)。

---

① 威斯迪德将另一个限制放在潜在的未来收入的价值上:个人不可能对遥远的未来做出预期和评估(第284~285、298~299页)。
② 这部分讨论是很松散的;威斯迪德以1万英镑增量来说明边际生产率理论。

第4章 阿尔弗雷德·马歇尔

阿尔弗雷德·马歇尔在盎格鲁-撒克逊经济学的最伟大人物中的地位如此之高,以致赞扬他的成就仍然几乎是一种冒险,而且的确也没有必要这样做。① 然而,在《经济学原理》初版(其基本原理从未修改过)问世整整半世纪后,经济理论在严谨性、结构统一性以及对称性方面都有了长足进展的今天,却存在着可能低估其贡献的危险。要得出真正公正的评价,最好的办法是将《原理》(即《经济学原理》,下同)与1890年流行的政治经济学标准著作进行一番比较。在思想的深刻性、首创精神、著作统一性以及视野的开阔上,马歇尔几乎都无与伦比地高居其直接前辈和早期同时代人之上。

本章认定,马歇尔的卓越地位是毋庸置疑的。这里的主要目的是对其生产和分配理论进行评论,其次才是对之加以总结。他的著作广为人知,因而这样处理是正确的。不打算讨论数不胜数的各种评论,也不需要重新进行帕森斯对马歇尔哲学偏见及对其经

---

① 参看凯恩斯的经典性回忆文章:"阿尔弗雷德·马歇尔",重印于《传记论文集》(纽约,1933年),第150~266页;又见:《马歇尔纪念文集》(伦敦,1925年),第1~65页。

济理论的影响的突破性分析,① 顶多会涉及到罗宾斯对代表性企业概念的尖锐批评。②

然而,在转向解说马歇尔的生产和分配理论之前,作一点说明还是合适的。将适用于其他经济学家的参考框架用于研究马歇尔,这不是一件简单的事情。这里可以适当地简要讨论一下马歇尔著作的两个重要特点,从今天的眼光来看,这些特点可能削弱他对理论经济学的贡献。

第一个特点是他十分专注于历史的经济发展,致使他对静态理论经济学的耐心相对较小。几乎每个重要问题在《原理》中都受到了渐进变化的解释。报酬递减主要是联系相对于土地的人口增长来研究的;生产组织理论格外是历史的;外部经济和长期分配均衡理论可以作为又一个例证。没有谁会怀疑历史研究的意义,否认马歇尔是处理困难的历史问题的大师也不是一件轻而易举的事情,他的分析尤其胜过典型的经济史家的"分析"。不过,这样做是否得当仍是一个基本的问题。试图达到高度的现实主义(如马歇尔所追求的那样),而不去首先构建一种简单得多的静态经济学理论,是否得当呢?把难以解开的历史分析和静态分析搅和在一本突破性(尤其在静态分析方面)的著作中,是否得当呢?我相信对这两个问题的回答是否定的。

另一个重要特征,从我们的观点来看,是马歇尔对古典经济学家的推崇。他可能是所有伟大经济学家中(对古典经济学家)最忠诚的一个。这种态度的一个方面表现在他对其先驱者陈述的极其慎重的解释。这里没有必要争论这种态度是否合适,但是,在

---

① T. 帕森斯:"马歇尔理论中的欲望和行为",《经济学季刊》,第 46 期(1931~1932 年),第 101~140 页;"经济学和社会学:马歇尔与其同时代思想的关系",同上,第 316~347 页。
② L. 罗宾斯:"代表性企业",《经济学杂志》,第 38 期(1928 年),第 387~404 页。

马歇尔的场合，所出现的必然结果的确是有疑问的：他在解释自己的理论时，显然倾向于将他对古典传统的变更减到最小。这成为他论述中的一个沉重负担。我认为他对报酬递减的不能令人满意的陈述，多半缘于这种继承传统的愿望。在用词和术语上，① 在资本理论和边际生产率理论上，这种影响再次表现得引人注目和令人惋惜。②

生产理论

成本的性质

众所周知，《原理》承认两种一般类型的成本。第一个和更基本的类型是"真实的"成本——这是一种心理成本，是获得某种生产服务就必须补偿的：③

> 需求是基于获得商品的欲望，而供给则主要决定于克服不情愿遭受'负商品'的心理。这些负商品一般可分为两类：劳动和延缓消费所引起的牺牲……（第 140 页）。④

---

① 只有马歇尔才会这样说："生产的这个词使用中的一切区别都是很空洞的，而且有一种不真实的空气。现在提出这些区别似乎是不值得的。但它们有着长久的历史，让它们逐渐地退出使用，而不是突然废弃，也许更好。"（《经济学原理》，第 67 页注）。
② 现在的讨论主要基于《原理》第八版（伦敦，1920 年），所有引述均出自该版，除非另有说明。想核校《原理》的各个版本是不可能的，尽管从第一版到后来各个版本，肯定会有一些重要的变化。感谢麦克米伦公司应允我引用该书。
③ 最常被引用的无疑是下面这段话："直接或间接用于生产商品的各种不同劳作，以及节欲或宁可说为了储蓄用于生产的资本所需要的等待：所有这些劳作和牺牲加在一起，就叫做商品的**实际生产成本**。"（第 338～339 页）。
④ 除了某些特殊场合之外，土地是被排除的，因为土地为生产所提供服务的供给被假定是固定的。参看第 89 页。

……为生产一定数量的某种商品所必需的努力要求的价格，可被称为那个数量的供给价格……（第142页）。

详细分析这些心理成本最好推后到论述马歇尔分配理论的那一节，因为"实际的"成本在他的生产理论中只是点到为止。

实际成本和货币成本的关系可简单说明一下。马歇尔将货币成本定义为，对劳动和等待的痛苦努力所必需支付的货币额（第142、339、362页）。"决不能轻易假定"这两种成本是相等的；然而，"如果用努力来计算的货币购买力大体不变，如果等待的报酬率也大体不变，那么，用货币衡量的成本和实际成本相一致……"（第350页）。

实际成本与货币成本相一致所要求的证据，要比用努力衡量的货币收入的不变多得多。它要求所有商品的货币成本（和价格）与其劳动的边际负效用成比例，而且还要求各种可供选择职业的边际报酬相等。这必然意味着，处于所有职业转移边际上的每个劳动者的工资水平相同，或者，除了别的以外，所有劳动者具有相同的负效用函数，否则，就不可能从两个商品的工资成本相等，推理出每个商品都具有同量的劳动负效用。

马歇尔没有考虑这个主要源自分工的问题，却以相当长的篇幅论述了实现各种职业"纯收益"和报酬相一致的困难。① 对他关于达到这种一致的困难所作的古典表述，人们几乎不可能提出批评；这种论述表现了马歇尔通常的正常判断，解释力和丰富的实践知识。他在这个问题上的结论也是可以接受的。"因为人的成长很慢，消磨也很慢，父母为子女选择职业时，通常必须前瞻整整一代，所以，需求的变动要充分发挥其对供给的作用，在人力要素

---

① 第六篇，第3、4、5章。纯收益被定义为"一个职业提供给劳动者的实际报酬"，计算方法是"从其全部收益减去其全部负收益的货币价值"（第73页）。

的场合,比在大多数物质生产设备的场合所需要的时间更长;而在劳动的场合,如使供求趋于大体正常协调的那些经济力量充分发挥作用了,则所需要的时间特别长"(第661页)。接下来的一句话就是前后不连贯的推论了:"因此,总的来说,任何一种劳动对于雇主的**货币**成本,在长期内和生产该劳动的**实际**成本大体一致。"(第661页)。马歇尔的表述,对于证明实际成本理论的有效性来说,是一个必要条件,但决不是充分条件。

马歇尔没有明确提到选择成本或机会成本理论。既定资源在各种用途之间竞争的思想当然是他论述的基础,这种思想作为第五篇整个讨论的基本主题得到了很好的描述。①

替代性和报酬递减

替代性的一般理论最好放到论述边际生产率的第12章去讨论。马歇尔对替代性理论的陈述是众所周知的:在竞争和追求利润最大化的假定之下,企业家将以较便宜的资源代替较贵的资源(这里的贵贱是用产品除以成本来衡量的)。

另一方面,马歇尔对报酬递减理论的处理是《原理》中最令人失望的部分之一。在马歇尔的讨论中,首先表现出来的就是漫不经心地混同了报酬增量递减和比例递减。这个理论最常被提到的地方是论述土地报酬的第四篇中的第3章。报酬递减法则,就其"最终的陈述"来说是这样的:"用于土地的资本和劳动之增加,将增加较小比例的产品量。"(第153页)。这种不恰当的定义被重复多次。② 另一方面,该规律又常以它的恰当形式即增量形式加以

---

① 收益均等化的论题被特别应用于劳动〔第511~514页,第544页(特别重要)〕、土地(第418页)和资本(第591页)。

② 第150页,第151页(两次),第153页(三次),第440、651页等。他偏好这种增加方式的理由将在下一章讨论。

表达，如紧接着上面引语的句子就是如此（第 153 页）。①

马歇尔解释的第二个缺点是，他未能把握住替代规律与报酬递减规律之间的关系。前者被认为同后者是"连接在一起的"（第356 页），但事实上报酬递减只是替代的一个方面。报酬递减起始于这样一个事实：资源 A 不是完全替代 B，而且 A 变成了一个越来越小效率的替代物，因为 A 与 B 的比例增加了。

与第二个批评密切相关的第三点，是马歇尔倾向于将报酬递减规律限于农业，把它主要看作是一个历史规律。② 论及这个规律在其他工业部门时，他说的是"资源和能源在任何既定方向上的过度使用"（第 356 页；又见第 169、170、407～409、537 页）。他极少把报酬递减归因于一个因素，除非应用于土地时，才不使用某些修饰性词语——"不适当地"、"太多地"等等。马歇尔无疑了解报酬递减规律的普遍性，他在讨论地租时对陨石假设的评论可以作证。他说："但是，它们被使用的强度越大，从迫使它们每次追加的服务中所提供的纯报酬也就越少，这就说明这一规律，即不仅土地，而且也有其他各种生产工具，如果使用强度过大，势必产生报酬递减。"（第 416 页；又见第 168～169 页）。因为这种场合太经常了，所以马歇尔认识到了这个正确的答案，但是，表述这个看法的形式和地点却是经过算计的，以便瞒过几乎已经是见多识广的读者。

说到"报酬递增规律"，马歇尔应当受到更严厉的批评。他这样表述这个"规律"："劳动和资本每有增加，通常便会引起组织的改进，从而提高劳动和资本的工作效率。"（第 318 页）。这个"规律"显然不能完全同报酬递减规律相提并论，因为在前一场合，**所有的生产要素都增加了**，而在后一场合，却有一个保持不

---

① 又见第 149、157、166 页（两次），第 168、170、680 页等。这两种定义在其早期的《工业经济学》（第二版，伦敦，1881 年）中也可看到，第 22 页注⑧。

② 又可参看本书第 72 页。

变。因此,马歇尔下面这个说法完全是误导:"报酬递增和报酬递减这两种倾向是相互压制的"(第319页边注)。其实这是两种不同的概括,一个是经验事实(如果是真的,而且当它真实地存在时),而另一个却是生产问题存在本身的逻辑前提。

外部经济

在马歇尔贡献给经济分析的许多概念中,没有哪个能比深受赞扬的内部经济和外部经济的区分更迫切地需要重新解释了。这是因为,外部经济的存在,而不是(如罗伯逊所指出的那样①)代表性企业的存在,使得竞争和递减的长期平均成本相协调。我们这里的讨论将说明马歇尔对外部经济的分析是很不恰当的,尽管这种分析在马歇尔的生产理论中显然具有重要地位。

外部经济被定义为这样一种经济,它"有赖于工业的一般发展",与之相对照的是内部经济,它"有赖于从事这工业的单个企业的资源、组织及经营管理效率"(第266页)。因此,内部经济是从厂商(马歇尔没有把它与工厂加以区分)内部获得的,而所有其他"来源于任何物品生产规模扩大的经济"则显然被归于外部经济。可见后面这个范畴是剩余;作为一种结果,这两种经济必定会吸尽作为一个整体的大规模生产的经济。

要确切说明外部经济的真正性质是最困难的。《原理》讨论了两种一般的类型:②

1. 使用专业化的熟练和机器的经济……取决于邻近地区该种产品生产的总量(第265页)。

---

① "递增报酬和代表性企业",《经济学杂志》,第40期(1930年),第86页。不过,有理由相信马歇尔是赞成罗伯逊的。比较马歇尔的企业家理论,见本书第64~65页。
② 马歇尔其他著作的讨论没有增加什么新东西。参看《工业经济基础》(第三版,伦敦,1899年),第150、179页;《工业与贸易》(第二版,伦敦,1921年),第167、187页。

2. 另外一种经济特别与知识的增长和技艺的进步有关，主要取决于整个文明世界的生产总量（第266页）。①

第一种经济起源于工业的地域化，它构成外部经济的主要部分，至少在相对短的时期内是这样。的确，在又一次定义外部经济时，马歇尔格外强调了地域化：分工的外部经济是"得自在同一区域大量类似小企业的集中……"（第277页，又见第166页）。他这样总结地域化的好处：

> 当一种工业这样选择了自己的地方时，它是会长久设在那里的，因此，从事同样的熟练行业的人，互相从邻近的地方所得到的利益是很大的。行业的秘密变得不再秘密，它似乎公开了，孩子们不知不觉地也学到许多秘密。优良的工作受到了正确的评价，机器的发明和改进、商业的进步和一般组织所带来的优点，会得到及时的讨论。如果一个人提出了一种新思想，就为别人所采纳，并与别人的意见结合起来，因此，它就成为更新的思想之源泉。不久，辅助行业就在附近的地方产生了，供给上述工业以工具和原料，为它组织运输，通过多种方法节约了它的原料（第271页）。

简而言之，地域化主要的外部经济在于各种思想的交流、辅助和邻近工业的发展，以及熟练劳动的获得。

但是，外部经济还可能起源于其他资源。知识的增进和发明已经提到了。这个"进步"的一般因素在马歇尔的第三个定义中再次得到了强调：外部经济是"取决于工业一般发展的经济"（第

---

① 这两种类型是不一致的。前者有赖于地域专业化，后者则有赖于"世界的"生产。没有一个定义能够令人满意。马歇尔没有考虑工业规模仍然不变条件下不断增进的地域化，同工业增长条件下不断增进的地域化之间的区别。其次，他也没有说明，世界生产的增长究竟是指单个工业，或者是指与其他工业相关的工业，还是指作为一个整体的所有工业。

314页)。① 中心观念是：外部经济"是由于相关的工业部门的发达而产生的，这些部门相互帮助，也许集中在同一地方，但无论如何，它们都在利用轮船、火车、电报、印刷机等所提供的近代交通便利"(第317页，又见第441页)。

马歇尔关于外部经济的陈述已被广泛接受，只是近些年才开始受到质疑。② 这里不可能详尽地分析围绕准确解释外部经济概念所涉及的许多复杂问题，但一些主要的问题却需要研究。

首先应当强调指出，马歇尔的外部经济概念实质上是一种历史范畴。知识和发明的发展，各种思想和文化的交流，③ 旨在开发副产品和提供设备的辅助厂商的形成，熟练劳动的积累，所有这些都是**成长**的特点。④ 的确，外部经济概念是经济史的一种有用的解释工具。然而，对现代经济分析来说，有一个问题还是要提出来

---

① 然而，最广义的定义是说外部经济"是工业文明一般进步的结果"(第441页)。
② 也许第一份重要的参考文献是 D. H. 麦克格雷高的《工业联合》(1906年)，重印于伦敦学派系列稀缺书，第一集(1935年)，第20页特别重要。他的讨论是详细阐述而不是批评。

　　F. H. 奈特教授显然是质疑外部经济意义的第一人，参看"解释社会成本的失误"(1924年)，重印于《竞争伦理学》(纽约，1935年)，第229页。L. 罗宾斯在"代表性企业"(同上书，398年)中提出了同样的批评。

　　P. 斯拉法开辟了新系列的批评，见其"竞争条件下的报酬规律"〔《经济学杂志》，第36期(1926年)，第537页特别重要〕。由此在英国引发了一场激烈的讨论，主要见于 1927~1933 年的《经济学杂志》。最近的讨论非常详尽和广泛，恕不能在此考察。
③ 这个因素主要归因于知识不完全，因而不拟在此讨论，我们的讨论限于严格理论意义上的完全竞争。
④ 马歇尔的名言：外部和内部经济双方会随工业的扩展而增加(第318、393页)，乃是他自己的历史观在这个问题上的暗示。还可比较这段议论："提供报酬递增的工业，几乎总是在发展着，因此总是在获得大规模生产的经济。"(第469页注)。马歇尔没有指出，他所说的工业是绝对的增长还是相对于其他工业的增长。

的：外部经济在静态经济中有任何意义吗？

核心问题是：什么样的外部经济同局部均衡（即马歇尔的）分析相协调呢？用这种方法分析一个工业时，假定其他工业的成本和需求条件是不变的，或者即使有变化，对所考察的工业的影响也是微不足道的。于是这个假定就抛掉了马歇尔的一部分外部经济，因为这样的假定显然是不合适的，即假定其他工业的成本和需求条件仍然不受"它们都利用轮船、火车、电报、印刷机等所提供的近代交通便利"① 的影响。正如斯拉法所说，② 局部均衡分析仅能完全适用于对厂商是外部、对该工业是内部的经济。③ 于是他在这里说："没有（发现）什么或者实际上什么也没有"被发现。④

提出了两条可能摆脱这种明显僵局的建议。第一就是在这里抛弃局部分析，回到一般均衡分析。⑤ 这个权宜之计肯定适用于处理许多广泛的经济问题，尽管使用一般均衡论的众所周知的困难，会使从中迅速和轻易得出有用结论的希望逐渐化为泡影。不过，对这种二者择一的办法可以略而不论，因为它实质上是要抛弃马歇尔的分析方法。

第二种办法是将局部均衡分析限制在对厂商来说是外部、对工业来说是内部的经济，也就是认可这种类型的有限范围的经济。然而，如斯拉法所说，这种经济还没有显出其重要性，如果局部

---

① 一个工业的定义当然是至关重要的。如果一个工业被定义为生产单一同质商品的一组厂商，那么生产相关商品的工业肯定要受影响。如果工业联合生产相关商品，那么困难仅仅是被推迟而已，因为商品在何处才能不再相关呢？如果从联合生产可以获得经济，那么这为什么不会发生呢？
② 《经济学杂志》，第 537 页特别重要。
③ 当然也有例外场合：外部经济由其他工业所分享，而其他工业同该工业没有密切联系（通过产品替代）。确定这种例外的真实意义看来是不可能的。
④ 同上书，第 540 页。
⑤ 顺便说说，在这种情况下，外部经济压根儿就不会出现，这可能是因为它们不需要被明确地引进正式的一般均衡方程式体系中。这当然不是说不可能提出这种经济。

分析的定义不那么严格，就可能发现这种经济的某些场合。瓦伊纳教授部分地支持马歇尔的理论，①他提供了一个劳动者（这对资本家也可能是真的）为了在大工业中工作的案例，该劳动者有他的偏好和理性等。②

如果承认这种外部经济的存在，区分并说明其各种各样的类型就是很重要的了。这里不拟作详尽的分类和分析，只分析三种类型。最重要的外部经济之一，来自原料的购买和对辅助厂商出售的产品和副产品，这些辅助厂商的经营遵循成本递减规律。③引起奈特教授苛评的可能就是这种类型：

>……"外部经济"理论肯定是基于误解。经济对于一种特殊的建设和技术生产单位可能是'外部的'，但是，如果它们影响某个工业的效率，那么它们对这个工业来说就不是外部的。这个生产过程的一部分继续在一个特殊单位进行，这是一种次要的考虑。在一个商业单位是外部经济，而在本工业的另一个单位却是内部经济。生产一种产品的任何分支或阶段，随着经营规模的扩大，都在为技术经济不断地提供着一种机会，使其最终归于垄断，或是然后离开这种倾向并建立增加成本和增加规模的正常关系。④

这个论证的说服力是毋庸置疑的：辅助"工业"⑤ 中处于成本递减

---

① 参看："成本曲线和供给曲线"，《国民经济杂志》，第 3 期（1932 年），第 38~39 页；"比较成本理论"，《经济档案》，第 36 期（1932 年），第 396~398 页。哈伯勒附和瓦伊纳《国际贸易理论》（英文版，伦敦，1936 年，第 206~208 页）的观点。
② "成本曲线"，同上文，第 39 页。
③ 参看瓦伊纳："比较成本理论"，同上；又见其《国际贸易理论研究》（纽约，1937 年），特别是第 481~482 页。
④ 《竞争伦理学》，同上书，第 229 页。
⑤ 这再次导致了斯拉法讨论过的困难：一个工业在多大程度上可以被包括到局部均衡分析之中。如果某个辅助厂商只供给所说的这个工业，那么应当允许将其视为这个工业的内部。

的厂商将会倾向于被垄断，除非这些厂商扩张到成本递增的领域。垄断的辅助厂商将拥有递减的供给价格，这仍然是可能的，尽管递减的成本对于获得这种价格并不是充分的条件。① 存在着一种强烈的诱因，也许如奈特教授的上述引语所说，促使厂商接收这些垄断的辅助工业，占有垄断利润，导致"垂直的积聚"。② 结论是，这个范畴真的不需要类似"外部经济"这样的分析概念，因为它所引发的经济对一些生产单位必然是内部的。

第二类外部经济指的是一个工业的各厂商的生产函数在技术上是相关的情况。例如，一个煤矿矿主可能发现邻近地区有许多煤矿，这样导致他从自己水管中抽出的水量减少了。③ 在这种场合，经济对一个厂商是外部的，但对另一个厂商却不是内部的。然而，这类经济通常会被转换成一种内部经济，如果该工业被垄断了，并且可能（或者不可能，部分地取决于技术问题）走向联合或并购等等。

最后，我们注意到第三种外部经济，这种类似的外部经济的特征是"制度的"，而且相当不定型。瓦伊纳教授的劳动者偏好大企业的例证可以很好地说明这种情况。这种经济在一定意义上是不适当的：由一个厂商所获得的外部经济量不可能经由纵的或横的整合而增加，而且，除了通过对生产服务的相对价格发生影响之外，它们通常大概对交易单位的规模只有微弱的影响。

---

① 需求曲线的弹性可以是这样的价格，即该价格会因需求增加而提高，即使边际成本下降。

② 马歇尔在说下面这段话时，他可能就是这样想的："尽管辅助工业可能给予小型工业以帮助，同一商业部门的许多小型工业集中在邻近地区，但由于机械的日新月异和价格昂贵，这些小型工业仍然处于极大的不利地位。"（第279页）。他接下来的论述没有遵循这个分析思路，但是看来没有任何重要理由（从技术观点来看不可行的场合除外）说明，辅助厂商通常不会去接管这种"瓶颈"，这个过程所需要的机械是小型厂商能力所不及的。参看《工业经济学》（第二版），第53页。

③ 类似这样的负经济还可用若干竞争厂商从一个公共油池抽油的情况得到说明。

尽管马歇尔相当强调第一类外部经济，但他的推论却主要是基于第三种类型，否则就很难理解他为什么会实际上忽视外部经济与交易单位的规模和性质之间的关系问题。马歇尔的"代表性企业"概念就是他忽视这个基本问题的明证，这个概念以厂商均衡为假定前提，但他没有分析这个均衡。

很难放过对马歇尔外部经济的这个最后的判断。我认为，马歇尔的主要目的是提出一种范畴，用以解释生产成本在历史上的非同寻常的下降，这种下降是同产量增加、工厂和厂商规模相关的，在很大程度上**不是**经由垄断实现的。作为解释经济史的一种工具，外部经济理论（但是，是在不同于现在提出的形式上）是相当有用的，但作为说明相对价格的一种方法，其应用的范围却是很有限的。

内部经济

如果说马歇尔对外部经济的陈述被认为是不明确的，那么这个判断对他的内部经济的陈述同样适用。不过，在后面这个场合存在的是另一种困难。内部经济被强调得如此强烈，以致人们会发现难以解释竞争的存在本身。① 让我们首先考虑内部经济的性质。

内部经济是"有赖于从事这个工业的单个企业的资源、组织及经营管理效率"的经济（第 266 页；又见第 277、314 页）。整个第四篇中的第 11 章（"大规模生产"）都是讨论内部经济的。我们可以对这种经济作如下区分：②

1. 原料的经济，或者副产品的利用，它们在"迅速地失

---

① 马歇尔明确意识到，在递减成本和竞争之间是不可比的（第 395、549、805、808 页注）。他错误地指责库尔诺忽视了这种不可比性（第 459 页注）。参看库尔诺：《财富理论的数学原理》（培根译，纽约，1929 年）第 91 页。
② 又可参看《工业与贸易》第二篇的总结，第 315 页，以及更多经验性和描述性的论述。

去其重要性"（第278页）。①
2. 机器的经济：
   a. "在一个大工厂中，常常有许多昂贵的机器，每台机器都是专为一项小用途而制造的"，而小制造业者则不可能使用这种机器（第279~280页）。
   b. 较大型机器具有较高的效率（第282页注）。
   c. 小制造业者有时忽视在他们的企业中使用最优良的机器（第280页）。②
   d. 小制造业者不可能进行昂贵的试验（第280~281页）。

   在一些稳定的工业例如纺织工业中，机器的经济实际上已经消失了（第281页）。
3. 原料购销的经济：
   a. 除了获得大宗购买的折扣以外，大厂商"有许多办法可以节省运输费用，特别是在它们有铁路支线时更是如此"（第282页）。
   b. 大宗销售比较便宜。这意味着它们的广告覆盖面较广，市场信息比较充分（第282页）。③ 购销高度组织化的经济是今天许多商家倾向于融合到同一工业，或把商业转变成单一巨型集团的主因（第282页）。
4. 熟练的经济：
   a. 每个人能被分派最适合他的任务，并由此获得由于不断重复而带来的熟练（第283页）。④

---

① 副产品的利用对于地方工业来说可以是外部经济（第279页）。关于外部经济和内部经济的关系，马歇尔明确提到的有两点，这是其中之一。参看下一个注释。《工业与贸易》，第238页特别重要，更注重的是这种经济。
② 各种商业杂志正在把市场上的信息和方法转变到外部经济（第284~285页）。
③ 参看上一个注释。人们还可能提到这种类型的经济是由于大厂商产品多样化（《工业与贸易》，第216页）。
④ 只有当工作是如此专业化，以致一个小厂商能够雇用一个人只用一部分时间在他最有效率的任务上时，这一点才是适用的。

b. 高级管理人才被集中于专门从事政策问题，而将日常事务留给下属（第284页）。
5. 金融的经济。较大（或较老）的厂商能以优惠条款获得信贷，这一点常常是非常迫切的（第285、315页）。

　　问题自然会浮上脑海，而马歇尔也明确提出来了（第291页）：如果大规模生产的经济如此重要，如这张令人惊奇的表所列举和他的讨论所暗示的那样，那么，小公司如何管理才能生存？主要的答案似乎是能干企业家的亡故及其子孙后代沦为庸才的可能性。以生物的类比（第305、316页）支撑的这个理论提出了若干主要之点〔第285～287、299（特别重要）、316～317页〕：①

　　　　不久之后，企业的管理权就落到即使对企业的繁荣同样积极关心、但精力和创造的天分都较差的那些人手中了。如果这企业变为股份公司，则它可保持分工以及专门

---

① 这一点在《工业与贸易》中表述得比较谨慎："显然，在这个（报酬递增）趋势之下，一个企业一旦得知它的对手开始启动，它便不得不以越来越低的价格出手，以证明它仍有不可比拟的活力，并能获得它所需要的全部资本……然而，如果一个很强的制造业在无限扩张的道路上没有其他困难，厂商采取的每一步骤都有望代替对手，它就能以低于对手所能达到的价格进行有利于自己的生产。每一步都会使下一步来得更有把握、更持久、更迅速——这会使对手无法继续存在下去，无论如何在其邻近地区是这样。当然，决不能忽视这个条件，因为经营远距离的笨重货运的开支可能压倒大规模生产的经济，但是，对于运输成本较低，并且处于报酬递增规律下的货物来说，看来可能不存在任何东西会妨碍它将世界的整个生产集中到单个厂商手中，除非它被关税壁垒所终结。之所以没有出现这种结果，原因很简单，就是没有哪个厂商具有这样长久的寿命，一直拥有不衰的活力和达此目之创造精神。现在，具有潜在永恒活力的股份公司的扩张会将这种情况改变到何种程度，这还很难说，但是，最近几十年出现的一些插曲说明，这种情况可能会大为改观，无论在实质上，还是在方法上；通过这些方法，新生命被注入旧肌体之中"（《工业与贸易》，第315～316页）。比较《工业经济学》（第二版）中较少保留的陈述（第141～142页）。感谢麦克米伦公司允许我引用《工业和贸易》一书。

的技术和机械上的利益……但是，它恐怕已丧失它的伸缩性和进步的力量如此之多，以致在与新兴的较小对手竞争时，优势不再完全在他这一边了（第316页；又见第457页）。

在把限制厂商规模偶然地和二者择一地归结于企业家的问题之时，马歇尔提供了一个经济的解释。在他的思想中，内部不经济不起明显的作用，① 不过他提出了一种相关的概念：

> （一个）厂商的持续和很快的发展，要求具备在同一工业中难以兼具的两个条件：一在许多行业中，个别生产者能够以大大增加其产量来获得大为增加的"内部"经济；二在许多行业中，他能够容易地销售产品。但只有在很少行业中他能够做到这两点。这不是一个偶然的结果，而几乎是一个必然的结果（第286页）。

在容易销售的地方，这种商品被标准化了，而且广为人知。但是，大多数的这类商品都是"初级产品，其余的几乎都是单纯的和普通的东西"，它们的生产能够容易地变成例行公事，所以，大企业和小企业几乎同样有效率；相反，营销困难的是大产品，厂商能够在成本急剧下降的地区进行，但是产量不可能迅速扩张（第286~287页；又见453~458、501页）。②

对厂商规模的第二种限制过于模糊，简直难以评论。马歇尔的这部分论证主要包括两部分。首先，在许多工业中，大规模生产的经济在达到一定点之后就变得不重要了。另一个论点说的是营销的困难将限制厂商获得大规模生产的可能的经济。这必定意味着三者之一：

---

① 有意思的是，当马歇尔偶然注意到管理在大小厂商中的作用时，他说的是小厂商的好处，而不是大厂商的局限（第284页）。在《工业和贸易》（第323页特别重要）中，详细地解释了大厂商的"可塑性"问题。
② 暗含的意思是：营销成本没有包括在生产成本中。

1. 市场狭小。
2. 商品不知名,被消费者知晓尚需一定时间,或者,
3. 与上述场合相关,新商品和更高级商品必定会替代老对手的产品。①

第一种可能性显然暗含着垄断。② 第二种和第三种情况难以同竞争相协调,因为这里显然存在着消费者(对市场状况)的无知,而完全竞争肯定是排除这种情况的。事实上,后面这些情况正是张伯伦所谓垄断竞争的主要类型。③

然而,马歇尔发现单个厂商成长的主要限制在于伟大的企业家能力的基本丧失。应当强调指出,这种限制在一个严格的静态经济中是不起作用的,因为根据定义,在这样的经济中是没有变化的。在这里,跟一般场合一样,马歇尔现实的历史的态度没有为方法的精巧留下余地。

作为对历史过程的一种松散的描述,企业家死亡率理论无疑是重要的。但是,这种考虑在限制厂商规模上的作用是很不确定的。如果马歇尔的经济讨论是正确的,大致是完整的,那么为了达到垄断,或者至少获得在几乎任何工业中的支配地位,也就不需要格外高级的企业管理人才了。在一种竞争的稳定的经济(本研究所关注的)中,马歇尔却没有明确给出稳定均衡的条件。

上面概述了马歇尔对大规模生产的特殊经济的讨论,这种讨论的缺点有三个基本方面:第一,马歇尔把厂商(经济交易单位)与工厂(技术生产单位)的混同永久化了。④ 例如,机器的经济,

---

① 所有这些情况都提到了,但是没有分析(第286页)。
② 第二种情况也是一种对实际市场的垄断,它势必导致对潜在市场的垄断。如果新产品真是更高级,则第三种情况也是如此。
③ 《垄断竞争理论》(剑桥,1936年),第1章及其他各处。的确,马歇尔说到厂商的需求曲线在于它自己的市场(第456页注)。
④ 有一处对此区别的微弱暗示(第289页)。

部分是技术的（即 2，a），部分是组织的（即 2，c，d）。第二个缺点是高估了（缺乏相关的经验资料）经济的意义和范围。讨论的进程明确暗示说，增加的经济是没有限制的，尽管当工厂或厂商规模扩大时，经济的增加是依照递减率的（特别参看第 318 页）。① 这种说法无论在推理上还是在经验上都不是自明的。最后一个缺点密切相关；**负经济**几乎完全被忽略了。

可将各种内部经济分为三类，每一类都取决于一种基本的条件。第一类经济源于生产资源或过程的可分性。这一组包括：1；2，a，b，d；3，a，b（部分地，特别是广告）；4；也许还有 5。② 关于它们的数量重要性的信息几乎完全没有。第二类经济源于（没有解释）在该经济的其他部分缺乏竞争。假定较小的企业家忽视程序和市场（2，c；3，b）肯定是没有道理的，而且也同竞争经济不相干。然而，在第二类的重要例证是数量折扣。当厂商能够依照流行价格不受限制地售卖其产品时，他为什么要在一种竞争工业中提供数量的折扣，这一点始终是不明确的。

最后一类经济源于变化的因素。③ 大厂商在研究和发明领域的广告就是重要的案例（2，d）。一个正在成长厂商的信贷可能改进的案例（也许由于风险减少），就是一个相关人物的案例（5）。从

---

① 马歇尔在这方面最早的结论是极端的。在《国内价值纯理论》（1879 年，伦敦学派重印本，第一部，1930 年）中，他说：“可以作出结论，一种制造的商品总量的增加极少能不引起生产经济的增加，不管生产任务被分配在大量小资本家中，还是集中在数量较少的大厂商手中。”（第 10 页）。这个观点在很久以后的《工业和贸易》中就表述得比较温和：“……技术经济对商业单位扩张的影响，在达到一定规模之后就倾向减弱了；部分是因为工厂的专业化，机器力代替了人手，产品标准化的增加；特别在这些工程和其他工业部门，在技术进步的刺激下，这些部门正经历最迅速的变化。”（第 509 页）。
② 参看本书第 63～64 页。
③ 这些经济一般来说可归于前两类经济中，但是，强调变化的方面还是有某些好处的。

这个角度看，可能还会提到管理问题（4，b），然而，在一个严格定义的静态经济中不存在管理问题。

分配理论

《原理》对分配论的处理有三种不同方法。第一种是基于假定生产系数不变；第二种是边际生产率论。这两者显然是二者择一的，并且明确地只把固定系数方法作为接近分配论的第一步。基于边际生产率论的第二种理论将推迟到本书第12章讨论。剩下的就是《原理》第五篇和第六篇沿着古典派路线的密集讨论，土地、劳动和资本是这里的主要议题。第三种即最后一种方法是对马歇尔的边际生产率论的补充，而不是替代。不过，在这一点上将其分离出来加以讨论并不困难。①

连带需求：对分配理论的最初接近

连带需求理论，如上所述，实质上是一种分配论。马歇尔的连带需求定义实际上明确地表述了分配理论问题：

> 对每种辅助品的需求是来自它们生产某种成品（如一块面包或一桶麦酒）时所共同提供的那些服务的。换句话说，有一种对其中任何一种辅助品在生产某种直接满足需要、从而有直接需求的产品时所提供的服务的连带需求。对成品的直接需求实际上可分成生产它们所用的那些东西的许多派生需求（第381页；着重号是原有的）。

---

① 除了古典的生产三要素论以外，马歇尔多次涉及"最终的要素"即劳动和等待（第139、171页注，第339、523页及注，第541页）。因为最终要素在马歇尔理论中不起任何重要作用，所以只需在后面讨论庞巴维克利用"最终要素"分析时提一下就够了。参看本书第8章。

第五篇第6章关于这个问题的答案,就是我们现在研究的对象(还可参看第652~656页)。

马歇尔在第一次接近生产理论时作了若干明确假定。第一,对成品的"一般需求条件"不变;第二,"其他要素的一般条件没有变化"(第382页)。最终和基本的假定是:各种生产要素的结合的比例是**固定的**,即生产的技术系数不变。① "派生需求规律"是这样的:"对某种商品的任何生产要素的需求表可以从对该商品的需求表中**求出来**,办法是从该商品的各种不同数量的需求价格减去其他要素相应数量的供给价格总额"(第383页)。

派生需求理论是用著名的小刀为例说明的,这种小刀由刀柄和刀身构成。几何表述见图5(第383~384页注)。小刀、刀柄和刀身的数量(相互都是一对一的关系)以 OX 衡量,OY 表示价格。马歇尔给出了三条基本的曲线:

DD' ——小刀的需求曲线;
SS' ——小刀的供给曲线;
ss' ——刀柄的供给曲线。

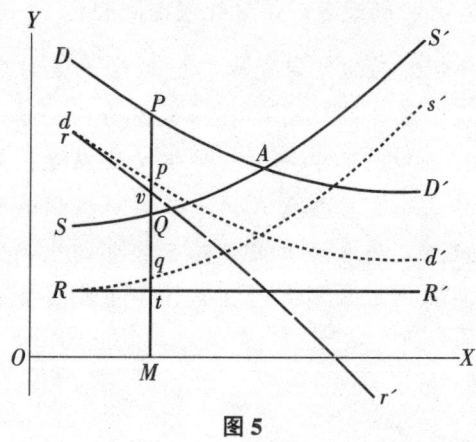

图5

---

① 参看:"对泥瓦匠劳动供给的暂时限制,将引起对建筑物数量的相应限制"(第382~383页);又见:"……各种生产要素的单位不变,不管生产商品的数量如何"(第384页注)。

刀柄的需求曲线这样得出：从 OX 上的任何一点 M 作一垂线，与 ss' 交于 q，与 SS' 交于 Q，与 DD' 交于 P。这样，SS' 和 ss'（$=qQ=pP$）之间的距离就是刀身的供给价格。如果 qQ 不受 ss' 的影响，则在产量 OM 上，$MP-qQ(=Mp)$ 就是支付给刀柄的最大价格。这些点的位置是由 dd'，即刀柄的派生需求曲线决定的。

这种方法作为一般答案之荒谬，可由依马歇尔方法得出刀身的需求得到最好的说明。刀身的供给曲线已经给出，方法是用小刀的供给曲线（SS'）减去刀柄的供给曲线（ss'），两者差额，$qQ(=Mt)$，以 RR' 表示刀身的供给曲线。在产量 OM 上，刀身的派生需求是 MP 减去刀柄的供给价格，或 Mq。差额 $qP(=Mv)$ 是支付给 OM 刀身的最大量。这些点的位置产生了刀身的需求曲线 rr'。对于超过刀柄的供给曲线（ss'）和小刀的需求曲线（DD'）焦点的所有各点来说，这条曲线必然是负值。

一种组合的资源超过了一定点将只能以负价格被雇用，这个命题肯定是一种误导。但是，A 左边的区域也难于解释。例如，在产量 OM 上，将为刀身支付 Mv，或者为刀柄支付 Mp，取决于刀柄或刀身的价格是否被假定为固定。马歇尔提醒说：“一般的供给和需求曲线，除了紧邻均衡点外，并不具有实际的价值。”他又说：“同样的说法甚至更适用于派生需求方程式。”（第384页注）。作者不得不承认，派生需求方程式**只在均衡点上成立**。

真正的问题是，为什么马歇尔会为派生需求理论所困扰？他明确承认（在同一章）生产要素结合比例变动的可能性（第386、395页）。同样，在讨论连带供给时，马歇尔在一个阶段上假定两个或更多的商品是以固定比例生产的（第388页特别重要），尽管比例严格固定的情况"**很少有**"（第389页）。① 固定生产系数的

---

① 当比例可变时，如马歇尔所说："通过改变这些比例，使联合生产中的一种产品的数量略有减少而不致影响其他产品的数量，我们就能确定生产过程整个开支的哪个部分可以节省下来"。（第390页）。又见《工业与贸易》，第192页极为重要。

设计可以根据为了简单化的理由加以说明。马歇尔又是写给一般读者的,因此,三维图式和论证对这些公众就难以接受了。① 然而,简单化有时是一种昂贵的奢侈。去掉关于连带需求的一章,《原理》肯定能得到改进。

现在我们转向特殊的分配份额。地租论得到马歇尔最彻底的辩护,我们首先加以讨论。劳动理论的某些方面将予简述,资本论将结束这一节。

土地租金

古典的地租理论在马歇尔手上得到了相当的复活。② 形式的连续性是很明显的,特别在术语上,但是引进的限制条件非常之多,以至于说马歇尔的理论是古典的,更多的是指精神而不是内容。

开头要就报酬递减问题说几句话。如前所述,对这个规律的表述是很随意的,而且通常是在比例变动的意义上提出来的,而这显然不合适。不过,更重要的是,马歇尔主要是依据人口相对于土地的增长来定义报酬递减率的("报酬递减规律注释",第169~172页)。而工业的报酬递减率则似乎常被归因于企业家"不适当地将其大量资源用于机器上"(第169页)。土地的情形就有所不同:

---

① 我们可以注意一下马歇尔对埃奇沃斯评论维塞尔归算论的评价。维塞尔的归算论与马歇尔的上述理论在实质上是相同的(第393页注)。
② 可参看 F. W. 奥基威:"马歇尔论地租",《经济学杂志》,第 40 期(1930年),第 1~24 页。他提出了一些建设性的批评,但他似乎更注重批评而不是理解马歇尔。另一方面,M. T. 霍兰德对奥基威的回应:"马歇尔论地租",同上,第 40 期(1930 年),第 369~383 页,包含了对马歇尔立场有用和同情的陈述,但是他在忠于马歇尔及其地租论方面有某些错误。

当老一代经济学家说到报酬递减律时,他们不仅从单个耕作者的观点,而且从整个国家的观点来研究农业问题。现在,如果整个国家发觉它现有的刨床或耕犁数量过多或过少,他就能重新分配它的资源,它能增加它所缺少的东西,同时逐步减少过多的东西,但对土地它却不能这样做。它对土地可以更加精耕细作,但却不能获得更多的土地。由于这个理由,老一代经济学家正确地坚持说,从社会观点来看,土地的地位与其他人类可以无限制地增加的生产资源的地位,不是完全相同的(第170页)。

在马歇尔看来,报酬递减规律,就其主要意义来说,仍然是一个不同生产要素相对增长的规律。①

土地对个人来说不过是资本的一种形式,这是马歇尔理论的基本要素(第170、430页)。在每一个古典经济学家著作中或公开或暗含的这个命题,显然是如此真实,以致无需予以注意。② 从社会观点来看,土地及其报酬才是问题。

从社会观点来看,土地同其他资本品在一个"新国家"是没有重要区别的。论证是简单的:土地在新国家有确定的供给价格。

> 人们一般不愿意面对垦荒的艰苦和孤独,除非他们有把握能得到比他们在本国所能得到的高得多的报酬(用生活必需品计算)……当免费得到土地时,土地就会被移民到这个边际,在这个边际上,它恰好能够提供为此目

---

① 奥基威:同上文,第5页特别重要。
② 指出土地对个人具有上升的供给价格(第169页),在这一点上是相当胆怯的,但又明确将它归因于竞争的不完全,这在马歇尔理论中不起作用。

的的适当收益,不留有支付地租的任何剩余(第430页;又见第411~412页)。

在这种情况下,地租(作为土地报酬)即使从社会观点来看也是一种生产成本。①

在"旧国家",用惯常的说法,土地都已开垦完毕,因此使其得以使用的费用(建设费)从经济生活中消失了。② 没有确定对于"旧国家"的这些条件,但是现代英国似可作为一个例证(第425、663页注)。土地和资本的区别被总结如下:③

> ……土地的基本属性就是它的广袤性。使用一块土地的权利就是对一定的空间——地面的某一部分——之支配权。地球的面积是固定的;地球上任何一个部分与其他部分的几何关系是固定的。人类无法控制这种关系,而这种关系也丝毫不受需求的影响;它没有生产费用,也没有能够生产它的供给价格(第145页;又见第629页)。

地租理论正是从这些"空间关系"和"自然的赐予"中引出其特点的(第147页)。

马歇尔对李嘉图主义地租论的复述众所周知,无须在此详述。资本和劳动将使用在任何一块土地上直到耕作的边际,④ 无论是密集还是粗放耕作,在这个边际上最后一剂劳动—资本生产的增量产品恰好足以补偿其成本。该边际应用衡量资本—劳动报酬,地租

---

① 这个理论适用于一定类型的城市土地(第443~444页)。
② 马歇尔忽视了这方面的折旧和维护费用。
③ 特别比较第四篇第3章和第五篇第9、10章。自然肥力不再作为区别之一(第146~147、630页)。
④ 当然,所有这些同样适用于生产中使用的任何其他物质的东西(意指其他物质东西也都像土地一样被使用到各自的边际中。——译者)。

是剩余。马歇尔的讨论很详尽和精确,① 但在此我们对它没有多大兴趣。

这一理论的两个批判的方面应当予以分析。首先是关于旧国家的土地数量固定的假定。土地供给的这种固定性不是绝对必要的;与由格外坚硬石头组成的陨石的著名类比,旨在强调固定性能够

---

① 一种例外情况也许应当引起注意,因为它很好地显示了局部均衡分析的主要陷阱。马歇尔制了一张图,再现了李嘉图关于某项改进对地租的影响的理论(附录五十,特别是第 835 页),同时也揭示了李嘉图分析的明显缺陷。在这张随附的图中,OX 衡量资本和劳动的单位,OY 衡量产量。AC 是

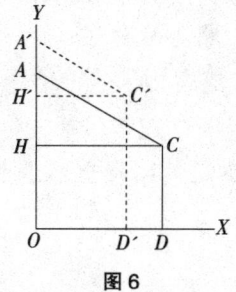

图 6

技术改进以前资本和劳动的边际生产率曲线,$A'C'$ 是技术改进后的同样曲线。如果需求绝对无弹性,而且新的边际生产率曲线同老的曲线是平行的,那么地租将会降低。也就是说,如果"需求"固定,同样的总产品 $ODCA$ 等于 $OD'C'A'$,将只使用 OD' 的资本和劳动。新地租 $H'C'A'$,明显少于旧地租 HCA。如果新生产率曲线不是平行于旧的曲线,地租可能增加,减少或者维持不变。

所有这些都是对的,但是马歇尔接着说:"使该图代表全国而不代表一个农场主在解释上的唯一变动",是允许运输费用变动不定(第 835 页)。他必须假定"所有其他东西仍然一样",但这是不可能做到的。改进以前,无论在农业还是其他地方(如果过去是均衡的),每单位资本和劳动获得报酬 DC;李嘉图不厌其烦地说不可能存在两个"利润"率。但是,改进之后,按照马歇尔的说法,每单位资本和劳动获得 $D'C'$,而 $D'D$ 的劳动和资本就会在别处寻求就业(假定服从报酬递减规律)。因此,别处的报酬将落到 DC 之下。这显然是一种不均衡的情况,而且存在着两个"利润"率。

与任何生产代理人相联系，而且实际上与其他资源的固定性有关（第415页特别重要）。① 因此，在一个更著名的类比中，土地"只是一个大类中的一个主要的种"（第421页）。连续性是经济生活的基本方面，因此可以说商业租金只是真正的地租的一个成分；相反，其他收益（即工资）却含有租金。② 马歇尔的理论归结到这一点：在一个旧国家（被定义为所有土地都已被开垦）中，土地供给是相对固定的，因而土地报酬主要决定于土地的固定供给和其他生产要素的供给（参看第156页注）。如果这个结论被限制在一个封闭经济中，那么，该经济只允许一个（但那是一个基本的）限制条件，即通过土地的适当改良增加产量和已有土地的价值，而这就是用任何其他生产要素所能做的一切。当然，这个限制条件并不意味着"租金"将不复存在。

马歇尔的确被迫最终得出了这个结论。因为承认土地肥力可增可减，所以他把"改进"的成本包括在生产费用中。③ 地租理论只被应用于所谓固定的空间关系和自然的赐予中，它当然也可以是由投资加以改变的。④

---

① 在《原理》第一版中，库尔诺的矿泉水曾是说明这一点的媒介（第484页特别重要），尽管也说到了陨石（第664页注及以下）。在《原理》后来的各个版本中，越来越强调地租和利息之间形式的连续性（因为限制概念）。

② 准地租理论的扩展将在下一节讨论。

③ "另一方面，土壤肥力所主要持凭的那些化学性质和物理性质，可以由人的行为增进，而且在极端的场合，可以由人的行为完全改变。但是，对土地改良（尽管普遍应用的能力是慢慢形成而又慢慢耗竭的）的收入所课的税，在短时间内不会对改良的供给发生可以感觉到的影响，因此，也不会影响产品的供给。结果它主要落在所有者身上；租地人在短时间内也可以看成是负有义务的所有者。不过，在长期内，赋税会减少改良的供给，提高产品的正常供给价格，并落到消费者身上"（第630页）。

④ 然而，马歇尔也没有总是把地租理论限制在对它适当的场合。"那个地租量不是支配（价格的）原因；相反，它本身受土地肥力、产品价格和边际位置的支配……"（第427页）。

第4章 阿尔弗雷德·马歇尔

最后一个问题涉及所有要素供给既定（即静态）条件下的地租和价格的关系。马歇尔没有明确讨论这个问题，但是他确实考察了土地可供选择的各种用途，它们基本上是一回事。他承认普遍的相似性："每一种作物都力争排斥其他作物而占用这块土地；如果任何一种作物比其他作物有提供较大利益的迹象，那么，耕作者将把自己更多的土地和资源用于这种作物"（第435页）。替代规律是完全适用的；事实上在同一段中就引用了这个规律。

用马歇尔的例证来说，如果土地用于种植蛇麻，则其价格必须足以补偿如种燕麦所得的地租，因此地租即使从社会来看也是成本。这个结论被否认是基于特殊的理由："在种植燕麦的土地所提供的剩余或地租和蛇麻价格所必须补偿的边际成本之间不存在简单的数量关系。"（第436页，又见第437页注，第438、500、579页）。① 论据是：所说的土地可能生长"品质格外高的"蛇麻，从蛇麻中可以得到地租30英镑，而从其他作物中则只能得到20英镑

---

① 在这一点上有一段有趣的发展史。在《原理》第一版，马歇尔的理论是：地租不进入生产费用，如果该理论被应用于一种农产品的话，"为使其成真，我们必须增加条件，这些条件的影响几乎就是自我辩解"（第487页）。在作了一些不得要领的分析之后，他得出结论说："可以种植燕麦的土地的地租可被用于其他目的的支付，它确实会影响燕麦的生产费用和正常价值。"（第488页）但是，允许不立刻对过去的地租课税；评论杰文斯的脚注实际上已经提出了它的最终形式（第490页注）。一年后，马歇尔受的约束更多了，他说，如果地租不进入生产费用的理论被用于一种商品，"该理论就会被倾向于理解为是不真实的"（第459页）。他的结论也改变了："可种植燕麦的土地的地租可用于支付其他目的，尽管它不'进入'生产费用和燕麦的正常价值，只不过间接地影响它们。"（第460页）。要详细追踪后来的变化，需要占用很大篇幅，但我们注意到马歇尔在第五版（1907年）终于达到了他确定的位置。因为集中注意一种作物将会导致一种新原理，但是，"它不是这种案例"（第435页）。现在他的论证更有力了，但仍然缺乏自信；最后，在被否定的可供选择的地租之间，缺乏"一种简单的数量关系"（第436页）。

(第436页及注)。然而,在土地未专业化的场合(即相等地用于各种用途),存在着一种简单的数量关系:从任何一种用途上所得的地租,等于从任何其他可能用途上所得的地租,否则就显然不能使收益最大化,状态处于非均衡。在土地专业化场合(像其他任何专业化资源一样),其收益超过资源在别处能够产生收益的部分就是纯地租,一种价格决定的量。但是,这里的理由变化了,支配价格的因果关系的不再是供给的固定性,而是土地数量的变动(马歇尔本人一直认为它服从人力控制,参看第四篇中的第2章)。在后一场合,可以说地租不是生产成本,但我们也不能随便说地租是使用土地的报酬,因为这两种地租不完全直接相关。①

地租概念的延伸——准地租

准地租理论是将古典派地租理论延伸到所有"固定"投资的收益中。② 应用准地租分析的主要收入来源是耐久资本品(第74页)。准地租被两次定义如下:

> 一样东西被当作是"自由的"或"流动的"资本或新的投资的利息是适当的,但被当作是旧的投资的一种地租——准地租——则更为妥当。流动资本与已被"固定"于某一特殊生产部门的资本之间没有鲜明的分界线,新的投资和旧的投资之间也没有显著的区别;每种资本逐渐融合到另一种资本之中了(第8、412页)。

---

① 它们与在一种可能的场合直接相关:如果土地专业化是持久的,而其他生产性服务的专业化仅仅是暂时的(通过资本的恢复和再投资)。
② 这里不想涵盖由R.奥佩的两篇论文所开拓的广泛基础,一篇对马歇尔立场的精彩分析:"马歇尔的准地租理论",《社会经济和社会政治档案》,第60期(1928年),第251~279页;另一篇是"马歇尔的时间分析",《经济学杂志》,第41期(1931年),第199~215页。

第4章 阿尔弗雷德·马歇尔

准地租理论基本是对所谓固定（经常项目）投资收益的解释（第359页极为重要）。资本一旦投资，它就会维持到经由使用和保存价值而贬值为止，在其整个服务生命期间，它将不管其收益如何而继续被使用。① 这不过是短期中价格决定的因素只是最初的或可变成本的另一种说法（第374～377页）。② 在短期中，③ 固定投资收益是被价格决定的，因而分享了自然的恩赐（第424页注，第436页）。然而，在长期中，它们必须被包括在内，否则资本将离开该工业（第420～421页，第424页注）。④ 任何固定设备的准地租是在对更替作了完全补偿之后的纯收益（第418～419页，第426页注），所以，准地租可能明确地降到零以下。⑤ 固定投资的报酬假定被设备的边际生产率决定。⑥ 设备（一旦建成）的资本价

---

① 当然，除非资本品是非专业化的，但这不是典型情况。在将准地租分析应用（但不是原理）于工资时，劳动的更大适用性是困难的。
② 马歇尔没有说这么多话。他因为担心"损害市场"而加了一些限制条件（第374～375页），但是这些限制条件肯定是基于不完全竞争的。
③ 然而，固定投资和价格之间的关系对价格的升降并不是必然对称的。如果时期太短，致使现在的工厂来不及折旧，则上述关系对于新建工厂是可能的；因此，准地租不可能长期超过新资本设备的收益。
④ "工厂主预期有可能加在产品主要成本上的那些补充成本，是即将给他带来准地租的一种来源。如果它们达到他的预期，那么，他的企业就会提供丰厚的利润；如果它们远在预期之下，则他的企业就会走向没落"（第362页注）。
⑤ 也就是说，准地租可能是负值（第622、664页）。奥佩引述了这些话，但是，他指出马歇尔"从不认可负准地租概念"（"马歇尔的准地租理论"，同上文，第265页）。但是，准地租的定义，作为超过补偿和维持费用的收益，肯定会涉及负值的可能性。事实上，不管投资结果如何，这种负值都是肯定存在的；当投资无回报时，准地租是零；当投资不能维持时，准地租是负值。
⑥ 这一点是暗含的而不是公开表述的（第418、430～431、630页）。正文中所说的报酬是指实际的收益；如果发行债券，则固定投资的货币收益可由契约予以确定。

值就是其未来准地租的贴现值（第424页注）。

马歇尔准地租理论的一些方面应当受到更仔细地考虑。① 称呼固定投资的收益为准地租是否合适就是一个问题。因为，严格地说，这些收益和土地收益并不是（如马歇尔所说）完全平行的。准地租是决定价格的，无论对企业家还是对社会来说都是如此（除非机器另有用途，等等），而土地地租只对整个社会来说才是决定价格。

其次，在适当衡量固定设备的一个要素的总产品上存在某些困难。生产要素（固定的和流动的）的比例在相对短的时间内是可以变动的，但是，这不是一个满意的分析。报酬递减规律的前提是完全自由，以适应所有其他要素的变化。然而，完全重组显然要受现有资本投资的支配。如果完全重组是可能的话，则一种固定资源的短期边际产品一般会少于其长期边际产品（特别在固定设备是以低得多的效能运行时）。这条论证路线认为，准地租分析必须基于那样一种思路：假定某些生产系数的固定性是暂时的（而且是递减的）。②

在工资中也能发现一个与准地租同种的要素。这个理论被谨慎地扩展到所有专业劳动者的工资中（第570页特别重要），③ 而且，无论从社会观点还是从劳动者的观点来看，这个结论与一般理论都是一致的。没有强调工资中准地租的重要性，可能是马歇尔想

---

① 比较R. S. 梅里安有趣的评论："准地租"，《经济学解说》（纽约，1936年），第317～325页。

② 生产系数固定性的大小取决于固定设备的可分性，及其对所使用的可变要素变化量的接受程度。比较我的"短期的生产和分配"，《政治经济学杂志》，第47期（1939年），第305～327页。

③ 然而，可以肯定的是，"整个（工资的）大部分"是"劳作的真正报酬"，只有少部分是准地租（第622页）。难以想像能说服不愿相信这个观点的人，无论是批评还是维护这个观点。

把价值最终地置于实际成本和（欲望）满足之上。①

劳动及其供给

马歇尔对劳动的定义是紧随杰文斯的："我们可以这样定义**劳动**：劳动是任何脑力或体力的努力，部分地或全部地以获得某种好处为目的，而不是以直接从中获得愉快为目的。"（第65页；又见第138页注）。这个定义与杰文斯定义的区别仅在于所需要的努力不是"痛苦"，因为，如马歇尔所说，一方面，游手好闲是痛苦的，另一方面，所有劳动能赋予劳动者某些快乐。这个定义，如马歇尔不可避免加以限制的那样，是有"伸缩性"的（第65页注）。但是，它的伸缩性似乎太强了，因为它也许把成人的大部分深思熟虑的游乐活动都包括在内了。重复地说，除了依据需求条件以外，劳动是不可能被定义的，而且这对其他所有生产性服务都同样适用。

如果我们重新开始，则所有劳动便都是生产的，如果它生产效用的话。但是，"一种几乎牢不可破的传统迫使我们把这个词（生产的）的中心概念看作是同满足未来的而不是现在的需求相关"（第65~66页）。尽管马歇尔为这种区别寻求平淡的基础（第65页；又见第138页注），但是，它还是大体上同其哲学中的清教徒式的因素相一致。② 不过，尽管在字面上非常忠于古典派，但马歇

---

① 特别着重强调了准地租理论能用于说明"异常天才"的报酬（第577~579页）。然而，马歇尔在这里抛弃了针对某个行业个人的观点，并且指出，如果这个行业想确保足够的雇用，它就应当保证提供较多的收益，以抵消个人的失败。这个论证用于整个行业集团没有多大意义，它只对"真正的或'长期的'正常"情况是适用的。当然，在这个时期不存在任何一种准地租。

② "一国的真正利益通常是这样增进的：放弃获得暂时奢侈的欲望，以便致力于获取那些较为坚固的和持久的资源，这些资源将有助于产业的将来发展并将从各方面使生活更为丰富"（第66页）。

尔没有使用这个概念。

劳动的供给是严格按照杰文斯分析的路线来决定的。劳动的边际效用是每日工作时间的增函数，而且它最终等于并超过获得产品的边际效用。

> 如杰文斯所说，着手工作前往往有一些阻力要克服。开始工作时往往要做一点令人痛苦的努力；但这种努力会逐渐减少到零，而且继之以愉快；这种愉快在短时间内是增进的，直至达到某种低的最大限度；然后又减少到零，而且继之以日见增大的疲劳和对休息与变化的渴望（第141~142页；又可参看第330、527~528、844页）。

99 劳动的供给价格，就是足以引起各种劳动量的产品量（第142页）。① 由分工及社会地组织生产对这种类型的分析提出的问题，很少受到注意。②

至于劳动的长期供给曲线，马歇尔理论的可行性甚至更少。尽管据说《原理》第六篇是必要的，主要是因为"人类成长并进行劳动不能依据与机器、马匹或奴隶一样的原则"（第504页），还是要确定劳动量（即劳动者人数和质量）及其工资率的重要的基础关系（第529~532页）。这两个变量之间的相互关系，可以从工人阶级（值得赞扬地）回避非生产性开支、使增加的收入用于生产性消费或人口的增加看出来。

要着重提一下对劳动作为一种生产性服务的特质所作的精彩讨论（第六篇，第4、5章）。劳动生产的资本市场的缺乏，改变专业化劳动需要很长的时间，劳动者与其服务的不可分离等，多多少少都是真的，尽管这些方面的重要性在迅速降低。损耗性不是

---

① 马歇尔没有告诉我们如何衡量劳动供给，他也许会用产品作为尺度。
② 不过，可以比较一下马歇尔对庞巴维克批判负效用理论的回应，见本书第85页注。

劳动的特质,像马歇尔实际上承认的那样,① 劳动者在交易中相对不利是一个很狭窄的概括,它主要限于"最低等级的"劳动。

企业家。在这方面最好注意到企业家,他们的收益是"利润"。马歇尔追随古典派,认为利润是对企业家投资的利息。高级管理的工资以及一种含混不清的剩余利润。他还给后两者冠以"管理报酬"的名称(第74、313页)。

高级管理工资中的第一个要素的名称,恰如其他任何工资一样(特别对股份公司管理者来说是这样)(第604页):"一般来说,我们可以作出结论:天赋才能的稀缺,工作所需的高昂的特别培养费用,对管理的正常报酬的影响和对熟练工人的正常工资的影响是一样的。"(第608页)。② 利润的这个要素是一种生产成本,如同第二个要素一样(第605~606、618~619页)。

管理者报酬的最后一个要素是基于马歇尔试图(尽管是相当微弱地)将它提升到第四个生产要素地位的组织。组织"具有多种形式,即单一企业组织,同一行业的各种企业组织,相互有关的各种行业组织,以及对全体公众提供安全保障和对许多人提供帮助的国家组织"(第139页)。所有这些定义以各种方式被补充。组织提供的方法"将各种适当的经营能力与必不可少的资本结合起来"(第313、606页);还能承受风险(第612~613、620页)、建立"企业联系"(第618页)以及"亲善关系"(第625页);最后,组织似乎等同于"企业家的杰出才能或美好未来"(第624页注)。对这些特质难以进行数量方面的衡量,但是,马歇尔常常

---

① "不过,必须记住,物质生产要素的工作力(the working power)很多也具有这种损耗性。因为停工无法赚取的大部分收入就完全损失了"(第567页)。

② 还可参看:《工业经济学》(第二版),第142页:"一个制造业者的管理报酬代表了他的工作加到资本和工业总产品上的增加值;它们与对劳动为生产提供帮助的有效需求是相符合的,正如劳动者的工资与对劳动的有效需求相符合一样。"

论及组织的供给价格。

资本理论

资本概念。马歇尔对资本本质的分析集中表现了他的方法论特点,对他的这种方法我们在本章开头已经讨论过。他最为清晰地表明了财富和资本的一致性,而且他可能认为,一种资本品实际上就是通过时间或需要时间进行生产提供服务以带来好处的任何物品。① 但是,房屋包括在资本之内,而家具则不包括在内,"因为前者通常被世人多半看作产生收入的东西,而后者却不是,正如所得税委员们的做法所表明的那样"(第78页)。保留"财富"一词的另一个理由是"明确的传统"给它的(第81页),而且这个精确的概念是那些"在习惯谈话中不加考虑,甚至叙述它们就要违反普通的惯例"的概念之一(第78页)。对于任何科学术语来说,这的确是一种沉重的负担。

预见性和储蓄的供给。在通过时间分配他的收入时,个人获得回报要考虑两个因素,假定他的收入和习惯保持不变(第122页)。② 第一个折扣的因素是获得未来快乐在客观上的不确定性,这种风险要依据实际情况加以评估(第119、120页注,第841页)。第二个折扣的因素是主观的,它类似于对现在快乐的非理性偏好。"人类的本性是这样构成的,以致大多数人在估计一种未来利益之'现在价值'时,通常是以我们可称为'折扣'的形式从

---

① 即"已经表明,唯一严格的逻辑立场是大多数用数学阐明经济学的那些作者所采取的立场,它把'社会资本'和'社会财富'等同起来……"(第786页;又见第77~78、81、87~789页)。在《原理》早先的版本中,马歇尔对这个观点的认可就差多了。

② 特别是后者会为了某些物品而改变,如马歇尔所说:"……一个青年对阿尔卑斯山旅行愉快的折扣率是很高的……他宁愿现在就能有这次旅行,一部分因为现在这会给他大得多的快乐。"(第121页注)

它的未来价值中作第二次扣除,这种折扣会随着利益延缓的时间而增加"(第120页;又见第225、231、81、587、841页)。① 这两个因素不仅影响人们的储蓄倾向,而且影响"他们的购物倾向,而这些物品是他们快乐的持久源泉"(第120页)。② 在正确的资本定义下,以收入购买耐久物品就是一种储蓄形式。

持久的未来享乐将以同样的方式打折扣。③ 马歇尔指出,推理的主观折扣不需要自始自终都相一致(第132页注,第841页)。个人可能对此后两年的享乐不打折扣,而后来的折扣率可能变得很大。假定一种一致的时间偏好率,换句话说,就是假定人们的非理性是合理的。

人们很少注意到未来享乐的主观折扣的决定力量。"社会和宗教约束力"被说成一个重要原因(因为或急速或缓慢的积累)。但是这个论证没有被接受(第225页)。对储蓄的讨论多半集中于客观因素,例如安全的增强和合适投资机制的发展(第226~227页)。不过,这些因素只能作为一种制度背景,"因为,家庭的影响毕竟是储蓄的主要动力"〔第227页;又见第228(特别重要)、533页〕。尽管注意到了各种例外情况(第120、241)页,对现在物品的主观偏好还是盖过了家庭的影响和社会的约束力,甚至在现代社会还存在对现在物品的纯粹偏好(第140、224、232页)。

---

① 在《原理》第一版有如下段落:"在一个文明国度里,大部分明智的人,与现在享乐相比,都会低估未来享乐的价值,尽管不是低得很多:他们要为未来打一个适当比率的折扣。"(第153页)。埃奇沃斯反驳这个论证大概没有成功,他认为"利息的客观要素是一个恰当的解释"。参看《马歇尔纪念文集》,同前书,第9页。

② 这个论证可以数学的方式加以表述(第841页)。如以 r 表示某人现在对未来物品的偏好,h 是未来快乐,p 是它的客观可能性,时间是 t,则 h 的现在价值就是 $ph(1+r)^{-t}$。

③ 用上一个脚注的符号,在 Δt 时间内,从现在到 T,Δh 快乐的现在价值将是:$\int_{0}^{T} p(1+r)^{-t} \frac{dh}{dt} dt$。

利息就是储蓄的必要供给价格。①

一般来说，提高利息率会导致储蓄的增加。"（利息）率提高会增加储蓄的**愿望**，它也常常增加储蓄的**能力**，或者宁可说它通常是我们的生产资源效率提高的一种表征……"（第 236 页）。②马歇尔在这里和别处（第 229 页）暗示说，利息是储蓄的主要**源泉**之一，而且这是储蓄和利率之间确实的唯一重要的直接关系。马歇尔对利率对储蓄愿望的影响的关注是传统的，但也许被夸大了。

但是，即使新**储蓄**额是利率的函数，也不能说**资本**的供给是以这种方式进行的。这是因为，如马歇尔慎重指出的那样："必须记住，每年投资的财富是现存资本的很小一部分，因此，即使储蓄年率显著提高，但资本在一年间也难得有可觉察的增加。"（第 236 页；又见第 534 页）。

生产性和资本需求。如果预见性是储蓄供给的决定因素，那么生产性就是资本需求的决定因素。"对资本的主要**需求**来自它的生产性，来自它所提供的服务，例如，纺织羊毛比光用手工来得容易，使水能在需要的地方自由流出代替人工提送……"（第 81 页，第 82 页注；又见第 233、519～521、580～581 页）。在这种对生产借贷的一般需求之上，还必须增加"浪费者和政府"对消费借贷的需求（第 521 页）；或者，宁可说，应该从这种供给中减去这种借贷。

每个企业的资本需求决定于单位资本加到该工厂总产品上的增加量。"一部机器的收益有时可以用给工厂增加的产量来评估，而

---

① 我们可以把资本利息说成是为等待享用物质资源而做出牺牲的报酬，因为没有谁会没有报酬地大量储蓄"（第 232 页）。

② 马歇尔反复说到对此法则的众所周知的例外，其中包括：如果追求一份固定的收入，则利息率越高，储蓄就越少（第 235 页）。但是，不常观察到的一个因素缓和了这种例外：为了保障既定收入而需要储蓄的越少，更多的人将从事这种项目，受欢迎的收入将更高。在较早的《工业经济学》（第二版）第 41 页注，马歇尔把这一点归之于萨金特的《近代政治经济学》（伦敦，1867 年）。

这种效果在一些场合又不会引起任何额外的开支"（第519页）。①新投资的纯产品一般来说遵循报酬递减规律，尽管这一点更多是借助于图解来确立的，而不是通过报酬规律对资本的任何明确的应用而确立的〔第411页，第474页（重点），第519～521页〕。

对投资过程性质的考察很简略。明确的一点是：资本的生产性只是用其产品超过必要维持费用和重置成本的余额来衡量的（第79、61、172页，第354页注，第519、523页）。马歇尔对一般原理作了如下简洁而正确的解说：

> 各种支出要素从它被使用到它结出成果之间期间势必是累积的，这种累积要素的总额就是相关企业的总支出。各种努力和它们所产生的满足可以结算到我们认为相宜的任何一天。但不论选择的是哪一天，一个简单的准则是必须遵循的：从那天以前的时间开始，每一要素，不论是努力，还是满足，都必须给它加上这个时期的复利；而从那天以后的时间开始，每一要素都必须具有这个期间从该要素折成的复利。如果那天是企业开张的前一天，则各种要素都必须折成现值（第353页）。②

---

① 对限制条件（"有时"和"在一些场合"）的表述，源自马歇尔认为难以衡量个别要素的纯产品的观点，在后来的分析中，这个观点则基于他的有限的替代概念。参看本书第12章。

② 这个论证在数学附录十三中有清晰的表述（第845～846页）。用第86页脚注②的符号，一个项目的打折的收入是：

$$H = \int_T^{T'} p(1+r)^{-t} \cdot \frac{dh}{dt} \cdot dt$$

其中 T' 是完成日期，T 是项目开始之日。如果 Δv 是 Δt 建设期间努力（或成本）的要素，那么，建设成本总额是：

$$V = \int_0^T (1+r)^t \cdot \frac{dv}{dt} \cdot dt$$

它等于均衡时的 H。一个有趣的应用是估算一个移民的资本价值（第465页注）。

当然，这是企业家资本核算的合适形式。在这个核算中，个人的利息率是已知的，而且不变，依照这个比率，如果积累的成本等于折算的收入，那么"企业刚刚够本"（第 354 页）。

马歇尔没有将这种分析形式应用于整个社会，否则他就不会说它"不可能被纳入利息论中，同样（边际生产率分析的类似应用）也不可能被纳入工资论中，才能不陷入循环推理之中"（第 519 页）。对个人来说，如果建设期间的利息忽略不计，那么边际生产率论就会陷入循环论中。因为利率 r 被定义为一个不断的纯收入流，A 与资本价值 C，它们之间的比例是 $r = \dfrac{A}{C}$。但是，C 涉及到建设期间的利息，而且有两个未知数，只有一个方程式。如果成本和收益用收入流表示，r 作为未知数，那么这个困难当然就消失了，循环论证也即随之消失了。

可能注意到了，讨论利息仅仅涉及流动资本基金。

利息率是一种比率，它所连结的两种东西是两笔货币额。如果资本是"自由"的，而这笔货币额或它所支配的一般购买力又已知的，则它的预期纯货币收入可以立即表示为与那笔货币的一定比率（4%、5%或10%），但是当自由资本已经投在某特定的东西上面时，它的货币价值，除非把它将提供的纯收入资本化，否则照例是无法确定的。因此，支配它的原因是和支配地租的原因在或大或小的程度上是类似的（第 412 页）。

最后，对马歇尔的长期利率论再说几句话。像在劳动和工资的场合一样，我们发现储蓄——带着上面已经指出的许多限制条件——在功能上与利率联系在一起。因为每年储蓄在任何时候只占现有资本的一个很小的比例，"所以，对资本需求的大量增加，一般来说，在短期内由供给增加满足者少，而由利率提高满足者多……"（第 534 页）。但是，最终，"利息将倾向于一个均衡水平，使得该市场在该利率下对资本的需求总量，等于在该利率下即将来到的资本的总供给量"（第534页）。

这个利率招来两种基本的批评。利率和储蓄之间的函数关系是一种模模糊糊的经验事实。① 但是，即使承认这种关系，他的利率也是过于简单了。他没有看出，储蓄的积累性质（即储蓄每有增加，都会容易使储蓄再增加）和储蓄对投资的影响，不过是一个问题的两个方面。②

---

① 马歇尔确实没有考虑可逆的关系，即利率下降减少了资本增长率，而不是增长量。参看第235~236页；又见《工业经济学》（第二版），第125页。
② 参看 F. H. 奈特：《竞争伦理学》，同前书，第183页。

第5章 弗朗西斯·Y·埃奇沃斯

在我们考察的时期内，没有哪位经济学家能比弗朗西斯·伊希德罗·埃奇沃斯更不可思议和丰富多彩的了。① 他是各种才能的奇妙结合：就学养来说，他是一个古典主义者（在字面意义上）；就爱好来说，他是一位数学家；就其表现来说，我们必须说，他又是一个经济学家和统计学家。他的头脑和笔触迅速而又顺当地从马歇尔转向亚里士多德，从西奇威克转向托德亨特，而后又通常不留痕迹地回到马歇尔。埃奇沃斯的高雅和非正统风格，缀以出自纯文学的精心选择的引语，在经济讨论中确有罕见的魅力（和困难！）。他从不长久地停留在某一点；他的敏锐的高度分析的头脑触及到了大多数重要的经济理论问题。他很少留下某种原创性的意味深长的观点；他差不多常常（哎呀！）满足于直接转向新的问题，而人们此时还沉迷于他的新颖或疏漏的魅力之中。"……当我进入一个迅速考察进程时，我时而拔掉有害的杂草，有时播下

---

① 参看凯恩斯："弗朗西斯·Y·埃奇沃斯"，《传记论文集》（纽约，1933年），第267~293页；庇古："埃奇沃斯教授的论文集"，《经济学杂志》，第35期（1925年），第177~185页。

可能发芽的种子"。①

其次,埃奇沃斯无疑是其同辈中真正的世界主义经济学家。他通晓当时美国、德国、法国、荷兰和意大利的经济学,并对英国古典理论有深入而充满同情的把握。不过,尽管他非常博学和富有个性,但我们还是必须把他看作是(他自己也这样看)马歇尔的学生。前者未能道明之处,必是后者说出来的东西。对马歇尔的极度崇拜,而且,就此而言,对"高级权威"的崇拜,深深地影响了埃奇沃斯自己的理论。他没有认识到,正如凯恩斯所告诉我们的那样,注解像大多数有用的商品一样,不是免费的物品。

部分因为对权威的崇敬,埃奇沃斯完全没有就一般理论问题写出什么东西。他的值得注意的论文"分配理论"就是一个典型。这篇文章更多的是评论许多同时代人或前辈的观点,而不是提出他自己的分配理论。将非常零碎的观察加以汇总,是一项吃力不讨好的任务。下述事实使这项任务不能被简单化:他写作的对象是专业经济学家,而不是马歇尔主义者,他不是对着这个"聪明的凡人"而来的。人们通常必须对埃奇沃斯的著述加以解释和补充,否则它们常常是难以理解的。

埃奇沃斯的大部分重要著作不在我们研究的范围之内。他关于垄断、赋税和国际贸易的许多内容广泛而十分精彩的作品都要排斥在外。我们必须满足于他关于资源配置的零碎片断、对报酬规律的透彻分析,以及对分配理论的许多解说。

成本的性质及资源配置

埃奇沃斯追随古典传统,强调真实成本。关于劳动,他几乎完

---

① 《有关政治经济学的论文集》(伦敦,1925 年),第二卷,第 300、370 页。以下引文均出自该书,除非另有说明。这些论文皆写于 1889~1917 年,年份会在相关处指出。感谢麦克米伦公司应允我引用该书。

全接受了杰文斯关于个别劳动者的劳动供给曲线分析，即在均衡状态下，劳动的边际效用等于产品的边际效用（第一卷，第 32 页极为重要；第二卷，第 278～279 页，第 297 特别重要，第 338 页；第三卷，第 32 页，第 59 页特别重要）。① 不过，埃奇沃斯明确承认这个学说应当受到若干限制。

第一个限制来自这个事实：对典型的现代工人来说，他不可能自由地改变他的劳动量（第一卷，第 36～37 页；第三卷，第 60 页特别重要）。② 在机械化生产条件下，每个人通常必须按工厂规定的工时工作。这对杰文斯理论的有效性形成了一定的限制，但是，埃奇沃斯根据某些理由，认为该理论受到的损害很小。劳动者可以改变他的职业；计件工资提供了更大的灵活性；某一特定劳动的供给受到教育和培训成本的影响；最后，即使在工时固定情况下，劳动者所实施的劳动量也可能改变。

埃奇沃斯对杰文斯理论的论证是中肯的，但不完全令人信服。按照痛苦（或选择）成本理论，只有在不改变单位生产努力的工资的条件下，在各种职业之间实现转换才是可行的。而且，这还要作出许多假定（一般来说这不会是真的），其中特别是劳动者的消费在他的新职业中仍然保持不变。这样一种报酬制度只是一种局部的例外，因为随着生产的机械化，劳动者在单位时间的产量基本上应当标准化了。最后两点，即教育成本和努力的实际的变化，是一个事实问题——遗憾的是，这种经济事实是不可靠的。它们都不重要。

杰文斯理论的第二类不确定性，来自埃奇沃斯追随凯尔恩斯之后祈求于工业竞争或者各种职业间的竞争（第一卷，第 18 页特别重要）。埃奇沃斯的痛苦生产成本理论要求劳动者使所有职业的边际吸引力均等化，如同他将所有商品的加权边际效用均等化一样。

---

① 又见：《数学心理学》（伦敦，1881 年），第 65～66、140 页。
② 参看本书第 155～156 页。

不过，众所周知，没有人能为两个主人服务——只有数理经济学要求有 n 个主人！但是，作为分工条件下的一种几乎普遍的现象，劳动者只能在一种职业中工作，因而难以见到各种职业的边际利益（或者它的对应物的边际负效用）的均等化。这样一来，痛苦成本和选择成本理论就倒塌了。没有提供真实答案，只不过暗示说，这个问题可以经由比较各种劳动的负效用来克服。① 但是，现在已经确知，比较不同人的主观量甚至在概念上也是不可能的。于是，埃奇沃斯的痛苦成本理论也就留不下什么东西了。

反效用理论还应用于储蓄，埃奇沃斯（追随马歇尔）认为，均衡条件要求节欲的边际效用与储蓄的边际效用（即利息）相等（第一卷，第 44 页注），这一点将在下面联系分配理论作进一步探讨。

选择成本论，如同应用于生产资源的**供给**的决定一样，也被应用于生产资源的配置。这一点在埃奇沃斯的著述中，像在马歇尔的著作中一样，有强烈的暗示，但是几乎没有提出明确的说明。在如上所述的负效用理论中，埃奇沃斯暗示说，边际负效用将相等，因为假定类似的劳动者会有类似的效用表。与土地相类似，"耕作边际"对用于各种用途的土地应该是相同的（第二卷，第 78、80、219 页）。他将比穆勒所说的具有更广的范围在对土地的各种竞争性用途方面：发现"在获利性上没有可比性用途的土地"，这是一项非同寻常的条件"（第二卷，第 219 页）。埃奇沃斯事实上认可了工业竞争的趋势，这相当于确认资源在各种用途之间的移动，直到在每一种用途上获得相等的报酬（第一卷，第 18 页极为重要；第二卷，第 5 页，第 78 页极为重要）。

报酬法则

埃奇沃斯的报酬法则分析是他对经济理论最重要的贡献之一。

---

① "……价值和分配理论涉及不同职业的纯收益相等，这种理论至少认为，它不要求比较不同个人之间的福利"（第二卷，第 475 页）。

在他 1911 年作出分析之前，经济文献关于这些法则的讨论实际上是很混乱的（第一卷，第 61 页特别重要；又见第 151～157 页）。来自不同生产要素的产品成比例增长和按比率增长被看作是增量增长的同义语，即使马歇尔和维克塞尔这样谨慎的专业经济学家也不例外。为数不多的能干的理论家看来都在热心于使用各种可能的方法，而这些方法却误用了各种普通的关系。

埃奇沃斯认可两种基本的报酬递减概念和定义。第一个概念是边际收益，它更多地同**最大化**理论直接相关；第二个概念是平均收益。自从真正"发现"报酬递减法则以来，这些概念一直被用作同义语，尽管稍加考虑就会揭示两者的区别。①

报酬法则最初的定义基本上是这样的："当连续应用两份等量"剂"（dose）的生产力时，由于第一剂带来的增量少于第二剂带来的增量，说明存在报酬递增法则；相反的情况则是报酬递减，即第一剂带来的增量多于第二剂带来的增量"（第一卷，第 63 页）。②

报酬递减开始起作用的那一点（根据埃奇沃斯的说法）由表二有下划线的数字表示，即第三剂 5 单位（一剂包含 5 单位。第一剂增量是 5，第二剂是 10，第三剂是 15。——译者）的增量之后。③

---

① E. 威斯特爵士相信，这两个定义是一样的（第一卷，第 70 页注）。埃奇沃斯在写他的论文以前也是一直混同这两个定义的。参看"政治经济学中的数学方法"，《帕尔格雷夫政治经济学辞典》（伦敦，1923 年），第二卷，第 711 页；《论文集》，第二卷，第 65 页。
② 埃奇沃斯应当一直在约定：各个单位的生产力是同质的。
③ 可解析如下：y 是产品，x 是变动的生产力数额，报酬递减可由下列条件定义，即 $\frac{dy}{dx} > 0$ 和 $\frac{d^2y}{dx^2} < 0$。几何图式是：总产品曲线凹向 X 轴，即图 12 中超过 B 的区域。

表二　　　　应用于一定土地的不同数量的劳动和设备的报酬

每日劳动 （以班组和工具）	总收成（蒲式耳）	由后续剂 带来的增量
2	0	0
5	50	50
10	150	100
15	270	120
20	380	110
25	450	70
30	510	60

这个法则的第二种形式即平均形式更为普遍："……当所使用的单位生产力的**平均**产品增加时，报酬递增法则起作用……；报酬递减法则出现在相反的场合。"（第一卷，第67页）。这个定义与最初的概念是不符合的，这可以从表三（也是根据埃奇沃斯的说法）看出来。表二中的剂量较大，而表三将其分成了单位增量。若使用增量概念，报酬递减出现在第十六剂的资本和劳动；若使用平均概念，则出现在第二十一剂。表二由于每一剂所包含的单位数较多，因此按照任何一种定义的报酬递减均出现在相同的地方。

表三①　以小剂量应用于一定土地的不同数量的劳动和设备的报酬

每日劳动 （以班组和工具）	总收成 （蒲式耳）	归于后续 剂的增量	每日劳动的 蒲式耳
……	……	……	……
12	195	23	16.25
13	219	24	16.85
14	244	25	17.43
15	270	26	18.00

---

① 为使前后更为一致，这里对采自埃奇沃斯的数字稍微作了一点调整。

续表

每日劳动 （以班组和工具）	总收成 （蒲式耳）	归于后续 剂的增量	每日劳动的 蒲式耳
16	295	25	18.44
17	319	24	18.74
18	341	22	18.94
19	361	20	19.00
20	380	19	19.00
21	398	18	18.95
……	……	……	……

在第一或最初意义上，该法则可概括为对下述场合的陈述，在这种场合，各个后续剂的数量大小不等（第一卷，第 66~67 页）。一般来说，"……成本的最后增量与产品的最后增量的比率，大于成本的倒数第二增量与产品的倒数第二增量的比率时，成本递增或报酬递减法则成立……"（第一卷，第 66 页注）。① 代数式强调

---

① 作者还提供了另一个几乎完全一样的定义："……在使用两剂生产力（一般来说并不相等）时，由于使用这两剂而带来的产品的增量同仅使用第一剂所带来的产品增量之比率，大于这两剂之数额同第一剂之比率，则报酬递增成立；反之，如果前一比率小于后一比率，则出现报酬递减"（第一卷，第 66 页）。这两个定义的不一致，可以用正文中使用的符号重新表述这种定义来说明。也就是说，报酬递减出现在 x_1 上，当：

$$\frac{x_2 - x_0}{f(x_2) - f(x_0)} > \frac{x_1 - x_0}{f(x_1) - f(x_0)}$$

不等式左边的数字不同，但是会得出相同的数量结论。这来自这个事实：$x_0 = x_1 - \Delta x$。于是，不等式左边的数字可写成：

$$\frac{x_2 - x_1 + \Delta x}{f(x_2) - f(x_1) + \Delta f(x)}$$

与 $\frac{x_2 - x_1}{f(x_2) - f(x_1)}$ 相比，报酬递减时，前者将更大，因为 $\frac{\Delta x}{\Delta f(x)}$ 较大；反之，就是报酬递增；报酬不变时，两者相等。

了这个定义。以 x_0, x_1, x_2 表示可变要素的不同数量，而且 $x_0 < x_1 < x_2$。如果 $f(x)$ 是总产品，则当下述不等式成立时，报酬递减出现在 x_1 上：

$$\frac{x_2-x_1}{f(x_2)-f(x_1)} > \frac{x_1-x_0}{f(x_1)-f(x_0)}$$

如果 x_0 和 $f(x_0)$ 设定为零，则第一个定义就可包含第二个定义，不过，"程度的差别相当于种类的差别"。我们可以稍微推迟一下埃奇沃斯对第一种定义优点的证明，① 先顺便指出一个非主要之点。

请注意，表二和表三可以很容易地从实物单位转换为通货单位（第一卷，第 68~69 页）。如果产品和生产资源的价格不变，那么这只涉及两个变量（产品和劳动—资本）与不变价格的乘积。图 7 显示了这种场合的均衡。$OBCD$ 现在描绘了以货币表示的成本；② OA 表示收入。在竞争条件下，资本—劳动将被雇用到这一产量中，在这个产量上和总成本的切线与收入线（OA）相平行；或者，用更现代的术语来说，在这一点上边际成本等于边际收入。

埃奇沃斯认为第一个定义的优点主要在于它"是最大化的标准"。第二个报酬递减法则的定义并不总是一种误导；在一些重要场合，第二种标准也不会偏离第一种标准。他指出这些场合是：

第一，第一种意义的报酬递减可能分布在生产曲线的所有各点上；第二种即平均意义的报酬递减也出现在所有各点上（第一卷，第 70 页）。③ 不过这种情形并不总是真实的（见下文）。

第二，在完全竞争条件下，这个变动的资源量将被使用到报酬

---

① 尽管几乎所有的美国当代经济学家都赞成平均概念，如瓦尔克、布洛克、卡弗和塞利格曼。
② 即纵轴乘以变动要素的价格。忽略了固定成本，不过，它们的加入不会影响产量。
③ 这种场合要求总生产曲线从原点开始。

递减的两种形式都有效时为止，即使在开始时出现过报酬递增。图7横轴表示产出单位，纵轴表示可变要素单位，B点标志第一种意义的成本递增，而第二种意义的成本递增则在C点。如果价格已定（即OA的斜率已定），可以想像得到B和C之间的一点可以有一个切点与总收入或价格相平行。"但是，这个条件将被发现暗示着生产总收益小于总损失的情况；这在正常情况下和长期内是不合理的"（第一卷，第71页）。①

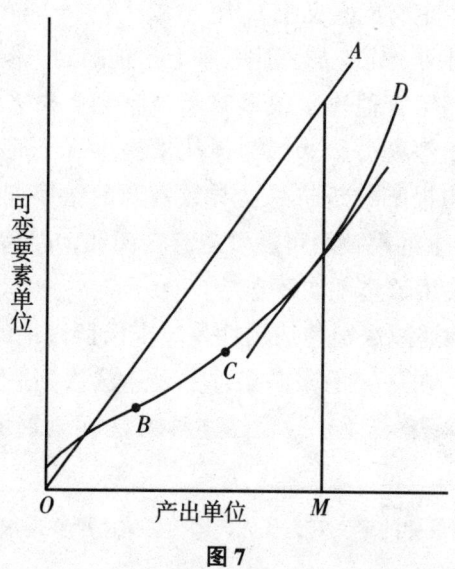

图7

第三，在垄断条件下，它可能在B和C之间的某一点上起作用，而且第二种定义"变得更加重要了"。政府可能补贴一家运河公司的"一般开支"，或者极度竞争的铁路可能"被迫为生存而努力，而对以往的建设费用不予考虑"（第一卷，第72页特别重要）。埃奇沃斯在这一点上是不明确的。在短期之内，经常性或固

---

① 没有给出明确的证据，但可以简单地加以说明。在图7中，B和C之间（相当于，但不等于表二中的15和20剂之间）的平均成本大于增量成本，因而等于与$OBCD$沿着这个区域的切点的价格（等于增量成本）将不能涵盖平均成本；厂商将亏本经营。

定的开支不影响边际成本。但是在长期内，所有成本肯定会发生变化。随后我们将对这个问题作一般性讨论。

然而，基于几方面理由，可以说增量定义有其优越之处。即使在第三种即卖者垄断场合，第二种定义在数量上也没有偏离最初的定义，因而把平均收益作为垄断产量的标准是错误的（第一卷，第72页）。① 在多种生产要素的例证中，两个定义可能给出数量上不同的答案，尽管分别地相对于每种要素来说，产量显示了报酬递减（在第一个定义的意义上）。②

埃奇沃斯对两个定义的陈述基本上是正确的，但他的解释太令人不可思议了。尽管他作了很多暗示，但他从未坚定地断言平均报酬不应被用于短期分析。因为他从未提供一个简单的证据，说明这样使用平均报酬分析将总会导致资源的错误配置。他在语言（而不是分析）上的模棱两可，可能意在调和，因为当时绝大多数经济学家都在使用这个平均概念。

报酬递增和递减法则的适用性是埃奇沃斯讨论的第二个论题。他正确地指出，在一定的限制条件下，递减法则适用于所有的工业，而不仅仅限于农业——后面这种看法在当时还是很流行的

---

① 埃奇沃斯还把最初的定义列为优先，因为国家垄断在追求"集体消费者剩余"最大化。
② 可以用生产函数来说明这个论证：
$$z = 9x - 5y - 3x^2 + 4xy - y^2$$
。这里
$$\frac{\partial^2 z}{\partial x^2} = -6 < 0, \quad \text{和} \quad \frac{\partial^2 z}{\partial y^2} = -2 < 0$$
这样，对每个要素分别来说，第一种意义的报酬递减成立。同一个可变要素相类比，第二种意义的报酬递减对于两个要素来说显然也成立。不过，在这个例证中，报酬递增会出现在一定产量上，如果两种要素被增加到一定点，而数量不同的话。这是对的，因为第二个条件是最大化的条件，即：
$$\left(\frac{\partial^2 z}{\partial x^2}\right)\left(\frac{\partial^2 z}{\partial y^2}\right) > \left(\frac{\partial^2 z}{\partial x \partial y}\right)^2$$
没有实现，因为 $(-6) \cdot (-2) < (4)^2$。详细论证见第一卷，第76页注。

（第一卷，第79~80页）。但是，另一方面，埃奇沃斯又质疑这个理论的普遍性。埃奇沃斯断言，这个原理是自明之理的，这一点没有得到认同；人们必须作出进一步的限制，即"我们完全可以采取大额的剂量"（第一卷，第80~81页）。不过，要素的不可分性被暗示为出现递增报酬的基本原因，但他没有继续追踪这个思想，却转而论述了递增报酬的许多场合（第一卷，第81~84页）：

1. "……有些东西的生产必须是大规模的，例如铁路。生产任何报酬所要求的巨额最低限度费用，竟可被视为没有生产回报……"。
2. "……规模有利于增加各个部分，从而促进'合作'……（或）'组织'……"。
3. 各种要素相互比较，它们的变化是不连续的。①
4. 亚当·斯密提出了分工的三大优点。
5. 与上述相同来源的许多场合：
   a. 水对船的浮力并不能成比例地增加船的承载力。
   b. 刺激来自出现了众多合作的工作者。
6. 当厂商达到足够规模时的自我保险原理。

没有打算让这个表"无所不包"，但它足以让人提出一个问题：列举什么？报酬法则是从一个要素变动而其他要素**不变**来描述报酬的。然而，上述只有1和3适用于既定工厂的经费规模问题，而1其实是3的特殊场合，其余各点仅仅适用于**工厂规模**的变动，2和4，也许还有6，只与大规模生产的经济相关，而同报酬理论无关。②

两个相关场合，1和3，显然是基于生产要素的不可分割性。在这个假定条件下，对报酬递增的论证是明确的和正确的。埃奇

---

① 在另外一处较详细地讨论了这个不连续变化的问题（第一卷，第77~78页），我们会在下面处理这个问题。
② 5、a属于上一组场合；5、b则属于后一组场合。

沃斯解释时所援引的例证，不仅有一部增加的箱式车这样人们熟悉的例证，① 而且有第 $(r+1)$ 个领班的场合，否则他是不会让他手下的名额填满的。一般来说，在获得报酬之前就确定了一定数额的个人可变资源，将存在增加报酬的一定区间（第一卷，第78页）。埃奇沃斯说，报酬递增的区间"对要求启动经费的许多现代工业来说是典型的"（第一卷，第71页），他明确指的就是这一点。

但是，他没有明确提到固定费用或经常费用的作用。报酬递增（在增量意义上）源自于取得任何报酬前有必要先行提供一定数额的可变要素，而不是源自于固定开支的出现。② 在前面引述的场合，他强烈暗示说，在决定递增成本时，一般来说，考虑了"一般性费用"和"过去的建设费用"。这显然是错误的。不过，在论文最后，他说：

> 甚至朱庇特，像古代人说的那样，也没有关于未来的计划。就像这位将军在战役和战斗中没有严格按照事先预想的计划行动一样，主管们一直没有提议投资铁路，因为它的结果是几乎得不到高出经营费用的利润的；现在则有可能被力荐经营那个不赚钱的铁路，因为少胜于无（第一卷，第94页）。

必须用混乱来描述他未能完全区分的两种变动：一种是某工厂产量的变动；另一种则是工厂和工业规模的变动。在后一种即工厂规模变动的问题上，埃奇沃斯没有同马歇尔完全区分开来，这是值得予以特别考虑的。

---

① 不过，他还谨慎地指出必须对这个条件加以说明，因为增加一部箱式车可能要求增加培训等等（第一卷，第93~94页）。
② 例如，可参看 J. 瓦伊纳："成本曲线和供给曲线"，《国民经济杂志》，第3期（1931~1932年），第23~26页。

在埃奇沃斯对报酬法则的讨论中,最后一个论题是联合成本(第一卷,第84~91页,还有第178页)。"联合成本"一词描述的是这样一种场合,在这种场合中,一种商品产量的增加减少了生产另一种商品的增量成本;"竞争的生产"则是用于相反情况的名称。讨论集中在联合成本和递增报酬之间分化的可能性问题上,陶西格认为有这种可能,而塞利格曼则予以否认。

埃奇沃斯提出了一个微妙的几何论证,旨在说明:联合成本和递减成本并不一致,但它们一般来说是相关的。可用分析形式将其详尽分析作一简述。以 x 和 y 表示两种产品,以 $z=f(x,y)$ 表示两者的生产成本。增量收益按照下述条件可增可减:

$$\frac{\partial^2 z}{\partial x^2} \leq 0, \text{ 和 } \frac{\partial^2 z}{\partial y^2} \leq 0$$

然而,按照下述条件,联合成本和竞争生产成立:

$$\frac{\partial^2 z}{\partial x \partial y} \leq 0 \text{①}$$

这两组条件并不直接从属,因此,甚至在两种产品分别地服从于递增成本时,在一定范围内,联合成本可能起作用。②

联合成本和递减成本通常是同时发生的。首先,联合成本经营

---

① 还提出了更一般的条件(第一卷,第86页注):
$$f(x+\Delta x, y+\Delta y) + f(x,y) \leq f(x+\Delta x, y) + f(x, y+\Delta y)$$
应当指出,这个联合成本定义不涉及下述条件,即 x 和 y 共同的生产成本小于分别生产它们的成本,也不涉及联合生产所需要的条件。

② 对于第一种意义的递增成本来说,充分条件包括:
$$\frac{\partial^2 f}{\partial x^2} > 0, \frac{\partial^2 f}{\partial y^2} > 0$$

以及
$$\left(\frac{\partial^2 f}{\partial x^2}\right)\left(\frac{\partial^2 f}{\partial y^2}\right) > \left(\frac{\partial^2 f}{\partial x \partial y}\right)^2$$

因此,$\frac{\partial^2 f}{\partial x \partial y}$ 可能是负数,但是小于这两个二次求导产品。

越强,则每个产品服从成本递减的可能性就越大,① 尽管反证不能成立。不过,这个重要的例证是基于假定生产要素的不可分割性,即各种要素数量的变动是不连续的。铁路工业是又一个重要例证,为运送更多这种货物所需要的设备,会减少运送另一种新增货物的成本。埃奇沃斯可以被指责过于依靠从"反复无常的"数学案例来论证联合成本,② 他还极大地夸大了联合成本在铁路事业中的意义。运送越来越多的一种货物可能减少运送另一种货物的成本,但是,一般来说,仅仅集中于**一种**交通工具可能更便宜。

埃奇沃斯强调边际成本递减与竞争不相容,无论是长期还是短期。"……如果任何生产者能够以不变的或者递减的成本继续增加他的供给,那他就没有什么理由不去排挤竞争者以供给整个市场"〔第二卷,第 87 页;又见第 88~89,436 页(特别重要);第三卷,第 13 页〕。③ 他事实上发展了一整套现在经济学分析中使用的成本曲线,不过,由于其中大部分曲线属于短期问题,加之他没有将曲线与资源配置或分配问题联系起来,所以没有必要在此详论。④ 应当注意到,埃奇沃斯接受马歇尔的外部经济理论(第一卷,第 88 页注,第 273 页),他还追随庇古的理论,并接受因此而来的批评——应当对以递减成本经营的工业予以补助(第二卷,第 428、429 页;第三卷,第 187 页)。⑤

---

① 前面的脚注加强了这个论证。因为,如果 $\frac{\partial^2 f}{\partial x \partial y}$ 相对于其他二次导数在数量上变得更大,那么,就会违反递增成本(在第一种意义上)的第二个条件。

② 参看本书第 100 页注②。

③ 第 12 章将讨论不变报酬的场合。

④ 参看总结:"论庇古教授的某些理论。"(第二卷,第 429~449 页)。

⑤ 这里不是详论关于庇古理论争论的适当场合;而且埃奇沃斯的立场与庇古的立场过分紧密地交织在一起,以致无法认同其个别陈述。特别参看埃奇沃斯:"修订的边际社会产品理论",《经济学杂志》,第 35 期(1925 年),第 30~39 页。

分配理论

埃奇沃斯的卓越论文"分配理论"（第一卷，第13~60页）发表于1904年，这是他关于分配理论的唯一重要著作。在这里他继续以往的做法，只处理新古典分配理论中有争论的问题，而不试图考虑整个问题。埃奇沃斯在他的作品中，特别是在关于数理经济学的论文中，还提出了一些富于想像力的建议（遗憾的是，完全是字面上的）。在讨论了他关于企业家、土地、劳动和资本的正统论述之后，我们再来考虑这些建议。

不过，我们必须首先指出埃奇沃斯讨论的一个突出优点。他对分配与交换的真实关系作了精彩的说明。一开始他就提出了一个论断："分配是交换的一个方面，产品通过交换被分配于为其生产做出贡献的各种参与者之间。"（第一卷，第13页）。① 他以"白的"和"黑的"市场为例来说明分配机制，但从未提出过明确的令人信服的论述，只有简略的勾画。这些一般特点在论文问世之时即为人们所知，无须在此赘述。

企业家

作为一种说明方法，埃奇沃斯在分析企业家时是按照仔细探究定义的思路展开的。考虑了四种关于企业家作用的被接受的概念：古典派的说法，资本家；瓦尔克的观点，借入资本的经营者；风险承担者；以及瓦尔拉斯提出的不赚钱的企业家。我们将依次加以考察。

在古典理论中，用埃奇沃斯援引穆勒的话来说，资本家是

---

① 埃奇沃斯常把国际贸易理论应用于若干资源或资源所有者，不过，对我们来说，现在去追踪这些应用就离题太远了。参看第二卷，第19、376~378页等。

"这样一些人,他们从自有基金中支付劳动者的工资,或在工作中支持他们;他们提供所需的建筑物、原料、工具或机器;通过契约条款,产品归属他们,并且听任他们处置"。他们的报酬一般来说被认为等于资本额与利润率的乘积。但是,这个理论同李嘉图的地租理论并不是很一致的,因为"正如西奇威克所说,没有适当理由可以期待:'管理的报酬'和利息对不同规模的资本会倾向于同一比率"(第一卷,第17页)。[1] 边际生产率论事实上不适合解释企业家的活动(在古典派的定义下),因为这些活动不是变动不定的许多单位在市场上的买卖,而是像该理论所要求的那样(第一卷,第17页)。尽管古典派理论恰好足以支持从中得出的"实际后果",但是从理论观点来看,这种解释是不恰当的。

第二个即瓦尔克的概念是完全不能令人满意的(第一卷,第17~22页)。因为在对借入的资本支付利息后,存在某种剩余,它由地租和企业家的纯收入所构成,其中归于企业家的部分要取决于两种类型的竞争:

1. 商业竞争,或者追求一种安排,使其在既定行业内的利润最大化。
2. 工业竞争,或者选择最有利可图的行业。

第一种竞争导致每种要素使用到每单位边际产品等于其成本之点。埃奇沃斯在这一点上已经接触到了一般边际生产率论。在一个脚注中他提出了一个易于导出一般结论的方程式(第一卷,第20页注)。令 P 为纯产品;$f(a, b, c)$ 为总产品;π 为产品价格;P_a,P_b 和 P_c 分别表示要素 a,b 和 c 的价格;企业家追求最大化:

$$P = \pi f(a, b, c) - ap_a - bp_b - cp_c$$

---

[1] 可是他先前的观点是相反的,《数学心理学》,第33页。

条件是每个生产要素服从报酬递减。① 该方程式显然暗含的答案是：

$$\pi = \frac{p_a}{f_a} = \frac{p_b}{f_b} = \frac{p_c}{f_c}$$

但是，以上论述明确表明，这个理论仅在解释企业家如何最大化其收益，以及如何将其从总产品中分离出来是有用的；利润仍然是剩余。论证的下一步，就是指出企业家的努力是可变的，并将增加到产品增量效用等于其努力的增量反效用的那一点上。

一旦引进第二种形式的竞争即工业竞争，则不同行业的吸引力将平均化。企业家取得的报酬类似于劳动报酬，"从一定的观点来看，它无疑也适用于政治评论家和哲学家"（第一卷，第20页）。但是，埃奇沃斯赞同地援引陶西格的观点，认为对企业家的分配机制，从实用的目的来说差异太大，难以像其他份额那样处理利润。因此，这个第二种思路是更不能令人满意地被排除了。

还考虑了一些次要议题（第一卷，第21～22页）。即使工业之间的竞争是不完全的，那么，处于更有利可图的工业的企业家将会得到额外的收益，这一部分收益的性质与地租相似。即使资本家的努力没有同企业规模成比例地增加，但通过商业竞争，他的努力的边际负效用还是可等于其收益的效用。如果严格遵循最后这个思路，那么，为"代表性企业"辩护的大部分理由都将化为乌有。

埃奇沃斯对第三个观点即认为企业家是风险承担者作了总结性陈述（第一卷，第22～24页）。股份持有者是这种类型企业家主要的和最有标志性的例证，他们的投资要确保回报率等于其边际生产率，外加风险补偿费。风险承担者是否独立生产要素，这是一个有待回答的问题，但是，他的最后观点（1925年）强烈暗

---

① 即 $f_{aa}<0$，$f_{bb}<0$，$f_{cc}<0$，以及通常的第二个条件，其下标表示关于 $f(a, b, c)$ 的变量是有差异的。

示，如同庇古早先的《财富和福利》一样，这个观点是恰当的（第一卷，第59~60页）。

最后一个定义是瓦尔拉斯（还有巴罗内、帕累托、克拉克和熊彼特等人）提出的，他认为企业家是不盈利的（第一卷，第24页极为重要；又见第二卷，第311、378~381、469页）。埃奇沃斯拒绝接受这个观点，表面的理由（在所有当代经济学家中，这些理由在埃奇沃斯那里是最自相矛盾的）是：自我决定（或者宁可说消费者决定）生产的思想，是一个过分夸大的解释，没有任何现实意义。当他赞同地引述曼格尔兹的下述论断时，他所想的必定是"工业的首领"："我们必须假定企业家收益的存在，否则，企业家经营的目的何在？"埃奇沃斯宣称："一个人谋得巨额收入，并力求使之更多，却被描绘为既不赢也不亏，这种说法是奇怪的。"（第一卷，第25页）。他简直不能想像在静止和完全竞争经济中企业家的作用，或者更恰当地说，没有企业家经济会怎样。他像古典经济学家和马歇尔一样，总是把当代英国工业首领与这个概念（指企业家。——译者）联系起来。不过，埃奇沃斯认为，争论多半是基于假定条件的差异，他指出："我一直想说，我们之间并没有实质性的分歧，我们看到的是同一个盾牌的不同方面，我看到的是它的镀金的一面，而他（帕累托）是没有任何贵金属的那一面。"（第二卷，第381页）。这个隐喻不很公允，但是，如果我们接受了它，那么，反驳也是明显的：黄金无论在商业还是经济流通中都不再是唯一重要的通货了。对于理论分析来说，埃奇沃斯关于企业家的观点比瓦尔拉斯的观点显得逊色。

然而，在长篇考察（第一卷，第26~30页；又可参看第二卷，第336~339页）之后，埃奇沃斯接受了巴罗内的理论：企业家获得的是他的边际产品，也就是说，管理能力的报酬基本上是一种工资。① 但这个理论不能完全成立，因为没有理由"把企业家的报酬看作是剂的数量（即工作小时数）的产品，看作是一剂的

---

① 参看巴罗内：见本书第12章。

边际生产率（乘以系数，而系数取决于生产过程的长度）"（第一卷，第 28 页）。这个论证类似于对源于单位的不可分割性的潜在工资的论证（见下文）。但是，在管理者被股份持有者（第三个定义）雇用的重要的特殊场合，边际生产率解释是可以成立的。管理者为职位的竞争将使他们无人能够获得多于他们为公司产品所增加的数额。埃奇沃斯就这样得到了（为了实用目的）"新的分配规律的证明"，达到了一般边际生产率理论。此后对其他生产要素的讨论应当被理解为对这个规律的补充，而不是相反。

土　地

在讨论土地租金时，埃奇沃斯是紧跟马歇尔的："……**土地交易的最显著特征，是土地数量（至少是空间）有限，不能由人类的努力而增加。**"〔第一卷，第 32 页；还可参看第二卷，第 85、133、141 页，第 143 页注，以及第 192（极为重要）页〕。① 简洁的论述也完全是马歇尔式的。土地对企业家（尽管不是对社会）来说是资本的一种形式；租金税不应干扰生产——要服从于各种微妙的限制条件（参看第二卷，第 187 页极为重要）；旨在确保无偿增加价值的税收改革应当谨慎对待现存的公正（第一卷，第 32 ~ 34 页；第二卷，第 126 ~ 226 页各处）。埃奇沃斯与马歇尔的唯一区别在于他更强调了对现有"土地"的资本投资〔第二卷，第 200 页注，第 204 页（特别重要）〕。

劳　动

对工资的讨论同样很简略。这一节的相当一部分用于批判庞巴维克的"边际对偶"概念（第一卷，第 37 ~ 39 页）。一般工资理论反倒很少提及。他接受杰文斯关于工资的边际效用等于劳动的

---

① 不过，人们被告知，在静止状态下，允许将土地和资本物品组合在一起。参看第三卷，第 100 页；又见《马歇尔纪念文集》（伦敦，1925 年），第 68 页。

边际负效用的概念（第一卷，第35页），这个比率同时还决定于这个条件：劳动者所增加的产品必须等于他的工资（第一卷，第36页；第二卷，第384页）。

埃奇沃斯还注意到工资契约的决定问题。① 他在关于工资的论文中指出，如果雇主只雇用一个人，在工资率和劳动的反效用之间就不存在必然的关系。这种形式的不确定性是"一般劳动市场的例外"，它可由以较小剂量（以小时而不是以日计算）售卖劳动来加以克服。在早先的《数学心理学》中间接地提到了这个问题，主要是联系劳动者联合与雇主联合之间的契约。② 埃奇沃斯的讨论主要集中在珍稀之物上，但我们就不必在此滞留了。③

资 本

埃奇沃斯对资本理论的零碎观察不能被看作是一个完整的毫不含糊的解说。他的讨论受到庞巴维克的强烈影响，④ 并且相当强调生产阶段（第一卷，第42～45页）。其暗含的意义是强烈的：资本的生产性与延长生产期间是同义语，正如埃奇沃斯所说："……生产者距离（生产的）最终阶段越远，将传送给每个生产者的份额越大"（第一卷，第43页）。但他没有完全接受庞巴维克的理论。例如，埃奇沃斯基本上接受了马歇尔在"预期性"和"生产性"之间所作的调和。因此，资本品价值的增长（经过时间）被归结为两个因素："未来欢乐被低估，以及生产由于'迂回方法'而增加"（第一卷，第44页注）。⑤ 他跟这位奥地利人一样，认为

---

① 可比较希克斯："埃奇沃斯、马歇尔和工资决定"《经济学杂志》，第40期（1930年），第215～231页。
② 前引书，第二部分各处。
③ 不过，应当提到对土地和劳动所作的区别（第一卷，第47～48页）。
④ 他说："为将价值的持续扩展表现为从现在成熟到未来，庞巴维克教授快乐地使用了一系列同心圆。"（第一卷，第43页）
⑤ 关于前一点，还可参看第二卷，第101页；第三卷，第23页。

低估未来的快乐在利息的生产性解释中不起作用。埃奇沃斯不相信增加资本必然引起生产期间的延长，他的结论是："没有生产工艺的相应改进，就可能使（生产）培训的期间大为增加，这可能是有疑问的；正如西奇威克所观察到的那样，发明不一定引起资本的增加"（第一卷，第50页）。也许更准确的结论应该是：埃奇沃斯基本上接受马歇尔的观点，但为接受生产期间的概念留下了更多空间。

边际生产率论的早期陈述

聪明的埃奇沃斯在其最早的论著中就已经表述了一般边际生产率论的核心。他在1889年首次提出了该理论的一个概要（第二卷，第298页）。① 如以 $f(c, h)$ 表示总产品，此处 c 是资本，h 是土地；又以 z 表示利率，r 表示每英亩的租金，个人追求最大化 $f(c, h) - zc - rh$，由此，"和 $\frac{\partial f}{\partial c} = z$ 和 $\frac{\partial f}{\partial h} = r$"。这同李嘉图的地租论是不矛盾的，后者可以写成：$rh = f(c, h) - zc$。埃奇沃斯仅仅替换了 z 和 r，以保证一般生产率论的简化陈述。在一个高度浓缩的脚注中（第三卷，第54卷），② 埃奇沃斯暗示了一般边际生产率论。假定两个产品是 u 和 v，两个要素是 x 和 y，其中 x_1 和 y_1 进入 u，而 x_2，y_2 进入 v。令 p_1 和 p_2 分别表示 u 和 v 的价格，π_1 和 π_2 分别表示 x 和 y 的价格。有 10 个未知数，即：u，v，x_1，x_2，y_1，y_2，p_1，p_2，π_1，π_2，可从 10 个方程式中求解：

(1) $x_1 + x_2 = \phi(\pi_1)$，要素 x 的供给函数。

(2) $y_1 + y_2 = \psi(\pi_2)$，要素 y 的供给函数。

---

① 符号稍有改变。马歇尔以附录形式援引了这个发展；参看《原理》（第八版，伦敦，1920年），第848页。
② 再次对符号稍作改变，并改正了方程式（8）和（9）中的印刷错误。

(3) $u = f_1(x_1, y_1)$, 产品 u 的生产函数。

(4) $v = f_2(x_2, y_2)$, 产品 v 的生产函数。

(5) $u = F_1(p_1)$, 产品 u 的需求函数。

(6) $v = F_2(p_2)$, 产品 v 的需求函数。

(7) $\dfrac{\partial f_1}{\partial x_1} \cdot p_1 = \pi_1$, "因为 x 将被使用到新增收益恰好被新增成本所抵消的那一点上"。以下同样。

(8) $\dfrac{\partial f_1}{\partial y_1} \cdot p_1 = \pi_2$。

(9) $\dfrac{\partial f_2}{\partial x_2} \cdot p_2 = \pi_1$。

(10) $\dfrac{\partial f_2}{\partial y_2} \cdot p_2 = \pi_2$。

在对一般均衡论的这个出色的总结中，明确地包含了边际生产率论，因为方程式（7）到（10）表示了边际产品与生产要素价格的相等，不过，这个理论仍然没有得到进一步的阐述。

第6章 卡尔·门格尔[①]

长久以来,卡尔·门格尔在盎格鲁-撒克逊国家中一直是一位著名的、然而其著作又鲜为人知的经济学家。[②] 经济思想史家总是将他同杰文斯和瓦尔拉斯一起称为(至少是荣誉地褒奖为)主观价值论的重新发现者和普及者。但是,语言的障碍,加之内容难懂,使众多操英语的经济学研究者对其著作知之甚少。门格尔的著作一直没有被翻译过来,他的杰作《国民经济学原理》[③] 也绝版已久。门格尔的名声多半得益于他的两位著名学生维塞尔和庞巴维克。事实上,这是极不公平的,在一些重要方面,他的理论结构远优于其追随者。

一开始将门格尔和杰文斯作个比较是有意义的。后者在《原

[①] 本章曾以"卡尔·门格尔的经济学"为题,以基本上现在的形式发表于《政治经济学杂志》,第45期(1937年),第229~250页。我感谢《政治经济学杂志》编者应允我引用该资料。

[②] 关于门格尔生平著作一般概论,请参看哈耶克为《原理》重印本〔收入伦敦经济学院《珍稀论著重印系列》(1934年)〕所写的序言;关于当时的文化环境,熊彼特有精湛的论述,见其"卡尔·门格尔"一文,载于《经济和政治杂志》,第1期(1921年),第197~206页。

[③] 维也纳,1871年。以下所有引语均出自该书,除非另有说明。

理》问世的同年（1871年）发表了他的《政治经济学理论》。这两人之间有若干相似之处。同瓦尔拉斯相比，他们基本上使用了非数学方法；他们写作了经济理论的某些部分，还都打算写出内容广泛的论著，但这些论著都没有出版；① 他们都尖锐对抗古典政治经济学。但是，门格尔的理论远远胜过杰文斯：它系统而深刻；它避而不用那些蹩脚和不必要的数理经济学方法；特别是它将价值理论一般化，包含了健全分配论的基础，尽管还只是一种萌芽。

他们对现代经济思想的影响也大不相同。杰文斯实际上没有直接的后继者。紧跟古典学派，令人生厌的数学公式，理论结构的空缺，恐怕是没有出现"杰文斯学派"的部分原因。

门格尔就幸运多了。有一批能干的经济学家跟随着他，这些人固守他的一般思路，甚至常常接受《原理》的细节和术语，以致发展成了所谓"奥地利学派"。维塞尔和庞巴维克是19世纪追随者中的杰出代表者；此外还有许多人，其中包括萨克斯、康莫林斯基、玛塔加、格鲁斯和迈伊尔。杰文斯的失败更彰显了门格尔的成功。门格尔所面临的不是既定的理论传统，而是没有什么理论的具有强烈反古典倾向的德国经济学。门格尔的论述通俗易懂、系统、内容广泛；就两人的地位和名望而言，门格尔的经济理论是优秀的。

有必要首先考察门格尔的主观价值论，因为他直接用这一理论评估生产性服务；然后再分析他的生产组织理论、归属理论，以及他对各种特殊的分配份额的观点。

---

① 大家知道，杰文斯的《经济学原理》（由若干片断组成）是他身后问世的（伦敦，1905年）；门格尔在他《原理》第一版的书名页上加了"首先，一般部分"，极像马歇尔十九年后的做法……门格尔打算增加三部分：分配、货币和信贷；生产和商业；一般经济政策。参看《原理》再版序言（1923年），第6页。这个身后问世的第二版是由他的儿子K.门格尔编辑出版。这个版本比过去的修订版有所扩充，特别在效用理论上，但分配理论没有多少变化，这里对此不必考察。参看F. X. 威斯："门格尔《原理》再版"，《经济和政治杂志》，第4期（1924年），第134~154页。

主观价值论

门格尔在开始时指出，一物是从必须同时具备的四个条件中获得财货性质的（第3页）。这些条件是：第一，必须存在人的需求。第二，物品必须具备能够满足这种需求的性质。第三，人们必须认识到物品具有满足人的需求的能力。第四，人们必须能够支配满足需求之物。具备前两个条件者是"有用的物品"；具备所有四个要求是"财货"，缺少或损失其中任何一个条件者就丧失了一物的财货性质。门格尔的后两个条件不过是形式的，其他条件的经济意义应予详尽阐述。

人类的需求不一定是合理的。化妆品，像物品一样，具有财货性质（第4~5页）——尽管门格尔十分乐观地相信，随着文明的进步，不合理的需求会变得越来越不重要。同样，如果相信某物具有满足需要的能力原来是虚假的（例如假药），这也不影响其财货性质。最后，"物品"一词是含糊不清的；门格尔极力争辩说，如同有用的物质产品一样，有用的人类活动也属于财货范畴（第5~7页）。

对非物质物品的强调——它被适当地扩大到包括例如垄断、善意和专利（第6~7页）——是对经济思想的一个真正的尽管又是被忽视的贡献。古典理论将经济分析局限于物质产品（例如"生产性劳动"与"非生产性劳动"的对照），这种做法旨在得到（而且仍然如此）某些最基本的经济学概念，例如收入、生产和资本。我们将会看到，门格尔紧随古典派的后尘，没有在涉及时间长短的基础上区别**物品**和**来自物品的服务**。

门格尔直截了当地提出了一个明显的问题：不能直接消费的生产资源没有财货性质吗？显然不是。因为，尽管它们不能直接满足需求，但它们能够转变成满足需求的财货，而且人类的大部分经济活动都同这种转变相关（第8页特别重要）。这些生产资源确实是财货，可用"更高级财货"的说法将它们同直接消费物品

("第一级财货")加以区别。如果面包是第一级财货,那么面粉、盐、燃料和面包师的服务就是第二级财货,小麦就是第三级财货,等等。

门格尔区分生产资源和消费财货仅仅是依据接近消费的程度,这样做所导致的后果对经济理论是重要的。为什么不能将用于解释消费财货的同一理论也用于解释"不成熟的"消费财货呢?很显然是可以的,而且门格尔将这一价值论用于生产性财货,导致了对边际生产率分配论的正确的(即使不是完全适当的)陈述。

然而,财货分级本身的价值是不确定的。同一财货,例如煤炭,即使在单一经济中,既可作为第一级财货使用(家庭燃料),也可作为第九级财货使用(冶炼矿石)。在高度发达的现代经济中,即使试图追踪生产一个简单商品——例如一支普通的笔——的各个阶段的细节,其工作量决不亚于细致描绘经济生活及其历史。换言之,分级概念是过于精确了,无论对我们的分析能力还是分析需要来说都是如此。门格尔本人对分级概念的使用莫过于区分消费财货和生产财货;他说这一概念的主要用途是为了"深究"财货和满足需求之间的"因果关系"创造条件(第10页)。门格尔借此分级所强调的思想是:被消费的只是服务(即第一级财货),所有耐久财货都是更高级的财货。

门格尔指出,高级财货的第一个特性是:如果没有其他相同等级的"补充"财货的合作,它通常是不能生产出低级财货的(第11页极为重要)。① 由此可见,如果没有高级的补充财货,② 那么,

---

① 门格尔看到了现代一些理论家有时忽视的一点:在只有一种生产要素和一种产品的地方,那个要素在经济上几乎总是同其产品同一的,因为在缺乏其他要素的情况下,在这个要素上什么变化都没有发生。如果设想存在这种史诗般的结构,那么谈论成本、收益或分配通常就是荒谬的。

② 补充财货的定义被扩大了,超过了它原先的含义(第14页),包括了将现在的高级财货转变为最终产品所需要的所有高级财货。这样做是为了避免出现一种情况,例如,所有必要的第三级补充财货可以生产一种第二级物品,然而,这个第二级物品却缺少将其转变为最终产品所必要的第二级补充财货。

这个"物品"就不能（即使是间接地）满足需求，它就是无用的；它不再是一种物品。

高级财货的第二个特征是：它自己满足需求的能力取决于其最终的第一级产品满足需求的能力（第17~21页）。这是"归属"——即生产要素的价值是从其产品的价值中派生出来的——分配理论的种子。

> 现在已经很明确，尚待满足的人类需求的存在是任何一个和每一个财货性质的前提条件，这证实了下述原理：一旦它们先前满足的需求消失了，这些财货也就失去了它们的财货性质。不管财货能被直接用于先前的同满足需求的关系，还是它要通过同满足人类需求或多或少的中间因果关系才能取得财货性质，都是如此（第18页）。

> 对高级财货的需求是以我们对第一级财货的需求为前提条件的……（第35页）。

可见，尚待满足的人类需求是财货性质的极终基础。如果人们丧失了对烟草的感觉和体验，那么雪茄、香烟、烟斗、烟草股票、烟草进口商的服务及工厂，甚至烟草种植园——所有这一切也都丧失了它们的财货性质。应当指出，尚待满足的需求是将自由"物品"排除在"财货"范畴之外的，但是，门格尔在这个术语的使用上并不一致（主要参看第57页）。

高级财货的最后一个特点是它的使用总是要求时间（第21~26页）。由于缺乏完全的知识，又不能完全控制自然，所以未来是不确定的。因此，预期的需求，即在生产过程结束时由某种高级财货满足的需求，将决定其财货性质。我们将在讨论门格尔的分配论的一节再来考虑高级财货问题。

到此为止，门格尔的论述仅限于涉及事物性质的因果关系的范畴之内。可将其数量方面概述如下：第一，*Bedarf*（需求）或一定时间内满足个人需求的每种物品的数量（第34页）；第二，供给，或在同一时间内用于满足这些需求的各种财货的数量（主要参看第45页)。门格尔的 *Bedarf* 概念在英语中没有一个精确的对应词。他的定义和陈述表明,个人的 *Bedarf* 是指完全满足个人需求所必要的物品量(参看第34页及注,第38、41页)。① 他承认人类需求确实是无限发展的能力,但这是一种历史现象;在一个很有限的时间内,*Bedarf* 是一个固定的量(第38页)。门格尔没有认识到对一种商品的 *Bedarf* 有赖于可得到的其他商品的量。

门格尔作了长篇精细论述(第35~50页),证明需求和供给这两类信息能够被正当地看作分析中的已知数,而不是分析的结果(例如价格)。这种做法是非常重要的,因为古典经济学家所用的分析方法要比当时德国经济学的方法先进,他们并没有把生产资源假定为一个固定不变的量。② 另一方面,门格尔明确地将高级财货或资源包括在固定财货之内(第45~51页)。门格尔必须被视为将"静态"假定这种不可缺少的方法引进经济分析的第一批经济学家之一。从今天的角度来说,他的陈述是原始的和过于简单化了,但在当时确是一项杰出的创新。他在这方面比瓦尔拉斯(尽管不够严谨)更有影响,又肯定胜过杰文斯。③

具备了需求和供给这两方面的资料(每单位时间的),现在就可以提出一个基本经济问题了:如何分配才能确保获得最大可能

---

① 可见,*Bedarf* 与瓦尔拉斯的"外延的效用"密切相关;参看《纯粹经济学要义》(洛桑,1926年),第72页极为重要。

② 奈特教授指出:"这些古典学者所说的静态是**一种自然的静态**或经济条件,那是进步的目标……而不是作为一种方法论的要求通过任意抽象而形成的静态"〔《风险、不确定性和利润》,(牛津,1921年),第143页注。〕又可参看罗宾逊的精彩分析:"论静态均衡概念中的一些含糊不清之处",《经济学杂志》,第40页(1930年),第194~214页。

③ 杰文斯仅仅提出了一个建议(《政治经济学理论》(第四版,伦敦,1911年),第267页);瓦尔拉斯真正的进展(从多数经济学家的观点来看)反而被其数学的装扮弄得模糊不清了(前引书,特别是第175页极为重要)。

需求满足（主要参看第51页）？① 需求和可得财货处于彼此可能的三种关系之一：或者大于另一个，或者相等。

首先，需求可能超过支配的财货量——大多数财货都处于这种关系。在这种情况下，相当一部分财货的缺失将引起已知的部分需求得不到满足。于是，"人们将尽力……合理使用每一个既定单位处于这种数量关系下的现有财货，以取得最大可能的结果，或者以最小可能的此种财货取得一定的结果"（第52~53页）。② 个人将把这些财货用于"更重要的需求"。处于这种关系（即其数量少于需求量）的财货是"经济财货"，人们将按照上面提到的原理持有、保存和使用它们。而任何一种成本本身皆与这个问题无关，无论一物是经济的还是非经济的财货（第61页注）。

第二种可能的关系是支配量超过需求量（主要参看第57页）。在这种情况下，不存在某种动力去节约这种财货，或者保存其有用的属性，或者考虑它们能够满足的需求的相对重要性，或者，一般地说，以某种经济方式去对待该物。简言之，它们是"非经济"财货。

时间和条件的改变可能使"非经济财货"转变为"经济财货"，或者相反（第60页特别重要）。影响供求关系变化的因素包括：人口的变动，人类需求的变化，发现了财货满足需求的新能力，当然，还有资源的短缺。不过，这是历史变化，对门格尔的理论本体来说是外在的因素，因而无须予以深究。供需之间第三种可能的关系是相等，这种关系意义甚小，因此一带而过。

我们现在来到了决定主观价值量的门槛边。有必要事先对需求按其重要性的分级作一初步说明。"如果我们已经正确指出了财货价值的性质，那么，我们就可以断定，仅仅是我们需求的最后一份满足对我们是有意义的，而且，所有的财货显然也是通过这个

---

① 现在的讨论限于第一级财货。
② 将 Teilquantitaet 译作"单位"。参考下文第121~122页。

意义向它们的转移才能获得它们的价值,因此,我们在生活中所获得的不同财货的在价值上的**差别**,只能基于被处理的这些财货所能满足的需求的意义有大小不等的差别"(第 87 页)。不同的需求对我们的意义显然有很大的差别:食物、衣服和住宅是不可缺少的,其他财货只是增添舒适和快乐,例如烟草和棋类(第 88 页特别重要)。不仅我们各种特殊的需求及其满足有不同的意义,而且我们某种特殊需求的满足也会随着可支配量的大小而发生或大或小的变动(第 90 页)。少量的食物维持生命,更多食物带来健康,① 进一步的增量会增添舒适,但这是在递减的程度上,② 直至达到满足的那一点(第 91 页)。

144 　门格尔以一个算术例证来说明各种不同需求满足意义的差别,以及每种需求的意义随着满足该需求的财货数量的增加而递减的情形(第 93 页)。下面这张表对原表作了少许删节:

I	II	III	IV	……	X
10	9	8	7	……	1
9	8	7	……	……	0
8	7	……	1		
7	……	1	0		
……	1	0			
1	0				
0					

I – X 栏表示需求的不同种类,按其重要性排列;每一栏的阿拉伯数字表示后续的需求满足,用现代术语来说即"边际效用",它来自满足该需求的财货的单位增量。第 I 栏可以表示食物;第 IV 栏表示烟草。10 单位食物表示个人对食物的需求。

---

① 不过这个增量食物会有不同类型。门格尔说的是需求的粗略分级,而不是对特殊财货的需求分级。遗憾的是一直没有对此含糊不清之处作出澄清。
② "……超出这个范围的满足具有一种越来越微不足道的意义"(第 92 页)。

门格尔可能并不想说第一个单位烟草所带来的满足等于第四个单位食物所带来的满足,那不过只表示重要性的等级而已;但遗憾的是他没有精确说明各项数字的含义。他指出"经济化"的个人力求使所有这些边际相等,以使其需求满足最大化。"……个人将尽力……使其对烟草和粮食的需求趋于均衡"(第 94 页)。的确,像这样"……衡量各种需求的不同意义,在无须满足的需求和**根据可支配资料**能够满足的需求之间作出选择,并且决定这后一种需求被满足到什么程度",解释了人的经济行为最一贯和最有影响的动机(第 94~95 页,着重号是我加的)。

今天,下述认识已经成为一种常识了:只有通过收入分配使所有需求的边际满足相等,才能使欲望满足最大化。门格尔的"可支配资料"分配理论似乎也正是这个思路。① 不太明确的是,门格尔是否看到了完整的一般购买力的作用,因为他在后面论述中说的是特殊财货的数量与其有限的可能用途的关系,例如,农场主的玉米可用于食物、种子、牛饲料等等(第 95 页极为重要)。

他在别处指出,"大多数财货都具有满足一种(一栏)以上需求的能力"(第 112 页注)。他没有令人满意地区分满足一种需求的财货和能够满足数种不同需求的财货。② 但是,对于后一种场合,门格尔的解决办法是明确的和正确的:

> 如果一种物品能满足各种不同的需求,并且每种需求满足都会随着需求被满足的程度而具有递减的意义时,经济人将直接把他支配的物品首先用于满足最重要的需求,而不管其种类如何。剩余之物将用于具体的重要性较低的

---

① 如果要进行收入分配,要相等的当然不是边际效用,而是用价格或相等的价值单位来除的边际效用。

② 看来门格尔没有认识到作此区别所涉及的基本困难——这种困难在它成功地阻止了为商品发展出一个令人满意的定义上已经显露无遗。不过,尽管这个基本问题仍然没有解决(可能仍将如此),同门格尔的发挥同现代的陈述相比仍是初步的。

需求满足，从而使较不重要的需求被满足。这样进行的结果，所有这些具体的未被满足的需求中最重要的需求，对于所有种类的需求都将具有相等的意义。所有具体的需求通常被满足到具有相等水平的意义（第 98 页注）。

不过，这还不是全部答案，因为还有任何一个特殊物品不可能满足的无数需求；奇怪的是，在整个论证中最重要的步骤之一居然只在脚注中才能看到。门格尔没有一般地发展出一种个人最大化需求满足的方法，这是其价值论的一个突出弱点。

一笔财货的价值直接来自经济行为原理以及需求重要性的变动。假定某人有 5 单位的财货可供满足需求 I 和 II。他将会将这笔财货用于 I 的三个最重要级别，得到满足 10、9 和 8。用于 II 的两个最重要级别，获得满足 9 和 8。最后一个单位（后来叫做'边际的'使用）所满足的需求的意义是 8。因为根据定义，所有单位是同一的，所以所有单位均估价为 8。于是，我们就有了如下价值原理："一单位可支配财货对每个人的价值，等于该物品总量中一单位物品所带来的最不重要的需求满足的意义"（第 99 页；又见第 107~108 页等）。需求——等同于杰文斯的效用——和供给的重要性是相互关联的，所以，尽管我们对空气的需求巨大（比如说可以用第 I 栏表示），但其供给甚至更大，所以空气没有价值。对钻石的需求甚小（也许这里排在第 VIII 栏），但其供给如此之小，以致其价值很高。古典派所谓效用和价值的"反论"终被破解。

能否将"边际的"或"增量的"效用价值论归于门格尔？这是一个有趣的问题，在此略加考察。门格尔总是用 *Teilquantitaet* 这个词，字面意义是"分数"或"部分"。不过，他在许多地方对这个词是有限制的："实际上有意义的部分"，① "刚可以被觉察的部分"。看来很明显，门格尔所想的是微小的有限的数量变化，而不是无限的。与其他两位效用原理的共同发现者杰文斯和瓦尔拉斯

---

① 参看第 52、77（两处）、83、102、103 页等。

不同，门格尔可能因为没有数学训练，所以他用的是一种普通的方法，而不是连续性和导数这样方便的分析概念。当然，微小的有限的变化更现实。以数学方法来处理会引起一点不确定的答案：由撤除一个单位所发现的价值会大于增加一个单位所发现的价值。但是，如果假定消费者的辨别力有限，如同埃奇沃斯所说的"最低限度的感觉"，那么，现实的数学家也会面对同样的〔不确定性〕问题。① 门格尔看来一直明确提出的是"边际的"效用理论（尽管他像杰文斯一样，很少注意到总效用）。

生产组织：资源配置

门格尔为一种正确的生产组织理论——资源配置决定论奠定了基础。然而，最终的发展，选择成本理论，却直到维塞尔才有了明确表述。② 门格尔理论体系的这一巨大缺漏是很难解释的，特别是因为正确的资源配置观点已经在前述价值论时涉及的一个相关脚注中提出来了。③ 人们想必还记得，门格尔认为，一物若能满足各种需求，则对它的最经济的使用，是使其对所有需求具有相等的"边际的"意义。这个意味深长的观点直接包含着选择成本价值论和分配论的核心。然而，这个观点没有被进一步加工，也没有被直接用于生产资源的配置问题。

门格尔一门心思地直接专注于消费财货可能是造成其价值基本的缺陷——完全忽视成本——的一个原因；但是，更重要的解释是他没有认识到生产的连续性，即没有认识到物品的价格必须足以补偿其成本（它是其资源可能在别处生产的产品），如果该工业掌

---

① 参看《数学心理学》（伦敦，1881年）中的评论，第7、60、99~100页。
② 维塞尔的第一部论著《经济价值的起源和性质》（维也纳，1884年），第146~170页，提出了选择成本论的基本点，然而维塞尔本人并没有将这一理论正确地应用于分配问题。参看下一章。
③ 参看《原理》第98页注；本书第120~121页。

握着它所使用的生产资源的话。这个缺陷最明显地表现在他对成本价值论的批判上（特别是第 119~122 页）。正如门格尔所说，历史的成本与价值无关；一个钻石，无论是偶然被发现的，或是"一千个劳动日"的产物，它都具有同样的价值。"经验还告诉我们，许多物品（例如，不再时兴的服装、陈旧的机器等等）再生产所必需的生产要素的价值要远大于其产品的价值，而在其他许多场合，它们的价值又小于其产品的价值"（第 121 页）。但是，不能由此推理说，成本不影响价值，而门格尔却令人遗憾地这样做了（第 119 页极为重要）。他没有认识到，尽管成本绝对不会直接影响价值，然而"在长期内"，它们至少是价值决定的共同原因，而在成本不变的有限场合，它们是完全支配的原因。只有在极短的时间内，某种商品（假定它是易腐烂的）的供给曲线同其需求曲线相比如此缺乏弹性，以致前者在价格决定中可以被忽视。当时间延长，可以调整生产规模时，供给曲线就会变得更有弹性了，因为资源可以在各个工业领域之间更多地流动，供给对价格的影响起初变得与需求相等，然后就远远地超过了。在一定的假定条件下，诸如激烈竞争、资源非专业化、为充分调整生产组织而无时间限制等，不变的成本就会流行起来，而且，在大体近似的条件下，需求决定的仅仅是一种商品的数量，而不是它的价格。因此，门格尔的理论仅仅适用于很短期的"市场"价格。他没有认识到，随着时间的延长，资源流动性的增加通常会使他对成本价值论的否定归于无效。这一点也适用于他对古典地租论、工资论和利息论的批判（第 143~152 页），稍后再论及此。

然而，门格尔对生产理论有一个特殊贡献，其意义怎么强调也不过分。这个贡献在于他认识到，为取得某些产品而将各种生产力相结合的比例是可变的——后来称此为"比例"法则或"替代"法则：

> 我们只有通过一定补足量的高级财货才能支配一定量的低级财货，这是完全正确的。但是，同样确定无疑的

是，个人高级财货并不是按照一个固定的数量组合在一起的，就像化学化合作用所显示的那样……最一般的经验告诉我们，以非常不同的各种比例相组合的高级财货也能取得一定量的低级财货（第139页；又见140页）。

把比例变动原理表述为一个支配所有资源的一般法则，这是门格尔最伟大的成就之一，而且还不必与杰文斯和瓦尔拉斯分享之。① 当然，古典理论认识到用于一定量土地上的资本—劳动比例变动的可能性，这还是李嘉图地租论的基础。但是，劳动和资本的比例通常被假定为固定不变的；而比例变动在被接受的古典理论中肯定是不起作用的。

比例变动原理的意义是显而易见的，它首先直接导致了边际生产率分配论（参看下一节）。其次，在比例原理被充分发挥之前，资源配置问题的令人满意的答案是不可能出现的。最后，只要讨论是依照各种生产要素之间的固定比例进行的（或者只要忽视这个问题），那么，单个厂商就不可能被用作分析的目标。单个厂商会要求所有要素同产量的比例保持固定，只有社会——即通过一般均衡分析——才可能确定单个要素的价值。维塞尔和庞巴维克（后者以极端粗鲁的方式）回到固定系数的假定，这是经济发展的真正障碍。

门格尔甚至没有明确提及报酬递减（来自任何要素在一种组合中的递增比例）的技术原理，没有认识到这个原理对其分配理论的意义，这是非常令人惊奇的。如果任何要素被假定服从于报酬递增甚至报酬不变，那么，边际生产率理论就会导致荒谬的结果。但是，这样一个假定本身显得更为荒谬，因为资源配置问题

---

① 瓦尔拉斯早在1876年就认识到这个原理〔《社会财富的数学理论》（1883年），第65~66页〕，但是，在其《要义》第三版（1896年）问世前，他不曾将边际生产率论增加到他的原创性的固定系数方法中去。比较本书第9章。

就不会提出来了。然而，边际生产率论的反对者（例如霍布森）在"反驳"时就不时地使用报酬递增的例证。

门格尔简短的生产论中最后一个值得注意之点是：完全阙如古典派"神圣的三位一体"，即土地、劳动和资本。生产要素就是简单的高级财货；劳动、土地和资本的服务立足于同样的基础（第139页）。事实上，在门格尔的陈述中，各种特殊的生产要素从不曾被随意纳入缺乏经济意义的范畴。结果，他的归属论（现在就要讨论）就遇到了只要古典派三分法主宰经济讨论就会增添的困难。

归属理论

主观价值论对经济理论分析的最大贡献在于发展了一种健全的分配理论。这意味着把分配视为在协作参与生产的各种资源中配置总产品要经过归属的评价。在门格尔之前没有形成令人满意的分配理论。古典派的观点是在社会阶级之间分配收入的观点之一：斯密及其追随者绝对不会面对这样一个问题，即怎样把一定量产品归算到合作生产它的各种资源上去。另外，他们也绝不会把分配理论看作是一个价值问题，或者去讨论生产服务的价格形成。门格尔是提出这个问题并提出回答它的适当方式的第一位经济学家。

我们已经指出了归属（Zurechnung①）论的梗概——生产物品的价值基于它们对其产品价值的贡献。生产物品——高级财货——取得价值只是因为它们能够通过生产消费品间接地满足需求（第67～70、123～126页等）。这导致了归属论的一般命题："高级财货的价值毫无例外地总是决定于它们参与生产的低级财货的预期价值"（第124页）。前已指出，预期的因素来自这样一个事实，

---

① "归属"（Zurechnung）一词与"边际"（Grenze）一词均出自维塞尔之手。

即生产需要时间。

　　个别高级财货的价值论是随着归属论和比例变动论而来的："（一定量高级财货）的价值，等于我们所支配的相关高级财货所提供的需求满足的意义，与在相反情况下从我们所占有的高级财货总量（即剩余的这种或那种资源）的最经济地使用所获得的需求满足的意义之差额。"（第142页）。这部分正文（第139～140页）清楚地（尽管不一定像可能期望的那样明确）表明，门格尔在这里如同在别处一样说的是撤除一单位资源对总产品的影响。这个边际产品决定了资源的价值。

　　区分了两种情况。当撤除一单位要素而迫使合作要素以在较低赢利线上使用时（这是比例固定场合），该可变要素的价值等于产品的总损失减去其他工业利用各种补足要素所取得的产品。（原文如此。似应为"被撤除单位的价值等于产品总损失，即其他工业利用各种补足要素所取得的产品减去该工业的产品之差额"。——译者）但是，更一般的情况是各种要素结合的比例是可变的，撤除一个要素的同时，伴随而来的便是剩余要素的重组，① 产品的数量和质量决定了被撤除单位的价值。

　　就一般标准而言，它基本上是正确的；它无疑胜过此前对生产要素价值决定的任何解释，杜能可能是个例外。② 真正的批评也都是说它不够恰当：门格尔没有发展报酬递减这个必不可少的前提条件；没有明确提出被撤除的单位必须是小的；没有提出这种评估要素价值的方法是否意味着分尽总产品的问题。

　　前已指出，门格尔没有在任何等级的耐久物品和它们的服务之间作出区分，这是笼罩在他对价值论解释上的一个总的弱点，而这种区分对于一种健全的利息论和地租论来说是基本的。一个物

---

① 这个必要的要素重组有强烈的暗示（特别是第140页），但是没有个别地加以考虑。
② 门格尔看来不知道杜能。戈森和库尔诺是另外两位重要的经济学家，也不为门格尔所知。

品不管是用于生产还是用于消费,在"存活期间"(如果它可以评估的话)其价值是小于其服务的总价值的。门格尔从未明确认识到这个事实;我们将看到这对他的资本论的影响是很严重的。

分配份额:门格尔论古典理论

在值得注意的一节(题为"论土地和资本使用的价值,特别是土地服务的价值",第 142~152 页)中,门格尔尖刻地批判了古典派关于生产"要素"的划分。李嘉图一直(正确地)认为,土地价值不能归结为花费在土地上的劳动;而且将这个事实与其劳动价值论融合起来,他认定土地是财货中单独的一种。门格尔的批判是尖锐的,但不是决定性的:

> 这种论述方法的谬误是显而易见的。大量的和重要的各类现象不能同关注这些现象的科学的一般规模相吻合,就是这门科学需要改革的明证。然而,那也不是把一类现象同其余的在一般性质上完全类似的现象区分开来的理由——那不过是为一种可疑的权宜之计的方法作辩护——那也不是为这两类现象各自树立特殊的最高原理的理由(第 144~145 页)。

门格尔的批判是有根据的,但是,他没有确认土地和资本的其他形式的基本经济同一性,而他的批判必须建立在这种认识的基础上。承认古典价值论的这种二元论,促使一些经济学家(被提到的有加纳德、卡里、巴师夏、乌思和罗思勒)试图把土地价值回追到劳动支出。门格尔试图以正确但不得要领的陈述来反驳这种观点,说历史的成本与现今的价值无关(第 145 页)。

李嘉图的地租论被明确但不恰当地理解为古典分配论的一种特殊场合。门格尔没有看到,"地块的不同品质和位置"并非古典理论的基本特征;地租同样可以用密集的边际加以衡量。结果,他错误地说:"如果所有地块都有相同的品质,有同样有利的位置,那么,根据李嘉图的理论,它们就不会产生任何地租……"(第146页)。令人遗憾的是,他过于认可下述事实:通常只能得到具有确定数量的土地,"不易增加"以及土地的不可移动性使其具有经济意义。在门格尔暗含的静态假定条件下,资本和劳动在数量上也是固定不变的;然而,在历史上所有这三个"要素"都经历过巨额的增长。另外,不可移动性是一个技术性特点。土地在不同用途之间的移动性,从价格理论的角度来说(通常抽象了转移成本),远比空间上的不可移动性重要得多。

门格尔把实际工资与维持劳动者的必需品之间可觉察的差距,当作明确否认生活资料工资论的充分基础,他认为工资事实上仅仅取决于劳动产品的价值(第50~151页)。对古典理论的这个批判也不是决定性的,这是因为,在工资支配人口的限度内,工资处于生活资料的水平,在理论上可能调节着劳动供给。但是,如同地租的场合一样,门格尔相信工资应以一般价值论加以说明,这还是对的。

资本理论

门格尔分配论体系的最大缺漏无疑是实际缺少任何资本理论。① 没有区分财货和来自财货的服务是这里的一个基本弱点。他在一开始坚持认为,增加资本只能通过(不确定的)生产期间的扩大(第127页),而这种扩大会提高既定资本量的生产率(第136页注)。可见,门格尔概述了庞巴维克后来发挥的东西。

---

① 门格尔基于他通常的理由,否认节欲利息论的正确性,认为利息没有主观成本,即资本价值通常是在资本家没有任何自我牺牲的情况下形成的,就像霸占自然资源一样(第133页注)。

门格尔发现了通过扩大生产期间增加生产的两种限制：第一，必须维持不远的将来的（广义的）生活；第二，对现在满足的偏好不合理地超过对未来满足的偏好（第 126~128 页）。门格尔在第二版把后面这个因素删掉了，以免被人解释为支持庞巴维克的利息论。①

最后，一个含糊不清和不能令人满意的资本定义提了出来："参与分享与使用更高级财货而得到的经济利益的可能性……取决于个人今天为了未来所支配的高级财货的数量，换句话说，取决于保有一定量的**资本**。"（第 130 页；又见第 127~133 页）。于是，资本被定义为在生产期间保有的高级财货。这显然是一个不恰当的定义，它不能为利息论提高基础，尽管这些资本服务（如门格尔所说）必须得到补偿（第 133~136 页）。

除了《国民经济学原理》之外，门格尔在经济理论本身的唯一著作，就是前已提及的论文"关于资本的理论"，1888 年发表于《康拉德年鉴》② 这里还是没有提出实证的资本理论，不过包含了两点重要的原理。首先，对古典派着重于资本的技术特征而不是经济特征进行了尖锐批判。对于视土地和劳动为"原始"要素，视资本为第二位或派生要素的做法，门格尔作了评论，但是对这个主题本身却言之甚少。

该论文的第二个主题是以货币进行经济分析（企业家就是这样处理资本问题的）之必要性问题。"资本的真实概念包括生产的财产，这些财产无论具有怎样的技术性质，就其货币价值来说，它们是我们经济统计的对象。就是说，它作为一定货币额的生产量出现在我们的账簿中"。③ 这是深奥的真理。我们可能感到遗憾

---

① 参看第二版序言（维也纳，1923 年），第 14 页。
② 重印于《著作集》第三卷（伦敦经济学院《珍稀论著重印系列》第 19 本，1935 年），第 133~183 页。
③ 同上书，第 174 页。

的只是门格尔没有在此基础上作更加深入的探讨和研究：没有讨论投资过程，而正是通过这个过程才能利用生产服务来生产产品；没有令人满意地讨论上述过程反过来会引出一种纯粹的持续不断的服务流（收入）。

第7章 弗里德里希·冯·维塞尔

弗里德里希·冯·维塞尔在分配理论史上的地位是不明确的。① 一般的做法是把在主观价值论形成中起过卓越作用的所有奥地利经济学家统称为"奥地利学派",但这种做法在这方面对维塞尔特别不合适。维塞尔的"生产贡献"理论更接近于瓦尔拉斯的早期著作,而不是更接近于门格尔和庞巴维克。其次,值得注意的是,在维塞尔力求与门格尔分道扬镳的分配论上他的理论是最虚弱的。②

但是,维塞尔在经济学史上占有无可争议的重要地位。在奥地利经济学家中,他是注意到资源配置和自由企业经济组织问题的第一人。他的分析是可靠的,而且除去混淆了生产要素的不同比率和边际生产率这两个概念之外,他的论证是完整的。他的论述

---

① 关于维塞尔的生平详情,可参看哈耶克为维塞尔《论文集》(杜平根,1929年)所写的序言。
② 在价值论上也是如此;例如,维塞尔的令人费解的"自然价值"理论,旨在克服门格尔由于未考虑货币边际效用对各人的不同而出现的纯粹想像的困难。维塞尔坚持把效用看作是"绝对的",还认为可以在个人之间进行比较,这些观点都是杰文斯所指责的。

（也许是对企业经济组织的第一个令人满意的非数学解说）将门格尔的分析向前大大推进了一步，并对"奥地利人"的理论体系提供了一个广泛和统一的解释，这些成就本身就是维塞尔在这个时期历史上占有崇高地位的明证。

早期观点

维塞尔1876年在克尼斯的研究班上发表了一篇题为"论成本与价值的关系"的报告。① 这篇早期报告预示了他的主要著作的许多基本点，但它毕竟是紧随门格尔《原理》之后的一篇不成熟的模仿之作。不过，可以依据这篇作品将独立发现一般选择成本论归之于维塞尔。② 以下两段引语可以说明他在这个问题上的早期观点：

> 如果一个人遵循想要改善其福利所要求的原理，又假定已知他的欲望，还假定他可能不会离开那些没有损失的企业，那么他会完全决定生产的安排：如果物品只能满足较不重要的需求，那么将不会生产这种物品，他可能生产其消费能给他带来更大享乐的其他物品。
>
> 一个生产要素的价值决定于用它生产的任何特定商品的最后一个单位的价值，而且这个价值还会反映在所有其他各种商品上。③

不能说这篇早期作品具有多么重大的意义。单个生产服务的价值原理不过重申了门格尔的"损失原理"。④ 维塞尔用于说明资源配置的算术例证是很粗糙的，而且完全是一种误导，因为他没有

---

① 重印于《论文集》，第377~404页。
② 瓦尔拉斯实际上也已提出了同样的理论，参看本书第9章。
③ 《论文集》，第380、394页。
④ 同上书，第397页，特别是第381页。"一单位生产要素的价值决定于在该生产要素数量减少一个单位时未被满足的那个欲望的大小"。

考虑与成本相关的效用。① 再说，这篇报告在1929年前一直没有问世，大概对当时的思想没有发生什么影响。

竞争条件下的生产组织

维塞尔的第一部著作《经济价值的起源》（1884年）分析了选择成本论的基本方面，概述了这种成本论对资源配置所暗含的意义，以及成本与价值的关系。《自然价值》（1889年）②对这些思想和观点作了进一步的提炼和精细加工，但观点没有什么大的变化。最后，维塞尔在《社会经济学》（1913年）③中试图将所有这些经济理论加以综合，但是在分配理论方面，同《自然价值》相比，没有引进什么重要的变更。因此，《自然价值》是我们现在研究维塞尔理论的主要依据。

可以对维塞尔的竞争经济组织理论作一简要总结。从对一个经济的下列暗含假定条件开始：资源数量固定；已知需求，技术既定。维塞尔认为，在这些条件下，一个经济会这样分配它的经济资源：使所有职业的一单位任何既定资源的报酬相等。换言之，通过使所有产业的边际产品相等而使来自既定资源的总报酬最大化。④

既定的同质资源的数量越大，则以之满足需求的意义就越小。维塞尔忽视报酬递减；他认为报酬递减只在农业中起作用——"这在老国家是一个普遍规律"（第100~101页，第103页特别重要）。⑤ 因而，递减的效应通常被归因于能用大量资财生产的物品

---

① 《论文集》，第378~380页。结果，他的资源配置不能使报酬最大化。不过，在另一点上，他又承认有必要用成本来衡量效用（第388页）。
② 这里用的是 A. 马洛克翻译的英译本《自然价值》（1893年）。
③ 1927年译为英文。
④ 读者应当注意维塞尔的"边际产品"具有非同寻常的含义。
⑤ 引自《自然价值》（纽约，1930年），除非另有说明。感谢斯特奇特出版公司应允我引用该书。

之边际效用递减。① 资源的生产性贡献（按照维塞尔的观点，它不等于现代理论的边际产品）决定了一单位某种资源的价值，而且，这个边际单位的价值在资源配置中是决定性的。对该项资源的所有使用都一定要生产出这个边际产品。②

成本规律来自这些考虑：一些单位的同源产品（即这些产品至少有一个共同的生产要素）将相互（就这个要素）进行交换，因为它（该要素）的数量对每种产品的每个单位的生产来说都是不可缺少的（第172页）。例如，如果分别用1和2个单位的某种要素生产两种商品 A 和 B，那么，这要生产1单位 B 就得牺牲2单位 A。因此，只有1单位 B 至少值2单位 A 时，这个选择才是合算的。换言之，"如果能够做到决不用在生产其他物品上能带来更高边际效用的生产性财货来生产边际效用较低的财货，那么所有的经济需求就得到了满足"（第98页）。③

这个原理在资源只用于生产一种产品的场合是不起作用的。这里不存在各种产品之间的竞争，产品的价值决定资源的价值，也就是说，报酬是真正的地租（第175页）。④

维塞尔就选择成本理论所作的一般陈述是令人满意的，但在一些重要方面有重要的缺点。维塞尔说到成本在一些例外场合对价值的"直接"影响，这是一个貌似有理的不合逻辑的说明，只是因为他假定需求曲线不是连续的（第177~178页）。⑤ 他对特殊类

---

① 《经济价值的起源》（维也纳，1884年），第64~66、100、166~170页。
② 这个分析化解了成本和效用之间的冲突。效用决定一单位某种资源的价值；这个价值在生产预料具有效用的任何商品时又是成本。参看第五篇，第6章；《经济价值的起源》，第146、161页。
③ "（生产者的）牺牲包括排除或限制了可能生产其他产品，原料不能用于特定的产品"〔《社会经济学》（纽约，1927年），第99页〕。
④ 在《社会经济学》中，这些单一目的生产性物品被称为特殊的生产资料，与可转移资源或成本工具相对照（第81页）。
⑤ "如果一个物品有使用价值10（指一个单位；第二个单位只值1），成本价值6，那它就必须被估价为6，只要它能再生产"（第177页）。同样的论述在庞巴维克理论中是很有力的。

型成本性质的分析也没有什么价值。下面这句话表明了他的观点的性质，同他通常在成本问题上的明确观点形成了尖锐对照："只是'社会必要的'成本，所需之最小成本，决定价值……"（第182页）。① 最后，他的边际产品概念是一个真正的边际分析和固定生产系数的混合体，使人无法对边际相等性质作出明确的观察。

一般分配理论

维塞尔紧跟门格尔关于生产性物品结合体的价值理论。由生产要素生产的商品的预期价值决定这些要素的价值。他强调只对生产中被考察的稀缺财货进行经济的归属，而不是物质的归属。在论证这一点时，维塞尔提出了著名的与法律归罪相类似的论述：

> 法官……在其有限的职责范围内，只关心法律的罪责，他们只限于发现在法律上应负责任的因素——事实上也就是发现应受法律惩罚的那个人……在分割来自生产的收益时，我们同样不是去说明全部的因果关系，而是说明适当限制的归属——所不同的只是从经济的观点而不是从法律的观点（第76页）。

这个观点并不完全对，除非能在分析上将单个生产服务的（边际）物质产品区分开来，否则就不可能区分其价值产品的份额。因此，经济学家必须了解物质生产函数以及相关的价格，况且维塞尔本人也以这样的函数为假定条件。

维塞尔争辩说，在决定合作生产消费品的单个生产要素的价格时，一般的归属命题是没有价值的。现在我们来考察他对这个问题的答案。

在提出他自己的分配论之前，维塞尔首先指出了门格尔论述中

---

① 这种说法所暗含的最大含义是：必须使用所能得到的最好技术。

的一些所谓缺点,他认为这些缺点使门格尔不能对"整个答案作出完整的说明"(第三篇,第 4 章)。问题的关键在于运用门格尔的损失法(即用撤除一单位某个要素对总产品的影响来衡量应归于该要素的份额)的结果会使分配额大于总产品。维塞尔举例如下:三个生产要素以最有效率的结合将带来 10 单位产品;如果将它们用于其他用途,则每个要素能带来 3 单位产品。① 因此,从最有利的组合撤除任何一个要素将会损失 4 单位产品,(因为按照假定,其他的组合不是最有效率的,所以这里假定分开以后每个要素能带来的产品只有 3 个单位;又因为撤除了一种要素以后,可以通过剩下的两个要素的新组合带来 6 个单位的产品,所以撤除一单位要素的损失是 4 单位产品。——译者)如使用损失法计算,则三个要素的总报酬是 12 个单位产品,而总产品只有 10 个单位。错误的结论说明了门格尔理论的错误。维塞尔将这一错误归因于没有认识到撤除一种要素会减少其余要素的生产率。在维塞尔对门格尔的批评中还暗含着一个主题,即要素之间的比例并不是连续可变的(见下文)。

不必对维塞尔就门格尔理论所作的这些反驳作更精细的分析。作为论证依据的粗浅例证回避了整个问题的实质。如果总产品和各种(同质的)要素的生产率没有这种离散的变化,如果假定存在一次生产函数,那就不可能提出产品分配过头的问题。其次,即使接受该例证的原理,它所表现的显然是一种非均衡状态;资源将会被转移到这个最有利可图的选择上来,直到它不再比其他工业更有利时为止。

在转向维塞尔关于分配问题的解决方案之前,有必要对其著作中关于要素比例变动的不同概念作出说明。他在许多地方看来明确承认了生产任何产品的要素比例发生变动的可能性(第 72~73、

---

① 分开使用这些资源将会提高"三组中每组报酬……3 单位"(第 83 页),这里事先假定这个未考察的工业中的要素比例是可变的。

77~78、82、117、160、200页)。① 然而，可以毫无困难地发现他在许多地方又相信生产一种商品所使用的各种要素的比例是固定的（第86~88页，第90页注，第103、108、200页），② 而且这个概念是他的分配论的基础。我相信这种模棱两可的说法应当归因于他关于生产要素比例变动的概念是混乱的。维塞尔几乎必然认为，在其他要素既定的条件下，改变合作生产中一个要素的数量一般来说是可能的，但他显然又相信比例变化会带来一种新的不同的产品。下面这段引语只是对这种解释的明确支持，但是从他的思想的一般进程中也得到了进一步的证明：

> 但是，不管交换多么专业化，生产组合的种类无疑比生产财货的种类还要多。像生铁和煤炭这样的财货（甚至是一种截然不同来源或品质的财货）可能参与组合的类别就数不胜数，对非熟练劳动或散工劳动，也可以这样说。同一块土地用轮作法便可种植各种不同的庄稼。于是出现这样一种情况：单是改变一个组中同一类财货的数量就足以产生一个新的方程式（即一种新产品）（第90页注；又可参看第176页）。

维塞尔提出了一种"经过改进的"分配理论，以补救门格尔论述的所谓缺点。维塞尔的理论基于"生产的贡献"这个概念，所谓"生产的贡献"是指"单个生产要素的工作报酬在总生产报酬中的比例"（第88页）。"生产的贡献"和损失原理所说的份额之间的区别，就是"贡献"与"合作"之间的辩证区别，维塞尔承认这个区别显得是"矛盾的"和"人为的"，事实上也的确如此（第三篇，第6章各处）。生产的贡献的性质最好还是通过对维塞

166

---

① 《起源》，第45、175、176页。
② 同上书，特别是第175页："但多数生产要素在严格意义上讲是互补的，不会出现缺少了一种要素组合，其他的要素组合就完全失去效力（缺一不可）的情况……"。

尔理论的细致分析来加以说明。

维塞尔为他的归属论提出了两个假定条件：一生产要素的价值等于其产品的价值（第 88、91 页等）；二生产要素结合的比例是固定的，但在各个工业之间是变化的（第三篇，第 5 章）。

这些条件以下列方程式表示，其中 x、y 和 z 分别表示生产要素 X、Y 和 Z 一单位的价值，等式右边的价值表示三种产品的不同单位的价格：

$$x + y = 100 \qquad (1)$$
$$2x + 3z = 290 \qquad (2)$$
$$4y + 5z = 590 \qquad (3)$$

同时解这些方程，便可得生产要素的单位价值，它们分别是：x 是 40；y 是 60；z 是 70。这就是这些生产要素的"生产的贡献"。①

有趣的是，奈特教授②提议，可以用维塞尔自己的方程式证明"损失原理"的份额与"生产贡献"的份额是一样的。从维塞尔的方程式可以看出，这三个工业利用可获得的资源，能生产出这三种商品各一个单位，生产要素 X、Y 和 Z 的数量必定分别是 3、5 和 8 个单位。让我们抽掉一个单位的 X（留下 2 个单位），观察一下它对资源在各商品之间新配置的生产的影响，以 a、b 和 c 表示方程式（1）、（2）和（3）中的商品。于是方程式变成：

$$A(x + y) = 100A \qquad (1.1)$$
$$B(2x + 3z) = 290B \qquad (2.1)$$
$$C(4y + 5z) = 590C \qquad (3.1)$$

---

① 在《社会经济学》中，"特殊的要素"〔参看第 162 页注②（指单一目的生产要素）〕被看作剩余要求者，即使在单一产品生产中可能存在若干要素也罢。当在一种产品生产中使用的特殊要素不止一个时，它们的份额是分不开的。

② "对克拉克教授关于边际生产率解说的一个注释"，《政治经济学杂志》，第 33 期（1925 年），第 550~553 页。

这里 A、B 和 C 是表现资源新配置的系数（它们当然全都等于撤除一单位 X 以前的单位数）。为发现撤除一个单位 X 后资源的重新配置，可将方程式改写如下：

$$Ax + B2x = 2x \tag{4}$$

$$Ay + C4y = 5y \tag{5}$$

$$B3z + C5z = 8z \tag{6}$$

消去 x、y 和 z，可从这个方程式体系得出 A、B 和 C 的价值，它们分别是 $A = 0.45456$，$B = 0.77272$，$C = 1.13636$。现在可以从方程式（1.1）、（2.1）和（3.1）右边的数字计算出总产品量，它是 939.998，比撤除一单位 X 之前的总产品（980）少 40.002 个单位，它几乎正好等于用最初的方程式衡量的生产贡献（稍有出入是由于数字舍入所致）。

还可以看出，同样的结论具有普遍性，不管是最初的方程式还是撤除了可变要素后的方程式。① 如果给定一系列最终产品的价格，又给定一系列固定技术系数，则生产要素的价值不受其绝对或相对供给量的影响。这种分析在经济问题上是无用的，这是自明之理；维克塞尔对维塞尔的著名批判看来是完全正确的，他指出这些方程式只能证明生产要素的价格在整个工业中是统一的。②

应当注意到，维塞尔的理论在 20 世纪被一些经济学家所接受。F. M. 泰勒给他的边际生产率论增添了一个几乎完全相同的结构，因为在许多工业中现存的比例的固定性被认为是对变动原理的一种限制，从而使补充的（或者不同等的）固定系数体系具有"很

---

① 参看本章最后的数学注释。
② 《价值、资本和地租》（耶纳，1893 年），第 12 页："有一点很清楚，即不管如何夸大方程式的意义，人们通过这一过程了解的情况也不会比预先知道的多，就是说，在自由竞争条件下，同一种'生产资料'的报酬或利润份额在所有的工业中都是基本相同的。很显然，上述方程式恰恰说明了这一点。"

大意义"。① J. R. 希克斯也概述了一个同维塞尔体系相类似的体系。② 不过，希克斯的理论表述得非常简略，他不过要说明，即使生产系数是固定的，也要决定工资率和资源配置。W. 弗鲁格尔也许是维塞尔的无条件的追随者。③

有几点批评可被用来反对使用固定生产系数方法决定产品分配。④

首先，这种分析暗含的假定是：最终产品的价格是既定的，而且在此条件下，其需求函数的弹性是无限的。泰勒明确指出了这一点；⑤ 其他人则忽视这一点（希克斯除外）。很显然，如果任何产品的需求弹性不是无限的，价格就成了产量的函数，而且总销售价格不再等于一个常数〔即方程式（1）中的100倍的产量〕。无限弹性的假定对单个企业可能是真的，但用于任何产品的总需求，它就是荒谬的了。在后面这个场合（也就是这些作者处理的场合），不求助于其他表明对最终产品需求的方程组，就不可能取得分配问题的确定无疑的答案。这正是瓦尔拉斯所做的事情，⑥ 并

---

① 《经济学原理》（第八版，纽约，1923年），第30章。唯一值得注意的区别是：泰勒相信在生产某些产品时生产要素的结合可能不止一种，而组合方法的选择则取决于所用要素的价格。这个让步确实放弃了比例固定的所有场合，因为，按照推理，如果有两种组合是可能的，为什么就不能存在也能生产相同产品的其他组合插入其间呢？事实上，泰勒的讨论强烈暗示了比例的连续变动。

② "边际生产率和变动原理"，《经济学》，第12期（1932年），第79~89页；《工资理论》（伦敦，1932年），第11~19页。

③ 为了强调"维塞尔公式的实用性和重要性"，弗鲁格尔把维塞尔的体系扩大到包括8个未知数的6个方程式。"论庞巴维克和维塞尔对经济归属问题的解答"，《格尼斯堡研究协会文集》（1930年），第241~277页。

④ 埃奇沃斯对《自然价值》的评论有欠公允。他以报酬递增为假定条件，指出维塞尔的方法是荒谬的；但是用他这样的假定同样可以得出荒谬的结论。参看《有关政治经济学论文集》（伦敦，1925年），第3期，第53页。

⑤ 同上书，第389~390页。

⑥ 参看本书第9章。

为卡塞尔和希克斯所继承。

其次，为了通过联立方程式来衡量生产贡献，必须使统一的生产系数（方程式）与生产要素（未知数）一样多。维塞尔承认这一点，但是他对这个问题的回答是幼稚可笑和不能令人满意的。他指出了各种不同生产要素的数量无疑是不确定的这个事实，但是，他又认为存在数量更多的方程式（若干套技术系数），因为同一要素可被用于生产许多不同的产品（第89页注）① 这会使该体系过于武断，而且使稳定的均衡成为不可能。这是一个令人不悦的结论，我们在这个场合倒是非常乐于遵循库尔诺的讨人喜欢的做法，拒绝将这个不确定的答案看作是正确的。更无可置疑的是，这个体系必须是确定的，因为，用维塞尔的方程式所作的实验表明，他的体系可被看作是传统边际生产率理论对一个既定静态均衡点的重新表述。

主要的评论就是这些。由边际生产率原理所达到的一个静态均衡点可以用固定生产系数重新加以表述。但是，这种表述非但于事无补，反而牺牲了对经济生活的适用性，也丢掉了报酬递减的重要原理（维塞尔的要素边际生产率是不变的）。实际上，维塞尔的方程式是同质的和一次的，符合尤勒定理的要求。因此，它们应当面对这些批评，即这些方程式不具有经济有效性（随后考察这些批评），而且也几乎不能像其他相同一般类型的方程式那样为经济分析服务。②

各种特定份额

作为一般分配论的补充，维塞尔还分析了"神圣的三位一

---

① 他暗示说（第89、101页），改变一种要素的供给将只需要重新计算它参与其中的那些方程式。这当然是不对的，必须决定整个的新均衡。
② 参看本书第12章。

体"——土地、劳动和资本的报酬。① 对前两个即土地和劳动报酬无须多谈,因为维塞尔的理论对经济思想的发展没有什么贡献;他对资本进行了非常透彻的论述,而且通常人们的注意力也集中在这个主题上;他实际上没有注意到纯利润问题。②

地租理论

对维塞尔地租论的任何批判分析一定是否定的,就像维塞尔自己对李嘉图的态度一样(参看第三篇,第二部分,自然地租;又见第五篇,第 12 章,作为成本要素的土地地租)。一些所谓基本错误被加到李嘉图的地租论上,但这些"错误"事实上不过是维塞尔对古典理论吹毛求疵和胡乱解释的结果。③

不过,维塞尔地租论的一个方面应当加以仔细考虑。他是主张传统地租论也能适用于解释土地以外的生产要素报酬的第一批作者之一。他认为这个理论适用于所有的要素:"愈肥沃的土地,愈接近需求地域的土地,愈熟练的劳动,愈有效率的机器,不仅代价更高,而且由于它们质量更好,报酬中归属于它们的份额也更

---

① 对生产要素的这种分类,除了方便以外,维塞尔并没有给它增加什么意义,对此他很少提及。参看第 89 页注,第 94 页;《社会经济学》,第 11 页;《起源》,第 171 页。
② 在《起源》中提出了一种利润论:"只要生产是新的,这种吸收过程就进行。在人们了解新的生产方式之前,这种生产资料根本就没有或者只有一点点价值。了解新程序会引起价值的闯入或者说上涨,常常引起异常大的增值。这是经常产生大得惊人的生产利润的源泉。"(第 145 页)。这显然是一种"动态的"研究利润的方法,但是没有分析的价值;在实际生活中,产品价格下跌通常要比价格上升重要得多。
③ 例如,维塞尔暗示说(第 119~120 页),李嘉图不懂得他的理论要求最好的土地、资本和劳动的数量是有限的;维塞尔还认为(第 120 页极为重要),李嘉图的理论只适用于无租土地,等等。

大——的确,这就是它们得到较高报酬的原因"(第113页;还可参看第三篇,第13章,以及第119、122页注)。维塞尔实际上把李嘉图理论提高到"极差归属的普遍规律"的高度,并且特别把它用于解释具体资本的报酬(第128页)。这就是含蓄地承认了古典派的地租论同所有报酬一般化的解释是不矛盾的,这是维塞尔的一个贡献,尽管他对调和这两种思路的做法完全没有作出解释。

工资理论

像门格尔一样,维塞尔也是劳动价值论的严厉批判者(第三篇,第3章;第四篇,第4章等)。在列举了理论要点(通常也是不重要之点)以后,维塞尔指出了他所分析的问题同共产主义国家的关系。从下面的引语可以看出他的观点:"只有劳动理论试图这样作(以成本解释价值),但是它由此——正如我们将要说明的那样——给理论政治经济学引进了一个最大的错误,这个错误一直充斥着这个领域。"(第185页)。①

维塞尔对劳动服务的看法同对分配中其他要素服务的看法完全一样。劳动和其他要素的唯一区别是,没有讨论自由劳动者的价值,因为未来的收益不可能被资本化(第161页)。维塞尔理论的一个有趣的方面是他拒绝生活资料工资论的死板形式(第五篇,第7章)。他提出了两个不太令人信服的理由:第一,只有一些劳动者阶级拿的是最低工资,而性本能不是同样在所有阶级中起作用吗?第二,当一些经济学家同意说一种习惯的生活标准可能是工人力求保持的最低生活标准时,他们暗示工资是稳定的,而这

---

① 在指出一些社会主义者力求把流动资本归结到劳动之后,维塞尔说:"至于结论,我觉得这样一来,对经济学的任务和方法的误解已经登峰造极。"(《起源》,第113页)。

在经验上是错误的。

资本和利息理论

在论述维塞尔的资本理论前，有必要明确指出这个理论的几个前提条件：

第一，资本包括不耐久的物品（但不包括劳动者的生活资料），而且它们在生产过程中完全消耗掉。①

第二，资本再生产的总产品，其价值会超过生产过程中消耗掉的资本价值。②

第三，在整个讨论中，资本的供给暗中假定固定不变。

对前两个条件作了仔细地检查，第二个条件是确切值，第一个条件只是近似值。③ 分析资本生产率——维塞尔把这个词严格限制在超过补偿的纯收益（第126页）——主要是为了反驳劳动价值论，但是也形成了一些基本点，说明资本的广泛使用正是其生产性的实际证明。至于耐久资本，维塞尔认为，利息率（连同不耐久资本已被决定了）被用于对固定资本的未来收益折扣，因而也就决定了收益来源的价值。固定资本"实际上对资本的估价原理是无关紧要的"（第152页）。

---

① "我把资本这个名词理解为不耐久的或可移动的生产资料"（第124页注）；"我并不包括必须在手边为劳动者准备好的生产资料。这些是生产的条件，但不是它的原因"（第125页注，又见第190页）。最后一点清楚地表明，把主观价值理论家统称为"奥地利学派"是危险的；在杰文斯和庞巴维克看来，劳动者的生活资料只是资本的一种形式。

② "在总收益中一定能找到新生产的全部被消耗的资本，此外还一定有某种剩余"（第125页）。维塞尔显然假定资本物品在生产过程中完全消耗掉了，他的资本范畴包括机器等等。

③ 在第四篇第6章中才提出耐久资本问题。

让我们回到维塞尔的资本理论。三个条件既定，决定利息率就相对简单了。资本的总归属报酬由两部分构成：资本再生产和纯收益（再生产和维持费用合一，因为资本物品被全部消耗掉了）。资本不可能对这个纯收益提出要求："如果从 105 的价值中，把 5 放在一旁作为可能被消费的成果，而又不妨碍该资本全部更新，那就只有剩下的 100 能被算作资本价值。"（第 141 页）。① 维塞尔在回答庞巴维克对杜能的批判时指出，只要存在资本的纯物质生产力，就决不能把这个纯收益合并到资本价值中去。② 利率决定于纯收益与资本价值的比率；"利息代表归给资本的纯增加值，或是资本的成果"（第 144 页；又见第四篇，第 3 章各处）。③ 当增加额对资本的百分比"存在于大量相关场合时"，它就变成了利息率。利息率在各种职业间的平均化当然是竞争的结果。

关于消费借款的利率，维塞尔得出了近似于费希尔后来的"收入流"概念（第四篇，第 8 章）。"偶然和私人的情况"决定了个人究竟想要现在的收入还是未来的收入，对后者的偏好并不是不合理的。这暗示说，偏好在个人之间的变动致使其对他们的实际效果相互抵销。然而，因为贷款者总能得到生产的利率，所以消费借款的利率必须等于生产贷款利率（第 153 页，第四篇，第 2 章）。

维塞尔资本理论还有一个重要方面应当提到。在资本问题上对

---

① 维塞尔看来有这样一个粗浅的概念：产品是在生产过程结束时得到的，即资本物品的生命是突然终结的。

② 维塞尔承认（第 126 页）："我们理论的任务最终是要证实资本的价值生产力。"但是，决不能孤立地看待价值方面。这种做法与其分配论有着内在的一致性。这是因为，如果递增使用资本并不带来递减报酬，如果最终产品的价格保持不变，那么，物质的价值的生产力将总是成比例的。事实上，对单个企业家来说，只有第二个假定条件对得出这个结论才是需要的。庞巴维克作出了同样的假定。

③ 参看《社会经济学》，第 138 页："利息率是资本边际生产率的表现，不多也不少。"

社会主义者的重炮猛轰（虽然《自然价值》充斥着这种攻击）集中在他们试图把资本还原为劳动，他称这种努力是一种"理论上的异想天开"（第五篇，第 10 章）。他批判了用于支持社会主义者上述论题的两种根据：第一，尽管资本常常真的排挤劳动，像他们说的那样，但是，情况往往不是这样（例如初级原料场合），甚至完全相反。① 第二，他们将论证的路线倒退到资本的起源，社会主义者说，资本归根到底是通过劳动获得的。反驳是强有力的，尽管是不相干的：

> 让读者来判断吧！首先，对劳动的经济估价是用劳动的特殊性质，即劳动的使用必然要求有个人的牺牲来说明的。而资本在被承认是物化劳动、劳动也被承认已被变成非人格的东西之后，却要资本服从于同样的估价：这种处理不可能是合理的（第 200~201 页）。

维塞尔的资本理论具有一种特殊的混合性质。通过完全撤资这种不合理的假定，维塞尔的资本理论同杰文斯的概念联系起来，但它没有包含生产时期等因素。假定资本供给固定的实际效果是把这个理论还原为一种纯粹的生产率利息论，但它不可能被说成是边际生产率论，因为它基于错误的归属概念。② 没有考察投资期间的资本利息是另一个缺点。③ 最后，假定产品价格不变是维塞尔分配理论的基础，这个假定自动取消了物质生产率和价值生产率的关系问题，从而也就取消了要素供给变动对它们的相对产品份额的影响问题。

但是，从另一方面来看，可以毫不夸张地说，维塞尔的资本论

---

① 生产要素比率变动的概念就是在论证的这一点上顺便提出来的（第 200 页）。
② 他承认这种依赖性（第 127 页）。这一点实际上是一种本质的批判；在不影响维塞尔资本理论的条件下，也完全可能通过边际生产率分析得到纯产品。
③ 维塞尔的论述以即时投资为假定，当然，投资随时间而增加的情况除外。

是到当时为止所出现的最好资本理论之一，也许这个可疑的赞扬有点太响亮了。他认为资本实质上是永恒不变的（因为纯生产率是在提供了资本全部维持费用之后才衡量的（第133页）①，他的这个论断的意义并没有因为他假定资本具有完全的流动性受到损害。后面这个假定是为简化分析而采取的一种方法，并未触及问题的核心。其次，维塞尔着重于资本的需求（这同着重于新储蓄的供给形成了对照），这是一个真正的进展。事实上，从经验上来看，每年来自现存资本的如此小的一部分新储蓄对利率的影响是微不足道的，即使在"相当长"的时期也是如此。最后，维塞尔（杰文斯也如此）对认为人们按其本性总是倾向于相对于未来而高估现在的论断也提出了很好的反对意见。② 我们将在下一章讨论庞巴维克时再来研究资本理论的这个方面。

数学注释

从方程（1.1）、（2.1）和（3.1）中，③可将总价值产品（$T.V.P.$）写成：

$$(\mathrm{I}) \quad T.V.P. = 100A + 290B + 590C$$

方程（4）、（5）和（6）可以写成：

$$(\mathrm{II}) \quad A + 2B = X$$
$$(\mathrm{III}) \quad A + 4C = Y$$
$$(\mathrm{IV}) \quad 3B + 5C = Z$$

此处 X、Y 和 Z 是生产要素总供给。如果根据 X、Y 和 Z 解这些方

---

① 《社会经济学》，第65页。
② 同上，第38页："因此，一个人可以说，在所有正常发展的人们中，以同样的方式赞扬现在和未来是一个合理的格言。"还可参看《自然价值》第19页注；第四篇，第11章。
③ 参看前文第167页。

程式,可得 A、B 和 C 值如下:

$$A = \frac{6}{11}X + \frac{5}{11}Y - \frac{4}{11}Z$$

$$B = \frac{5}{22}X - \frac{5}{22}Y + \frac{2}{11}Z$$

$$C = \frac{1}{11}Z - \frac{3}{22}X + \frac{3}{22}Y$$

如把这些值代入方程(Ⅰ),结果可以简化为:

$$(Ⅱ) \quad T.V.P. = 40X + 60Y + 70Z$$

如果任何生产要素的量被减少一个单位(或者任何其他单位数,因为这是线性方程),减少的产品量恰好就是它的"生产贡献"量。

第8章 欧根·冯·庞巴维克

欧根·冯·庞巴维克是"奥地利学派"最著名和影响最大的奠基者。① 像维塞尔一样，庞巴维克也是从门格尔主观价值论的基础出发的，并将这个理论拓展到生产和分配领域。但门格尔这两位最重要的学生对《国民经济学原理》的解释和发展却不尽相同。

庞巴维克的卓越地位当然是很有根据的。在**方法论争论**后期，当德国经济理论家只能（像熊彼特所说）假定读者"常常有十分危险的误解倾向"的时候，② 庞巴维克却在勇敢地为理论的权利而斗争。尽管在那场多半无所助益的方法论争论中，庞巴维克不曾深涉其事，但他积极分享当时争论成果的情况表明，他带着自信和彻底性作出了自己的理论贡献，这种自信和彻底性在与反对理论分析偏见的决裂中，其作用要比更温和和自我批评（如马歇尔

---

① 对庞巴维克的影响的描绘，可参看熊彼特："庞巴维克的生平和事业"，《国民经济、社会政策和行政管理》，第23期（1914年），第454～528页。熊彼特对庞巴维克理论的分析一般来说是有用的，不过他的观点在我看来有些过分。F. X. 威兹对《全集》（维也纳，1924年，第3～15页）的序言也是令人感兴趣的。
② 同上文，第459页。

所做的那样）更有效。其次，在国外特别是在英国和美国，庞巴维克拥有比门格尔和维塞尔更广泛的读者。他的著作的早期译本在这方面起了重要作用，① 他在英美经济学杂志上的出击，特别是与克拉克和埃奇沃斯的对立也起了很大作用。最后，当然，庞巴维克还对主观价值方法作了广泛的一般化，这种方法在操英语的国家一直是由杰文斯提供的，而在克拉克（在美国）和威斯迪德（在英国）以前，一直缺乏本土的作品。

庞巴维克的理论著作集中于资本和利息问题。不过这只是他研究内容的一部分，实际上他在发展自己理论过程中不仅研究了价格和分配问题，而且通过他的资本论提供了关于一般经济结构的概念。但是，价格论和资本主义生产论多半是相互独立的。庞巴维克在生产论中论述了分配，他的生产论是来自维塞尔的选择成本论；相反，他的资本论以及生产和动机理论却主要基于对**时间**在经济生活中的作用的研究，此后研究大都沿着这种两分法。

最后就庞巴维克的方法论再说几句话。他在这方面并不是高度统一的：在制定各项极端大胆的假定条件时他不觉得勉强，但在相对次要问题上他却常常要作出许多限制以符合经验观察。这可用其效用论说明之。一方面，他认为效用甚至可以在**基数的意义**上进行衡量，并在个人之间加以比较；但是，另一方面，他又决不赞同假定效用的连续性，也不赞同需求函数（其实这种函数只在很小程度上缺乏现实性，但对分析来说却是极为重要的）。庞巴维克理论的更重要弱点是他不理解当代经济理论的一些最重要的要素，不理解相互决定概念和均衡概念（通过使用联立方程理论而得到了发展）；② 相互决定的观念被他一脚踢开，他却秉持着传

---

① 门格尔的《原理》在重印于伦敦学院的丛书（1934 年）问世以前一直没有翻译出版，成了难得的珍品；维塞尔的《自然价值》（1893 年）是在庞巴维克《资本和资本利息》英译本问世两年后才翻译出版的。
② 庞巴维克没有经过数学训练。参看《资本实证论》（伦敦，1891 年），第 396 页注；德文《资本实证论》（第四版，耶纳，1921 年），第一卷，第 426 页注。

统的因果概念，① 尽管他常常不自觉地使用了现代方法。庞巴维克在方法论上的迷误也许最明显地反映在他批判费希尔利息论的过程中：

> ……存在因果关系的地方，同样可以用数学方法（它总是从已知数得出未知数）从后果找出原因，就像从原因得出后果一样……唯一的结论与因果问题的关系是中性的；它与因果关系无关。
>
> 因此，一个'问题'的唯一的结论决不意味着手上已经握有该问题的正确因果答案了，特别是它并不表示一定摆脱了循环论证，甚至从数学上来决定问题时也可能陷入循环论证。②

短期理论

资源配置③

庞巴维克对资源配置问题答案的陈述，就其基本方面来说，与维塞尔的相类似，并以后者的理论为基础，尽管维塞尔的论述是相当清楚易懂的。

主观价值是经济价值的唯一的最终的决定因素。所有生产物品

---

① 参看《资本实证论》（第四版）第二卷，第 173~174 页。
② 同上书，第 315 页。
③ 这些内容可以在《资本实证论》第三、四篇看到，这些章节是对他原先的一篇文章稍作压缩而成的，该文题为"经济物品理论的基本原理"，《康拉德国民经济和统计杂志》，第 13 期（1886 年），第 1~66、477~541 页；后又重印于伦敦学院珍本丛书（第 11 本）；《资本实证论》第二、三版也有少许改动（这里用的第四版是在作者身后重印的第三版）。"价值的最终标准"，《美国学院年鉴》，第 5 期（1894~1895 年），第 149~208 页，也应参考。感谢麦克米伦公司应允我引用《资本实证论》。

（第二级或更高级物品）的价值均来自它们的最终产品的价值。①不过，"成本规律"在价值决定中还起着部分的次要的作用。一定量既定资源的边际产品的价值（一种类型的资源可用于生产不同的商品）决定着价格，那是任何工业必须为一单位该资源所出的价格。②所有的产品，如果其价值过低，不足以支付这种边际产品的价值，就将从这种资源的使用中被排除出去。所有的工业，如果其价值可以为该项资源支付更高价格，那它就会在非同寻常利润的刺激下得到扩张，直至达到一个均衡点，在这个均衡点上由每单位该资源所增加的边际效用在所有工业中是相等的。③

资源配置的这种一般框架同维塞尔的观点是一致的，但在一个重要方面庞巴维克的具体解释有所不同。奥地利人通常假定生产资源（或者更适当地说，生产服务）的数量完全固定，这仍是他分析的一个明确部分。④不过，庞巴维克在两点上脱离了这个假定。第一个例外涉及资本，他对资本供给的变动作了长篇论述；

---

① "……这一点是自明的，生产性物品，像其他物品一样，只有当我们认识到它的有无同我们能否获得某一效用和使某一需要得到满足时，它对我们才有价值"（《资本实证论》，第180页；又见第180页特别重要）。与此相关，庞巴维克指出，由于利息的出现，在生产要素价值及其产品价值之间有了区别，不过他把对这种价值之间的边际的考察推到包含其利息论的章节。

② "生产性单位的价值，是和该单位在经济上所能使用的一切产品中具有最小边际效用的那个单位的边际效用和价值相适应的"（第186页）。

③ 如果某人拥有能用于生产各种商品的资源，那么，"（每种商品的）生产量将这样被规定，使得在每一种类中，同样重要的需求将依赖于这一种类的最后一件物品，而每一件物品的边际效用将因此大致相等"（第185页）；又见第228页。这个说法勉强被证明适用于（庞巴维克类型的）不连续性效用案例和需求曲线。对这个不连续性假定的维护（在我看来是完全不成功的）以对抗熊彼特的尖锐批判，《资本实证论》（第四版），第二卷，第163~17页。

④ 《资本实证论》，第229页。

这一点将在下面讨论。

第二个例外（庞巴维克否认它在数量上有任何意义）是劳动的反效用通过限制劳动供给而间接影响物品价值。① 劳动者将（当他可能时）改变其劳动时间和劳动强度，直到劳动的边际反效用等于从该劳动取得的产品的边际效用相等为止。这同杰文斯是一致的，"对它的正确性提不出批评意见"。②

很显然，完全接受杰文斯的理论，为庞巴维克比其他任何人都更卖力宣传的理论有效地奠定了基础，这种理论认为产品的效用是价值的最终的唯一决定因素（除非考虑到闲暇的效用，或者不同种类工作的相对反效用）；还认为估价一个单位的产品只能依据其边际产品的价值；庞巴维克提出了若干理由来支持这种理论。

第一个理由基于这个事实：单个工人不可能改变他的劳动量（每日劳动持续时间），因为多数工业组织不会接受或者不可能接受工人的特殊要求。③ 人们看到了这一点并承认这是一个困难，但不为杰文斯、威斯迪德和大多数经济学家所重视，这些经济学家以选择成本决定个人的劳动供给（和其他资源）。反效用只有通过影响该资源提供的生产服务量，或者通过影响这些资源在各种行业之间的配置，才能影响相对供给和商品的价格。庞巴维克否认前一种解释的经验意义，他对后一种解释的否认将在下面

---

① 这个例外出现在他的《基本原理》一文中（伦敦学院重印本），第 42~45 页。在《资本实证论》中删去了；但后来又出现在《资本实证论》第四版第三篇，第一部分第 8 章"价值和劳动"。离题的论述之九，参考资料："反效用在劳动理论体系中的地位"（同上书，第二卷）；"价值的最终标准"的长篇讨论（同前文，第 166~180 页）也值得参考。
② 《资本实证论》（第四版），第二卷，第 194 页。
③ "只是在我们现行分工合作的生产条件下，进行如此联合的抽象可能性很难变成具体的现实"〔同上书，(第四版)，第一卷，第 225~226 页〕。庞巴维克没有考虑旷工对劳动量变动的影响。

考察。

当然，对限制变动工作时间的数量意义是可以讨论的。埃奇沃斯极力缩小它的意义，他认为工种、职业选择、养育子女成本以及工作时间的实际变动，都是影响杰文斯理论一般适用性的因素；① 相反地，庞巴维克则认为这种限制很重要，以致在价值的最终决定因素中，反效用只起（据说是）二十分之一的作用，其余的决定因素则是效用。② 这个观点是难以解释的。无论反效用通过上述一种或两种方式起作用，效用都不是"唯一的"决定因素，或者它不可能对相对价值有任何影响。③

另外两个理由是针对效用的"最终性"而提出来的。在几乎所有物品生产中都会使用熟练劳动，而"熟练劳动……并不比一般劳动更痛苦……"。④ 但是熟练劳动的报酬更高，可见痛苦或反效用不可能决定价值。这构成了对反效用会影响相对价值的第二种可能方式（即影响生产服务在这种行业或用途之间的配置）的反驳。劳动者无力使各可选择职业之间的货币收入趋于相等，这并不损害反效用理论。但是，为了说明反效用对产品的相对价值

---

① 《与政治经济学相关的论文集》（伦敦，1925 年），第三卷，第 59~64 页。
② "价值的最终标准"，第 200 页。
③ 马歇尔也反对庞巴维克的观点："如果一个人在他愿意时即可停工，那么，当继续工作所得之利看来不再超过不利时，他就停工；如果他必须和别人一道工作，他的工作日长度常常是固定的；在一些行业中，他在一年的工作日数实际上也是规定了的。但是严格规定其工作量的行业极为罕见。如果他不能或不愿提供当地流行的最低标准，他一般能在其他标准较低的地方找到工作；而各地的标准是由当地工业人口权衡各种不同强度的工作的利弊而建立起来的。因此，一个人的个人抉择在决定其一年工作量方面不起作用的场合，像下述场合一样例外，即一个人必须居住一所大小非其所愿的房子，因为他没有其他房子可住……因此，庞巴维克提出的这个论点是没有适当根据的……"〔《经济学原理》（第八版，伦敦，1920 年），第 527 页注〕。
④ "价值的最终标准"，第 176 页。

没有影响，庞巴维克还必须进一步说明，例如，熟练劳动在各职业之间的配置不会受到这些职业的相对反效用的影响，但他却没有考虑这种可能性。

最后，甚至撇开对上述反效用的限制不谈，庞巴维克仍然认为边际效用是决定价值的最终基础。① 这个结论的基础是庞巴维克陈旧的因果论观点（上面已经指出过），但依据马歇尔基于同样假定的相互决定论，庞巴维克的论点完全是似是而非的悖论。他争辩说，即使当边际效用必须等于边际反效用时，**知道**前者（边际效用）决定价值就够了。可以承认这一点，但是，因为个人劳动服务（从而商品）的供给取决于边际效用曲线和边际反效用曲线的交点，所以，边际效用本身的决定也要取决于反效用。庞巴维克完全无视这种依赖关系。

然而，讨论的所有这些内容显然与价值的"最终"决定问题基本无关。如果生产函数加入价值决定，如果由既定资源（更准确地说是既定的一组资源）所生产的两种产品的单位数被技术条件在功能上所固定——庞巴维克是同意这一切的——那么，成本就是价值的一个独立的决定因素。② 如果"最终"并不意味着"独立"，那么整个讨论也就失去了意义。③

---

① 《资本实证论》（第四版），第二卷，第 196~197 页。
② 因此，埃奇沃斯下面的说法显然是过誉了："我承认，由庞巴维克教授解释的……通常可被称为一般李嘉图主义关于固定劳动量的假定是正确的，即价值的最终标准是效用，而不是反效用。"（《论文集》，第三卷，第 62 页）。
③ 在写成上文后，有人向我提出对庞巴维克立场的另一种解释。这种解释基于两点事实：第一，庞巴维克假定，资源供给和生产函数不变；第二，他假定效用表是可以变化的。由此可见，依据他的思维习惯，边际效用是价值的"原因"或最终决定因素。这个解释似乎有理，但庞巴维克自己的讨论在我看来所给出的宁可说是上文作出的解释。这一点当然是不重要的，因为问题在于他是否错了，或者他是否在为一种毫无意义的同义反复进行"辩解"。

分配理论

庞巴维克的归属论是他对奥地利人的价格论唯一重要的贡献。它表面上是以门格尔的理论为基础的,① 但是,对门格尔理论如此重要的生产要素结合比率可变动原理,在庞巴维克理论中却完全阙如。庞巴维克的归属论是联系到补全物品(无论是第一级还是高级,即无论是消费者还是生产性物品)提出来的,② 他区分了四种情况。

如果一组联合要素中的任一成分没有其他联合成分的合作就不能使用,如果又没有哪个成分能够被替代的话,"那么,其中一个单独的成分就具有这一组产品的全部价值,其他成分便全无价值"。③ 完成一种组合所需要的最后这个成分(*Schlussstueck*)取得该组合的全部价值。

这第一个场合实际上是庞巴维克理论的基石,④ 有必要立即加以考察。这是个坏理论。庞巴维克没有处理经济问题;在各种成分的比例严格固定的场合(他以一双手套为例),各成分的总和是一个商品,单个的彼此脱离的成分没有经济意义。特别是在生产性物品场合,归属在这种情况下是不可能的。每个成分的所有者

---

① 庞巴维克说他的分配论是"门格尔基本原理的进一步发展"〔《资本实证论》(第四版),第二卷,第132页〕。汉斯·迈耶尔是将这两人的理论相混淆的典型。参看"归属",《政治科学辞典》(第四版,1928年),第八卷,第1212页。

② 《资本实证论》,第三篇,第9章。这部分论述在第四版中没有变化;在讨论各种批评观点时(同上书,第二卷,附录七,"归属理论"),庞巴维克也没有修改。特别参看上引著作第151页特别重要。

③ 同上书,第171页。指出这一点是有意义的:这个场合与戈森提出的场合相一致。戈森像庞巴维克一样,假定生产系数固定,于是得出了实质上相同的结论,即一个要素的份额"将视情况而异"。参看《人类交换规律与人类行为准则的发展》(柏林,1927年),第25~27页。

④ 他自己承认这一点。参看《资本实证论》(第四版),第二卷,第156页。

能够而且显然要求要素组合的全部产品,而且没有能够解决这一争端的经济原理。通过与要素成分获取报酬的条件(即组合能够取得全部产品价值)不相干的情况来决定分配是完全不能令人满意的。在实际经济生活中(也是庞巴维克力图描绘的),如果"各种条件"对一个要素规定了一种可变的报酬,那么混乱将不可避免——最为明显的就是几乎所有的经济活动都会投身于改变这种"条件"。

第二种场合与第一种的区别只有一个方面:物品组中的个别成分(仍然不可替换)在它们的联合使用之外,还具有较小的效用。这个成分较低的"单独的"价值①构成它的最低报酬;它的最高价值则等于总产品减去这个最低价值或合作成分单独的价值。假定 A、B 和 C 三种成分的单独价值分别是 10、20 和 30,它们的联合产品价值 100。A 的最大价值是 100 减去 $20+30$,即 50;它的最低价值是 10。最大的总价值是 180;这里出现了过度分配,"各种条件"再次占了上风。

第三种场合,据说也是最普遍的场合,与前两种的不同之处在于它的某些(不是全部)成分可以替换。这些可替换的成分的价值(庞巴维克谓之可替换的价值)决定于"代替品在那些其他使用部分能提供的效用所给予的价值",②(而且,由于竞争,只有这些价值)被支付给联合使用的成分。这些可替换成分的价值归属于所属的成分,剩余的联合产品则由不能替换的成分按照第一和第二个原理进行分配。这些不可替代的成分被假定与实际生活中的土地相一致,这个假定一般来说显然是错误的。③

最后一种场合是所有的成分可以自由替换。联合产品的价值等于可替换或可代替的成本。可以注意的是,庞巴维克错误地认为,联合产品的边际效用会大于替换成本额,而这种情况不会影响价格。④

---

① 显然是由第一种场合的应用决定的。
② 《资本实证论》,第 173 页。非常明显,这些价值在庞巴维克的理论中一定是由前两种场合的应用决定的。
③ 同上书,第 176 页。
④ 同上书,第 170~171 页。

汉斯·迈尔对庞巴维克归属理论的基本弱点有很好的说明：

……（庞巴维克）开始时假定，已经存在组织完善的生产体系，通常也已完全了解单个生产要素的边际组合，而且他试图以这些组合在事后确定生产要素的价值。但这些价值是在生产结构被决定的同时形成的，而如果不了解取决于这些生产要素的效用，这些生产结构（即资源配置）是不可能合理进行的。①

重复地说，生产要素服务的价值取决于它们的产品价值，而在经济上有利地使用的程度又转过来取决于生产要素服务的价值。单有要素是不足以解决资源配置问题的；而庞巴维克否认可应用于经济现象的相互决定才是唯一可以接受的方法，也是唯一可以避免循环论证的方法。

庞巴维克公开否认一种产品的价值等于其生产要素最大化价值的必然性，② 他称这个最大化总值"纯粹是一个空洞的、纯算术的数字"。③ 他区分了给予要素份额的"归属"（Zurechnung）和实际上"分配"（Verteilung）给它的份额。④ 实际的份额主要基于归属的份额，但是，"只有在完全自由和自动竞争条件下，才能出现归属的份额和实际分配的份额**大致相同的趋势**"。⑤ 还有影响这两种份额差别的第二个典型的要素。"有一系列特殊的导致估价生产要素具体行动的条件（Lebenssituation）会坚定地确认一系列事实，估价就是为其提供服务的，而我的公式对这一系列事实提供了精确

---

① "归属"，同前书，第1218页。
② 《资本实证论》（第四版），第二卷，第132～138页，特别是第138页。该论证的要点是，组合的价值是可选择的，即任何一个要素可能具有这个价值，但是只有一个要素在当时可能是完成组合的成分，从而取得其最大的报酬。
③ 同上书，第136页。
④ 同上书，第146～148页。
⑤ 同上书，第147页注（着重号是原有的）。

的独一无二的解答"。① 维塞尔的下述偏见既不可能也不必要：所有要素将拥有确定的归属给它们的份额，以及（这是一回事）分配给他们的份额，这种份额不会受到任何条件的直接影响。②

庞巴维克的分析绝没有解决产品在其合作生产要素中的分配问题。一个人如果假定生产要素的比例是可变的，那么通过分析工业有可能解决分配问题；这种方法会导致边际生产率理论。一个人也可以假定固定的生产系数，那么，对单个工业来说就没有答案；有若干未知数，但方程式只有一个。在后面这种生产系数固定的情况下，必须将经济看作是一个整体，就像瓦尔拉斯和维塞尔所做的那样（后者是不自觉的）。他们的解答没有逻辑缺陷；但他们所依据的假定的性质却与在实际生活中使问题得以解决的条件相反。庞巴维克哪一种方法也没有用，他也不可能解决分配问题，或者，就此来说，不能解决（生产）消费中的补足性问题。③

---

① 《资本实证论》，第150页。
② 同上书，第156页。
③ 在他的最后一篇论文"控制或经济规律"〔J. R. 梅兹英译（尤金，奥利冈，1931年），油印本；《论文集》，第230~300页〕中，庞巴维克口头上接受了边际生产率论〔上述英译本，第18（特别重要）、36（特别重要）页；《论文集》，第251（特别重要）、272（特别重要）页〕，但同时他仍然坚持自己的理论（英译本，第27页特别重要；《论文集》，第261页特别重要），技术性错误显示出他对边际生产率论缺乏理解。下面这段话是很典型的："在一定时间内雇用的最后一个劳动者增加'边际产品'；每一个先前雇用的工人所增加的产品较少……现在，如果工资增加到超出边际产品，企业家将因雇用最后一个工人或最后一批工人而遭受损失。然而，这在一定程度上又会由得自先前工人的收益所抵销（英译本，第51页；又可参看第46页；《论文集》，第289页；又可参看第283页）。庞巴维克在另一篇文章中也表示了类似的态度，即接受克拉克的特殊的边际生产率论。这篇文章是"再论资本和利息；II，再论生产率论"，《经济学季刊》，第5、21期（1906~1907年），第248~249、272页。庞巴维克并不真正理解可变的比例。

生产要素

在本研究考察的奥地利经济学家中，只有庞巴维克认为古典的生产要素三分法（土地、劳动和资本）具有一定的真实意义。他完全接受这种三分法，他的维护却没有独到之处。①

土地与资本的经济区别在于供给的固定性（在他的静态方法中，所有要素都具有这种特点），不可移动性，没有成本以及收入性质的差别。还列举了非经济的区别：土地在生产中具有一种特殊作用；土地所有者的社会经济条件不同于资本家。② 这些区别无须在此讨论，引述它们也只是为了表明庞巴维克所持的古典的和幼稚的立场。③

上面已经指出，与庞巴维克的成本论相关，他假定"土地"是不可替换的要素，即该要素不能在各个工业之间转移。这一点无须反驳；甚至在四十年前最典型的古典派 J. S. 穆勒就已经指出，各种不同用途可能竞相争夺同一块土地。

庞巴维克对资本和劳动的区分也不怎么成功。劳动只有在"劳动者不被看作旨在持续经营工商业的文明社会的成员，而被看作劳动的物质机器"时，才能被包括在资本之内。④ 这里讨论的中

---

① 在庞巴维克的几乎每本著作中都能看到古典的三分法。也许最明确的表述是《资本实证论》，第一篇，第 5 章，"资本概念的比较"。
② 《资本实证论》，第 55 页。
③ 当门格尔（"资本的理论"）指出，把所有的土地都叫做"土地"，不管在土地上花费了多少资本和劳动，同时又把另一种性质的东西——果实、野树等等算作花费在土地上的资本和劳动，这是不统一的说法时，庞巴维克承认这里有逻辑上的弱点。但是，不统一是"不可避免的和健康的"，而且，尽管"在最严格的统一的意义上，今天难得有一种纯粹的自然要素"，但资本和土地的一般区别还是重要得不能放弃的。参看《资本实证论》（第四版），第一卷，第 66 页注。庞巴维克事实上把持续投资在土地上的资本从他的资本范畴中排除出去了（同上书，第 65 页）。
④ 《资本实证论》，第 68 页。

心问题是劳动的维持和更新费用，而且，这些成本的性质也的确不是经济的，这不是一个重要区别。更重要的区别在于可否出卖；在现存法律制度下自由劳动者是不能将其收入有效资本化的。

时间在经济理论中的作用：资本理论

庞巴维克的资本和利息理论（他的名声基于此）也包括一般生产论和零碎的工资论。必须立即指出，他在这个中心问题上的基本方法是二元的，他对利息提出了两种互不相干的论述。① 一个

---

① 庞巴维克最能干的追随者维克塞尔在其最后一篇文章的绪论中对这种二元论所作的说明，在脚注中予以引述看来是适当的：

"1911年秋，在维也纳，我有幸亲见庞巴维克，这是我第一次也是唯一一次会见他本人。我问他为什么他的《资本实证论》给人（至少对我来说）留下了这样的印象，即该书不是从一个思路，而宁可说是从好几条平行的思路发展而来的……

"不过，我认为，首先，对基本上是同一个问题即生产资本的利息形成问题所作的有所不同的论述是容易理解的，只有"第三点理由"争议颇多；而"论市场交换利率"这一章，其精美的结构和令人信服的说服力，可以表明几乎无人能提出异议。

"他对我的问题不觉得意外，但他的回答却使我大为吃惊。他直截了当地说，因为外部环境使他对自己著作第一版的问世感到担心，以致在他尚未完成后一半时就将前半部分书稿交给了出版商。事实上，在这后一部分中，在他写作的最后时刻，他已经面对着若干理论性困难。例如，在前已提及的那张表"市场交换利率"中，数字应当翻番，以便同他感觉应有的水平一样高，直至这个关于生产的所谓"令人难以置信的"幸运思想将一切都安排停当。

"如果我正确理解了他的论述并将其加以复述，可能要花很大的篇幅，因为用这种方法将不可避免地要抹去这里或那里出现的矛盾或分歧，而这是违背作者意愿的。不过，一切情况都说明从一开始庞巴维克就未曾想将他著作的初版看作最终版；即使在第二版（未作修改）的简短前言中，他还说他计划将来"继续努力"，把《实证论》搞成一部包括外观在内的前后统一的著作，他声称他将坚持这个计划。

195 强调利息是对未来的折扣,这是利息"渴望"论和时间"偏好"论的重要来源,同费希尔和费特的理论一样。另一个利息论则基于生产时期长度的边际生产率。后面这个说法显然有古典的来源,而且杰文斯已经预示了它的许多方面,一些方面也早由李嘉图提出来过,对该理论的最明确的论述则来自庞巴维克自己最知名的学生维克塞尔。

将庞巴维克处理利息问题的这两种方法截然分开是不合适的,取代的办法是将其分为四节:收入和资本;生产组织;对未来的折扣;利率决定。①

196 <center>收入和资本</center>

庞巴维克的收入定义基本上就是古典经济学家给财富所下的定义,将收入这个概念限定于物质物品,而排除了任何无形服务:

> 一所住宅,一匹出租的马,一座流动图书馆,可以为其所有者生息,但却同新财富的生产毫无干系……仅仅这一点就足以说明生息资本本身不是资本生产力的表现。②

"但是,什么也没有发生。多年从政使他无暇顾及理论著述,大家知道,第二版就只是第一版的重印。当他晚年着手修订他的文稿时,他的著作成为科学讨论的实际中心已经很久了,以致是否修改或者只修改其中那些最需要修改的地方,我想这已是一件名誉攸关之事,倒不如是好是坏任人评说了。"〔"利息论",《当代经济理论》,(维也纳,1928年),第3期,第199~200页〕。

① 《资本与利息理论的历史及批判》(因斯布鲁克,1884年),斯马特英译本书名《资本与利息》(伦敦,1890年),该书所显示的推理在经济学史上是独一无二的。它深受两大缺陷之害:对前人的误解(例如西尼尔和门格尔),对死马(dead horses,故去者)的攻击。由于它极少积极的贡献,故而本书对它不予深论。

② 《资本实证论》,第2页;又见第10、346页。

庞巴维克对这个概念的窄化（同门格尔适当强调收入概念的主要方面是有用性而不是物质性形成了对照），① 导致了庞巴维克资本概念的一个重大疏漏，即排除了耐久性消费品。②

正式的资本概念也是非常正统的：

> 一般说来，我们把那些用来作为获得财货的手段的产品叫做资本。在这个一般概念下，我们把社会资本这个概念作为狭义的概念。……我们把那些被指定用于再生产的产品，简言之即中间产品叫做社会资本……社会资本还可被恰当地和简略地叫做生产资本。③

获利资本和私人资本概念的含义较广，其定义不仅包括所有的生产性物品，而且包括耐久消费品和企业家支付给劳动者的生活资料。④ 交易者手中的消费品在两种意义上是资本；如果它们为消费者所有并被出租出去，它们就是私人资本。⑤ 庞巴维克认为社会资本适用于生产理论，私人资本适用于分配理论。可是，我们马上就会看到，他实际上并不把这些细微的绕圈子式的区别当作一回事。⑥

如果庞巴维克不把他的收入概念限于物质产品，他本可不必区别生产性物品和私人资本。这个定义还重复了古典派的一个错误

---

① 在《资本实证论》第四版，庞巴维克花了很大篇幅批判了费希尔远为出众的收入和资本概念。庞巴维克基本上认为，资本不需要带来收入，而收入也不需要来自资本（参看同上书，第一卷，第 54～59、72～73 页）。特别责难马歇尔将耐久消费品包括在他的资本概念之中（同上书，第 72～74 页）。
② 《资本实证论》，第 65～66 页。
③ 同上书，第 38 页；又见第一篇，第 3～6 章各处。
④ 同上书，第 71 页。
⑤ 同上书，第 66 页。
⑥ 庞巴维克还接受古典派对固定资本和流动资本的区别，标准是某种资本品在生产时期流动的困难程度。但这种区分是无用的，无须在此解释。参看"资本"，《国家经济辞典》（第三版），第 5 期，第 780～781 页，重印于《短文集》（维也纳，1926 年），第 9～11 页。

（杰文斯已经批评过），即把所有权作为资本的一个标准，然而事实上这个方面是完全无关的。庞巴维克从他的这个定义中得出了利息生产力论不可取的结论，或者更准确地说，正是为了得出这个结论才这样为收入下定义的。利息不是由资本的生产力而来，因为耐久消费品固然不是生产的（在这个意义上），但它却能带来利息。①

198　　同他的资本概念相关，庞巴维克还发展出一种"原始生产要素"的特殊学说。土地和劳动是原始的或最初的要素，而资本是第二位的或中间的要素：

> 我们拿出自己的劳动以各种巧妙的方式同自然过程结合起来。所以我们在生产中所得到的一切是两种（只有两种）基本的生产力——自然和劳动——的结果。这是生产理论中最确定不移的见解之一……没有任何第三种基本来源的立足之地。②

这种异乎寻常的区分是来自庞巴维克方法论的两个缺陷：完全混淆技术层面和经济层面的考虑；从鲁宾逊式经济过快地转向企业经济。这里只需对"原始要素"概念的缺陷作个小结就够了。③ 从

---

① 《资本实证论》，第 2、346 页。
② 同上书，第 79 页。
③ 瓦尔克是这一观点的最早批判者之一："资本作为一种生产要素，无论它是派生的和第二位的，还是初始的和独立的，都不影响对资本利息来源的研究……每一种生产要素都会要求并获得一定份额的产品。作出这种区分的目的一点也不是要把这些（生产）力之一在其来源上同其他（生产）力区别开来。"参看"庞巴维克博士的利息理论"，《经济学季刊》，第 6 期（1891～1892 年），第 406、408 页。还可比较门格尔："资本理论"，同上，各处；F. H. 奈特：《风险、不确定性和利润》（剑桥，1921 年），第 123 页等。F. 马克罗普提供了一份相当完整的近期关于资本性质的文献的目录，"奈特教授和'生产时期'"，《政治经济学杂志》，第 43 期，第 577 页注，以及卡尔多："近期关于资本理论的争论"，《计量经济学》，第 5 期（1937 年），第 201 页注。

历史上来说，这种区分是错误的——我们知道没有一个社会（那怕是原始社会）不拥有资本物品，连想像这样一个社会也困难。当今时代有巨额资本投资到这两个"原始"的要素即劳动和土地上，但是，这种历史的考虑总的来说同经济理论无关；它们对合理的经济行为没有影响。今天的商品有其可以追溯到文明曙光期的经济史，但在理论经济学上它必须被看作是具有相关意义的一定生产要素的中间产品。在生产理论上没有古董收藏者的地位。

这种原初要素学说的部分目的在于再次攻击生产力利息论。① 假如资本不过是两种原始生产力的结合，怎么能说它会带来一种出自独立来源的特殊类型的收入（利息）呢？然而，庞巴维克的攻击并不妨碍他把利息归结为资本主义生产方法的生产力，就像我们将会看到的那样。"原初"要素概念的另一个作用是同"生产时期"相关的，我们也将在下面讨论。

我们可以很简略地将庞巴维克关于资本形成的理论概括如下，② 基本上是两步：第一步，必须有储蓄："……在资本能被实际形成之前，生产资本所需要的生产力必须通过侵占现时的消费而储蓄起来"；第二步是投资："……必须在储蓄这个消极因素之上，再加上把储存下来的财货作为中间产品投入到生产中去这个积极因素"。为了同原始要素论保持一致，庞巴维克又说，储蓄"不是在生产**手段**之中，而是在生产**动机**之中——这个说法至少是含糊不清的。同储蓄的形式相对照，储蓄的性质将在与对未来打折扣相关的章节加以考察。

在庞巴维克的资本理论中还剩下最后一个部分需要研究，这个部分在他的利息理论中是重要的。它基本上是这样一个命题：资本（生产性物品）在经济上是未来的可消费商品。③ 论证是简单

---

① 参看：《资本实证论》，第94~99页；《资本和利息》，第423页。
② 《资本实证论》，第二篇，第4章，各处。
③ 同上书，第六篇，第2、5章。

的：机器、工厂、工具等等，不能被直接消费，只能在它们被转变成最终消费品之后才能被消费，而这个过程需要时间。与这个观点密切相关的是这样一个论断：所有的"财富"都是生活资料，"在任何一个经济社会里，现有的可以预付出去的生产资料的供给量是由该社会的（土地以外的）全部财富——有一个无关紧要的例外——所代表的"。① 因此，所有的财富都是由可预付给劳动者的现在和未来的生活资料构成的，为了简单起见，省略了土地所有者和资本家。② 这里的"财富"（没有下定义）与利息理论中的"资本"实质上是一样的，在最后这个范畴内的更明确的区分也被忽略了。③

庞巴维克在这里提出并回答了一种反驳意见：很多资本并不是作为可供直接消费的物品而存在的。这是真的，但是劳动者并不需要一次预付他们的**全部**工资；他们希望给他们的预付能被均匀地随着时间推移加以分配，就像所需要的物品的分配一样。④ 这个讨论直接导致了生产时期概念，我们现在就来研究这个问题。

资本在生产中的作用

资本在生产中的基本作用就是允许实行迂回的生产方法，它比直接的或非资本主义方法有更高的生产率。"迂回的方式比直接的方式能得到更大的成果，这是整个生产理论中最重要的和最基本的命题之一"。⑤ 为什么？"必须强调说明，这一命题的唯一依据是

---

① 《资本实证论》，第319页。所谓"无关紧要的例外"包括"所有者自己所消费的部分"（同上书，第321页）。
② 同上书，第320页注。
③ 同上书，第六、七篇各处。
④ 这个论证与其未来物品折扣的观点极不协调。另外，这个论证也没有回答耐久财富的问题，这些财富在最近的将来不能完全"成熟"为消费品。关于这一点，可比较维克塞尔，本书第229~230页特别重要。
⑤ 同上书，第20页。

实际生活的经验。经济学理论不说明，也不能演绎地说明它必然是这样的；但是，所有生产技术一致的经验，说明它是这样的"。①庞巴维克以此来维护迂回方法有更大生产率这个基本假定，而且从方法论来说这也就够了，尽管这个命题原来是一种误解或错误，因为这里或其他地方的暗示表明，实际的证据却在于这样的事实：如果这样的方法没有更大的生产率，那么这种方法就不能使用。②

但是，这对他的理论来说是不够的。庞巴维克又进一步增加了几个重要假定（assumption）：一每次明智地有选择地扩大生产时期（以及增加产品的耐久性），就会增加从既定的资源量（资本除外）中取得的产品；二生产时期每有扩大就会要求更多的资本；三增加的资本只能被用于扩大生产时期（和增加产品耐久性）。对这些基本假定必须仔细加以说明。

首先，每次明智选择扩大生产时期会增加总产品。"总体上可以说，不仅（迂回过程的）最初几级是更生产的，而且迂回过程每有延长都会伴以技术成果的进一步增加；但当生产过程延长时，产量通常以较小的比例增长"。③ 这个命题（proposition）的基础又是"经验，而且只是经验"。《资本实证论》第一版的证据（proof）只是一些貌似有理的假设性例证，④ 而且他承认，"在一

---

① 《资本实证论》。
② 同上书，第99、355页；《资本实证论》（第四版），第二卷，第22页。
③ 同上书，第84页。在第四版强调"明智地选择"扩大（生产时期）（而在第一版多半是暗示），以回答批评〔著名的批评有欧文·费希尔：《利息率》（纽约，1907，第353～354页）。《资本实证论》（第四版），第一卷，第16、115页，第123页注；第二卷，第2～3、9～10、76～77页等。
④ 同上书，第一篇，第2章，各处。下述论证就是一例："……任何迂回的方式都意味着利用比人类的手更有力或更灵巧的自然力来为我们服务；迂回方式的每一次扩大都意味着有更多的力量来为人类服务，也意味着把生产的某部分负担从有限而昂贵的人类劳动转移到丰富的自然力上去。"（同上书，第22页；又见第82页）。

个例外场合"，迂回方法可能更快。① 为了支持这个命题，《资本实证论》第四版增加了两个理论论据（argument）。②

第一个证据（proof）基本上是三段论：③

1. 资本是过去使用的劳动；无论何时，如果资本更多——其他情况不变——则劳动（它构成必须使用的资本）返回的平均时间就更长。④
2. 一个劳动者使用的资本越多，他的产品就更多。
3. 增加每个劳动者的资本，等于延长生产时期，同时取得更多产品。

总之，增加每个劳动者的资本就会增加产品，但是，每个劳动者资本的增加还必然暗含着最初花费的劳动返回到更远的过去，即生产时期更长，生产率更高。

这个论据不是决定性的，它实质上回避了问题。即使在庞巴维克的理论中，资本也不是过去的劳动；自然资源（土地）的服务也要进入资本。还有一个必须考虑的限制条件是，随着资本规模的扩大，过去使用的劳动在资本中所占的比例是相同的或是更大的。⑤ 但是，更重要的是，有什么权利可以假定更大的资本量暗示

---

① 《资本实证论》，第 83 页。
② 其中第一个论证最早出现在"资本理论的一些争论问题"（1899 年），重印于《短文集》，第 144~148 页。两个论证都是基于平均生产时期这个概念，该概念后来被放弃了。维克塞尔最早提到这些证据，见其《财政理论研究》（耶纳，1898 年）。
③ 《资本实证论》（第四版），第二卷，第 29~32 页，附录五。
④ 例如，如果年工资是 300 美元，而每个劳动者的资本 50 美元最多在两个月前作为生活资料被开销的，那么每个劳动者 300 美元最多在一年前被开销。
⑤ 庞巴维克放弃了这一点（已被费特提出），以为它无关紧要〔《资本实证论》（第四版），第二卷，第 95 页〕。可以注意的是，这第一个证据基于这样的假定：用新奥地利学派的术语来说，资本的"劳动容积"不变；参看 V. 埃德伯格："李嘉图的利润论"，《经济学》，第三卷（1933 年），第 51~74 页。

着构成它所必须花费的劳动要返回到更远的过去？因为，实质上，包含着它所寻求的结论即更多的资本只有在延长的生产时期才能花费（劳动供给既定）这个前提（*premise*），就是庞巴维克关于生产的第三个命题，而这个命题又反过来以它"证实"的第一个命题为基础。

第一个命题的最后证据基本上又是演绎的：

1. 每个劳动者的增量资本只能以递减的效率被使用，就是说，在没有新投资的情况下，它带来较低的利息率。
2. 只有改变生产过程才能由现有的劳动使用更多的资本（因为被排除的新商品是不重要的），而且这种改变必须是扩大生产时期，因为较短的生产过程在利息率下跌之前已经是有利可图的。
3. 因此，资本的增加（伴随着每个劳动者生产率的增进）只有通过扩大生产时期才能实现。①

这个论据与前面的"证据"密切相关：前面的分析是对回望资本增加的历史，现在的论据则展望它们的应用。在这个论据中又存在着两个内在的缺陷。排除新产品不是一个合理的经验性假定，肯定不是没有缺陷的。但更重要的是，次要的前提也不合理，因为它忽略了发展短期投资的可能性，因为其成本会因利率下跌而减少。如果生产时期概念是有效的——这将被否定——那它就既有其外延的边际，也有其内涵的边际，就像庞巴维克自己在另一处所承认的那样。②

然而，对庞巴维克的生产时期公式还有更基本的批评。这些证据是基于"原始要素"理论，而且，为了简单起见，甚至还排除了土地。如果资本设备按其实际意义被视为合作的生产要素，那么作为一个经济概念的生产时期也就消失了，正如我们现在将要

---

① 《资本实证论》（第四版），第二卷，第33~39页。
② 同上书，第403~406页。

看到的那样。

生产时期,或者迂回生产的长度,首先需要一个定义:"……消费品的生产时期,严格说来必须从最初着手制造其第一件中间产品的时刻算起,一直到成品出现为止。"① 但是,庞巴维克承认,"如果严格推算起来",按照这个定义,"几乎任何消费品"的生产时期早在几个世纪前就开始了——小学生的削笔刀可能就包含着来自凯撒时代开采的矿山的铁。②

这显然是荒谬的,于是庞巴维克求助于**平均**生产时期的概念,因为先前的劳动花费将只形成"一个极微小的部分——即使可能也不值得计算"。③ 这个平均——在他的数字例证中使用算术方法来衡量——不过提供了一种克服确定一个商品生产过程开端的困难的方法。但这显然是错误的,因为除了"上个世纪"的投资用时间来衡量,因而对平均值大有影响之外,④ 这个统计概念绝对没有经济意义。⑤

最后这个指责同样适用于总的生产时期。首先,它是一个技术现象,那是无偿给予的。⑥ 更重要的是,那是一个并不存在的技术

---

① 《资本实证论》,第88页。
② 克拉克说:"生产时期开始于文明时代,而且绝没有终点。**量度它的长度是不可能的**……。"庞巴维克回答说:"一个人可以论及'绝对时期'……克拉克教授说的就是这种意义的生产时期……。"〔"利息的起源",《经济学季刊》,第9期(1894~1895年),第383~384页〕;还可比较《短文集》,第135页。
③ 《资本实证论》,第88页;又见第89页。
④ "原始要素"理论在这个自我欺骗中是重要的;如果所有的资本能被追溯到劳动,而近代的土地花费已经过去,则早先的花费就可以忽略不计。
⑤ 庞巴维克用了很多篇幅回答费希尔的问题(《利息率》,同前书,第56~57、351~353页):"为什么庞巴维克所用的特殊平均方法被设想为一种正确的方法?"庞巴维克的回答〔《资本实证论》(第四版),第二卷,附录三〕是无力的诡辩和逃避,那不过是对费希尔**提问题方式**的攻击。所提出的算术衡量方法没有合理性。
⑥ 《资本实证论》,第79、82页。

现象，除非一个人希望把所有生产时期的开端确定在人类历史的开端。

克拉克是最早指出从经济观点来看生产和消费是"同步"的经济学家之一。生产和消费是同时进行的，只有无所事事的好奇心会驱使一个人去研究一个实物单位的产品从一种工业过程中形成的时间，即便这是可能的。庞巴维克所作的实际上就是这个研究：

>……在一个静态经济中，一切都能顺利运行，因为处于不同完成阶段的各种具体资本物品的生产时期和谐地相互关联在一起……在某个时间段，某个具体生产时期的结束正好就是另外一个生产时期的开始。任何时间所完成的最终产品的数量恰好能使每个生产者以他自己的初级产品直接交换另一个劳动的最终产品。因此，一个人如果愿意，他可以想像（尽管这在理论上不太准确，但在实践上不受惩罚），由于真实资本的神秘性质，各种生产时期会在世界上完全消失……①

但是，他在动态经济中发现了避难所："……在那里，具体资本品好像改变了它们的层次，而且生产时期不再勾连在一个圆圈中，真实资本是否具有赋予它们力量，以及消灭生产时期的力量，都显得成了问题。"② 庞巴维克在这里转移了阵地，因为他的理论是一个静态利息论，③ 这里的生产时期被认为只具有学术研究的意义，他的理论肯定不是也不以意味着是对动态变化的描写。在动态经济中，问题不在于生产时期，而在于再调整所必要的**时间**——

---

① "资本实证论及其批判"，《经济学季刊》，第 9 期（1894～1895 年），第 127 页。
② 同上。
③ 在同一卷书中，庞巴维克说，在"利息的起源"中，"我完全同意克拉克教授的观点，利息是一种'静态收入'，而且它起源于'静态原因'；创造新的资本并不是取得利息的过程的一部分"（同上书，第 383 页）。

这与生产时期概念迥然不同。

　　生产时期的延长会增加产品，但与生产时期的相对增加相比，产品"以较小的比例"增加。① 如果生产时期在初始"投资"时不是无限扩大，报酬递减就是必然的。庞巴维克说的是比例的或比率的报酬递减；对资源配置来说，这是一个不合适的标准。②

　　在《资本实证论》第一版中，庞巴维克讨论的只是**建设**时期，并事先假定最终产品的利用是瞬间的。在（第三版和）第四版中，承认了一个"相类似的重要现象"，消费物品耐久性的增加：③

---

① 参看《资本实证论》，第 84~85、91、377（特别重要）页。在其中一点（同上书，第 307~308 页），庞巴维克用了一个算术例证，假定报酬递增，但这显然是一个失误。报酬递减规律的比率形式和增量形式之间的区别还没有考察呢。比较《文集》，第 194 页特别重要。

② 庞巴维克否认来自扩大生产时期的报酬递减与来自更集约地使用相关要素的报酬递减是一回事。参看"资本实证论及其批判"，《经济学季刊》，第 10 期（1895~1896 年），第 148 页特别重要。

庞巴维克在他的最后论文之一（"对一些老问题的并非新的考察"，重印于《文集》，第 188~204 页）中，以一个有趣的数学证据来支持古典的"土地"报酬递减理论。以 H 代表一单位土地，以 K 代表一单位资本和劳动，P 代表产品，并假定 $1H + 100K = 100P$，按照他对这个规律的公式，$1H + 200K < 200P$。因为 $1H + 200K < 200P$，那么，$2(\frac{1}{2}H + 100K) < 200P$，或 $\frac{1}{2}H + 100K < 100P$。这个规律的内涵是：用一单位的土地和 100 单位的资本和劳动，能比用半个单位的土地和 100 单位的资本和劳动生产得更多，这个规律被说成是"不说自明之理"。这个结论当然是对的，但是"证据"所依据的恰是报酬递减的假定。T. N. 卡弗先前已经用过类型的证据。

③ 《资本实证论》（第四版），第一卷，第二篇，第 2 章："一个资本主义迂回生产的类似现象"。又见同上书，第二卷，第 12~13 页。由于庞巴维克的收入定义排除了耐久消费品服务，所以这些物品的耐久性也就与生产无关，正如他承认的那样（同上书，第一卷，第 126 页）。首次承认增加耐久性的可能性是在《争论问题》（1899 年），重印于《短文集》，第 163~164 页。

"……通过耐久消费物品的更持久和更坚固的建设,该物的耐久性及其效用总量常常以比其费用更大的比例增加。"① 生产理论的这个因素〔由雷(Rae)首先提出并进行了深入研究〕并不是一个不变的"法则",而且把握了它在"异常多的场合"的作用。另外,这个新因素类似于最初的生产概念,因为耐久性的增加事实上延长了投资被实现前的"等待时间"。② 但是,建设时期和使用时期是分开的,不延长那一个就可以延长这一个。两个概念不能搅和在一起,但是,在他讨论现在物品对未来物品具有技术上的优越性时,为了成全利息论,却假定它们实质上是一致的。③ 在讨论利息率时,耐久性的变化只在一个脚注中考虑到它,因为不涉及新的原理。④

耐久性的这个新因素具有生产时期所没有的直接经济意义。耐久性不仅仅是一个技术性因素,因为耐久性的增加暗含着资本品的维护和更新成本的减少。但是,却不能像庞巴维克所设想的那样,轻易地将持久的收入源泉完全引进他的利息论中;这个问题将在讨论维克塞尔时加以注意。庞巴维克绝对没有发展出一种适合于耐久消费品(或者耐久生产物品)的一般利息论,他所使用的利息是从他的建设时期一般理论得来的,对所有的持久收入源泉都打了折扣(因为它们都是所谓未来物品。——译者)。⑤

---

① 《资本实证论》(第四版),第一卷,第 121 页。
② "*Wartezeit*"或"资本主义的程度",是"持续不断地支出劳动、使用土地直到获得最终产品之间的平均时期"(《资本实证论》,第 90 页)。在统一投资场合,它等于生产时期的一半,不计先前支出的利息。还可比较《短文集》,第 137 页注。
③ 《资本实证论》(第四版),第一卷,第 352~354 页。
④ "通过延长实际生产时期以提高生产率,实际上与延长平均等待时间而增加效用服务是完全一致的……我……相信与下面讨论的(建设时期和利息率)相关的一般参考(文献)……应该是令人满意的"(同上书,第 444 页注)。
⑤ 参看《资本实证论》,第四篇,第 7、8 章。

以上是对庞巴维克第一个命题的分析。他关于生产的第二个命题是：① 生产时期每有扩大都会要求增加资本投资，与此密切相关的第三个命题是：更多的资本只能被用于扩大生产时期：

  ……当前的生产力一般将会而且必须按照现有的财富所能供应的时期的长短，用到久远的生产目的中去（换言之，将用于较长的生产时期中去）……一个社会的平均生产时期和它的财富存量是恰好吻合的，而且是完全以它为条件的。②

第二个命题是简单的；如果生产时期概念有任何意义的话，这个命题就是真的。它其实就是说，平均投资量（资本乘以时间）会随着既定量资本投资的时期（时间）而增加。例如，从一年制农作物转变为两年制，就需要加倍对劳动的预付。这个结论是对整个生产时期具有统一的投资率的特殊场合而言的，③ 还用了几个算术例证。④ 因为这个论据很简单，⑤ 只需要引述一下结论："财富存量必须足够满足生产时期的一半，再加上通常阶段的一半。"⑥ 但是，如果反过来说，资本增加必然导致平均生产时期的扩大就

---

① 参看《资本实证论》，第 201 页。
② 同上，第 325 页。
③ 庞巴维克再次忽略了对先前支出的利息。
④ 《资本实证论》，第 327（特别重要）、425～426 页。
⑤ 如果存在 N 个相同长度的阶段，每个阶段的投资是 C（在这里一个阶段就是一个技术过程，在庞巴维克理论中通常是一年），那么

    在阶段 x_1，C 要投资 N 个阶段，
    在阶段 x_2，C 要投资 $N-1$ 个阶段，
等等，直至 在阶段 x_n，C 要投资 1 个阶段。
于是，总生产时期是（Σx），总资本是 NC，投资的阶段总数等于 $\dfrac{N^2+N}{2}$，以及为 $\dfrac{N+1}{2}$ 时期（平均投资时期）投资的 C，结论见正文。

⑥ 《资本实证论》，第 327 页。

不对了。这是一个毫无根据的论断。① 这个观点显然是从庞巴维克对生产过程的时间方面的格外关注而得出的,然而它只是支配一个经济吸引资本的许多技术条件之一,它的相对意义还是一个未知数。肯定没有理由相信那是一个支配的因素。②

最后,再就"社会生产时期"即一个经济的平均生产时期说几句话。③ 这个概念根本不明确,而且在讨论利息时也回避了定义问题,转而假定所有工业都有相同的生产函数。如果可比的话,那么社会生产时期这个概念本身甚至比生产时期更可疑,因为它在各种工业的意义能被权衡之前,就要求一个利息率。

对现在物品的偏好超过未来物品④

庞巴维克发现,对利息的基本解释在于人们对同数量同质量的现在物品而不是对未来物品的偏好。上述生产论是利息论的重要

---

① 《资本实证论》,第 319 页。在《资本实证论》第四版(第二卷,第 4 页;又见《短文集》,第 185~187 页)中,庞巴维克明确地说,他的理论并没有说资本生产率的提高只能通过延长生产时期;如果这是在大多数场合的方法就够了。然而,除非把延长时期作为唯一使用更多劳动的方法,否则他的理论就是不完整的,因为它仅仅解释了有利的投资机会边际之一。在后面这个场合,他的理论同大多数生产率利息论并无二致,而他对这种利息论进行了激烈的攻击。如果资本能并看作是劳动与平均生产时期的乘积(参看第 203 页脚注②的'劳动容量'),正文中的结论当然是正确的:增加资本,而劳动量不变,将会要求延长生产时期。

② 庞巴维克在一处提出了旨在支持最后这个命题的论据(《资本实证论》,第 324~325 页)。他说,增加的资本不会用于本年度的生产,这是因为:第一,直接的方法的生产率较低;第二,现货市场已经备妥。但是,这些理由要么回避了问题(为什么现在的生产方法和市场次于未来的处于均衡状态的市场?),或者就不过是对假定的复述。

③ 同上书,第六篇,第 5 章,特别是第 315、325 页。庞巴维克关于投资对生产时期的影响的所有讨论(《资本实证论》(第四版),第二卷,特别是附录一和二)都明确地以社会平均生产时期为前提。

④ 《资本实证论》,第五篇,各处。

依据，但它只有通过对现在物品和未来物品的主观评价才能起作用。这种时间偏好基于三个独立的因素：需求和供应之间的差别；不合理的焦虑；现在物品的技术优越性。让我们逐一加以考察。

"现在物品和未来物品之间价值上的差别，其首要原因是由于需要和供应之间的情况在现在和未来是不同的"。① 所引用的两种典型场合是："急病和急需的场合"；"有理由指望经济情况好转、生活更舒适的"人的场合。人们会直截了当地反驳说，这些不过是个别场合，而在静态社会中，它们可能或多或少地被相反的情况抵销掉。庞巴维克试图用一种特殊的论据来回答这些批评：

> 第一，所有未来境况将会相对好转的人，都会重视现在物品。
>
> 第二，所有未来境况不如现在好的人，将会储存耐久物品（即货币），而不是重视未来物品而不重视现在物品。②

因此，对整个社会来说，其纯粹的效果就是对现在物品的评价高于对同数量同质量的未来物品的评价。

庞巴维克对抵销各种个人条件的可能性的回答是不能令人信服的。持有未来偏好的人不可能去**储存**在大多数场合都需要的物品，即食品和衣物，除非付出代价。当鲍尔特基维茨提出这个反驳时，③ 庞巴维克把他的第一个理由限定在**货币**经济上，④ 但是，即使是货币也不能无代价地储存。这会引导我们去了解货币理论（庞巴维克没有讨论），以便分析未被投资的（即储藏的）货币储

---

① 《资本实证论》，第249页。
② 同上书，第250页特别重要。
③ "庞巴维克利息论的基数论错误"，《法律、管理和经济杂志》，第30期（1906年），第946~947页。
④ 《资本实证论》（第四版），第一卷，第331页注。

蓄的一般后果；这里只需指出，没有必要为储藏而储藏。一般来说，对未来具有高需求的人，为什么不会完全不索取纯利息而借给现在急需之人（在现在消费信贷场合）？①

高估现在的第二个根据是："对于被预定用来满足未来需要的物品，我们给它一个实际上小于这些物品未来边际效用的真正强度的价值。"② 这是一种看法的错误，是一种不合理的经济行为。可以指出，庞巴维克引进他的"经济人"的就只是这种不合理性。为了证明这个"毫无疑问"的"事实"，他提出了三点理由：③ 首先，人们缺乏想像力，因为他们低估了未来的需要（但不是未来的供给）。其次，人们的意志力有限，他们抵挡不住现时的奢侈，即使他们知道未来的需要更大。最后，生命本身短促无常。这个因素只对相对久远的未来物品有效，但是，套利活动会使对未来物品的折扣随着时间推移而直接和持续不断地进行。④ 还可注意的是，远景暗淡会**加重**由于需要和供应情况的差别而来低估未来。⑤

这种非理性的因素就这样被假定下来，而且拿了一些貌似有理实则与人类意志薄弱无关的例证作为支撑。这种对现在物品的非理性偏好在许多人那里的确是存在的；但更多的是被一些人多半不理性的（非经济的）偏好未来而不是现在物品的行为所抵销，这些人在进行储蓄时看来也可能是意志薄弱的。社会对储蓄的认同是现代西方文明的一个重要特征；富裕的人为了名声而省吃俭用，人人都想节约，因为"那就是要做的事情"。这一次，庞巴维克所列举的饥荒例证肯定又要失之荒谬了；没有人希望三顿饭都

---

① 当然抽象了风险和管理费用。
② 《资本实证论》，第253页。
③ 同上书，第254页。
④ 在庞巴维克看来，这是三个因素中最弱的一个，而且它会由于人们关注遗产继承而变得更弱。
⑤ 《资本实证论》，第258~259页。

在早餐吃，而不是在类似更长的时期内分成早餐、午餐和晚餐。庞巴维克的基本错误在于他的假定：只能在**完全现在和完全以后**之间作出选择，而实际上这里的基础是对全部时间的统一分配。①

庞巴维克所谓人们偏好现在物品的第三个理由②是现在物品对未来物品具有技术上的优越性，对这个理由已经发表了大量有高度批判性的文献。他的前两个因素可能是（在我看来肯定是）荒谬的，但它们（与利息问题）还是有关的，而这第三个因素即技术优越性与利息问题是否有关系，则一直受到人们质疑。③

当平均生产时期增加时，总产品会无限制地增加，但其增加的比例是递减的。④ 从其生产理论得出的这个前提，就是庞巴维克的现在物品比未来物品"技术上的优越性"这样一个与供应和前景无关的要素的基础。⑤ 这个论据可以表四说明。现在的生产性物品

---

① 后来就不太注意这个理由了，因为受到了有力的批判。参看奈特：《风险、不确定性和利润》，同上，第 130 页特别重要。鲍尔特基维茨指出了（同前书，第 948~949 页）它的前后不一致：第一个理由只适用于货币经济；第二个理由也不能被认为得到了证实，除非所观察的经济中不存在利息，否则，这种"打折扣"的做法不过由于认识到现在的投资将带来利息。

② 庞巴维克在《资本实证论》第四版还提出了可能是"第四个理由"，或者也许是第三个理由中最重要的部分：消费物品耐久性的增加，但没有任何详细地讨论。参看同上书，第一卷，第 352~254 页；第二卷，第 25 页注；上文，第 208 对折页等。

③ 最重要的文献包括：费希尔的《利息率》，前引书，第 4 章和附录；鲍尔特基维茨的"基数论"，前引文，第 942~972 页；维克塞尔的"利息论"，前引书，第三卷，第 199~209 页。庞巴维克对前两篇批判的长篇回答，参见《资本实证论》（第四版），第二卷，附录十二。对庞巴维克同情的一般论述，见埃利克·冯·西弗斯的"利息论，庞巴维克对德国人批判的澄清"（耶纳，1924 年）。

④ 参看《资本实证论》，第 260~261 页，第 262 页注，第 269~270 页等。

⑤ 同上书，第五篇，第 4 章各处。

比在未来才能取得的具有更多的价值，因为在任何一个年度（现在或未来），我们从现有能够直接支配的生产性物品取得的产品，都会多于从后来得到的生产性物品取得的产品。这是导致低估未来物品的第三个独立要素。

表四　庞巴维克表示现在物品对未来物品的技术优越性的资料

年 份	一个月的劳动投资于下列年份所得的产量			
	1888	1889	1890	1891
1888	100	……	……	……
1889	200	100	……	……
1890	280	200	100	……
1891	350	280	200	100
1892	400	350	280	200
……				

不必详谈庞巴维克的申论，也无须仔细分析针对这一点所提出的批评，因为这个"第三点理由"并不重要，尽管庞巴维克相信它重要，还认为它是其利息论中的创新部分。① 由于使用更长生产时期而增进了资本生产率，这是一个（并不存在的）技术资料；软或硬这样的其他技术细节不能影响人的估价，上述资料也不能**直接**影响人的估价。更加生产性地使用物品的可能性（如果这些物品现在还没有被消费），只有通过第一条理由（即"需要和供应在现在和未来的情况"的差别）才能依据现在和未来物品的相对价值来实现。实际的问题，正如庞巴维克在同费希尔和鲍尔特基维茨的冗长和令人烦恼的争论中所承认的那样，是"……在既定情况下，加上我的第三条理由……会不会进一步影响现在物品价值的优越性"。② 至于其余的冗长论据，大体上都是其强烈欲望和论辩精神的展示，而且是以数学语言、基于对独立变量和暗含变

---

① 《资本实证论》，第 277 页注。
② 同上书（第四版），第二卷，第 283 页。

量的混淆而进行的。①

可以很简单地把第三个理由合并到第一个理由之中。② 更迂回的生产过程的生产率增加（服从于报酬递减），使得以相同资源在未来而不是现在可能提供更多的物品。因而，这个要素是第一个理由中低估未来的一个因素，或者宁可说就是它的**因素**，因为它增加了未来的供应。

从表面上看，这个做法可能没有提供什么真正的出路。在一个真正的静态经济中，可以断定资本主义生产方法是固定的。因此，当用这种方法从现有资源中取得更多的产品时，这种增加是在**所有的时间**得到的。具体来说，让我们假定一个三年期的生产过程（见表四），它能带来产量 280，与之对照的是一年期的产量 100。这样，我们在 1890 年可以指望在 1892 年得到回报 280，但是，在 1890 年我们已经从 1888 年的投资 100 中获得回报 280。无论我们何处打断一个静态经济，供应流是不变的。这个思路在熊彼特的理论中是重要的，而庞巴维克对此表示强烈反对。③

最后这个反驳第三条理由的思路显然是不妥当的。即使资本供应是绝对固定的，利息也会形成，除非一个经济不能生产地利用更多的资本。只有在所有的物品都是自由（免费）物品，即不再可能用资本来替换其他要素时，这种情况才能出现。在没有出现

---

① 哈伯勒教授在评论费希尔的《利息理论》时发现，企图用"确定的经济时期"这个概念来逃避循环论证的指责，认为"确定的经济时期"引出了基于第三个理由的对现在物品的偏好超过对未来物品的偏好。然而，作者认为看不到不用利息率来定义这种时期的可能性，而且这种利息率或是来自前两个理由，或是来自第三个理由——这样就陷进了循环论证。参看"欧文·费希尔的利息理论"，《经济学季刊》，第 45 期（1931 年），第 509~512 页。

② 维克塞尔首次提出了这个建议：《价值，资本和地租》，（耶纳，1893 年），第 84 页。

③ 参看"一个资本动态理论"，《国民经济、社会政治和管理杂志》，第 22 期（1913 年）。比较庞巴维克的观点，同上文，第 1~62、640~656 页；熊彼特的回答，同上文，第 599~639 页。

这种情况的场合，利息就是为取得资本的经济配置的必要价格；反过来，只有通过这种价格机制，资本的供求才能相等（在没有配给的条件下）。

庞巴维克关于未来的精心讨论的真正令人惊讶的方面，竟是他自己理论中实际上被忽视的东西！在关于决定利息率的一节中，他假定供应的资本归那些不懂得未来的人所掌握，① 而对资本的需求则主要来自企业家。现在物品的技术优势变成了利息的直接决定者，完全忘记了前面的循环论证。

在这里考察一下庞巴维克的低估未来分析对储蓄问题暗含的意义，也许是最合适不过的了。这整个分析都是就现在和未来**物品**之间交换，就现在的商品与在未来某个时点的同一商品的比较来进行的。②

在这种比较中有两大弱点呈现出来。某个具体物品很难想像在不同的时点上相等（说的是一定的货币收入）；个人的效用表面上是随着时间而改变的，比较不同日期之间的效用是困难的，如果不是不可能的话。比较**时间**也是如此：同现在相比的是什么样的未来日期或时期呢？正如维克塞尔所说，这里的"困难显然来自未来物品的供应和消费时期都是完全不确定的"。③ 摆脱这些困难的出路在于采取更合适的储蓄概念，例如现在的既定收入与更大的未来潜在收入的交换，也就是承认储蓄涉及真正的节欲。

利息率的决定

庞巴维克利息论的基础已如上述；我们现在可以转向最后部分，利息率的决定。在论述这个主题之前，最好是将前面分析的

---

① 《资本实证论》，第 315~316、330、382 页。
② 我想，今天的经济学家们都会同意，与储蓄相关的"节欲"不是真正的节欲，就是说，没有最终放弃提供物品的享乐……〔"储蓄函数"，《美国研究院年鉴》，第 17 期（1901），第 460 页〕。
③ 《政治经济学讲义》（纽约，1934 年），第 169 页。

线索以命题的形式作一小结:

第一,在庞巴维克看来,所有的财富(或资本)实际上是由劳动者和(在相对微不足道的程度上)土地所有者和资本家的生活资料构成的,这些财富不是突然获得的,实际上是在未来随意获得的。

第二,从一定量劳动上取得的产量会随着生产时期的扩大而增加,但增加的比例递减。

第三,假定劳动量保持不变,则所有增加的资本一定用在扩大生产时期;反之,生产时期的所有扩大则要求增加资本。

220 这些命题与古典工资基金学说是非常相似的。重要的区别在于生产时期的可变性。一个经济的所有财富或资本,事实上就是为雇用劳动在时间——消耗过程中可得到的生活基金;这是第一个假定条件。① 另一方面,劳动的雇用者企业家将需要这些生活资料,以便能够延续报酬更高的生产方法。② 扩大生产时期的生产率为估价这些生活资料的用途提供了一种数量根据。"在生产借款中……重要的事情是得到借款的人所采用的生产方法和得不到借款的人所采取的生产方法在生产率上的差别"。③ 如果利息率十分低,这种生产需求就是无限的:"……至少当生产报酬随生产过程的延长而增长时,需求量就会继续增长,而这个限度就是在最富的国家内,也是远远超过当时的财富量的。"④ 因此,利息必然出现,否则就会追求很长的要求比现在更多资本的生产过程。⑤ 从这个观点来看,利息的功能就在于确保生产时期的长度在整个投资领域内被

---

① 还可参看《资本实证论》,第 322、330 页。
② 同上书,第 332~333 页。
③ 同上书,第 376 页。
④ 同上书,第 332 页。
⑤ 同上书,第 333~335 页。暂时忽略工资率的决定。

适当调整到可得到的生活资料量。每个工业的生产函数将决定它将能够成功地为之竞争的资本量。

只剩下决定利息率的特殊均衡问题了。① 假定,如庞巴维克所说,② 资本量是固定的,则利息率的决定是明确的。"利率——根据已作出的假定,受制于并决定于经济上容许的最后一次延长的生产过程的生产率,以及经济上不容许的进一步延长的生产过程的生产率"。③ 算术例证说明了这种理论的应用(见表五)。这张表有四个假定:劳动是所使用的唯一生产要素;④ 劳动是要整个生产时期投入的,所以只需为半个生产时期投入总资本就可以了;⑤ 所有工业部门的生产率是相同的;⑥ 物质生产力和价值生产力是成比例的。⑦ 我们还必须知道可得到的资本和劳动总额;庞巴维克选择的是 1 500 万美元和 1 万名劳动者。

决定利息率的均衡点,将是劳动供给恰好等于劳动需求的那一点(即提供的工资或总生活资料);竞争促成了均衡的建立。⑧ 在 1 年生产期,劳动者能够(也是竞争使然)得到的工资是 350 美元减去工资预付的利息;10 年期的工资则是 700 美元减去利息——在每个场合他所得到的都是被打了折扣的产品。⑨ 可见,支付的最

---

① 《资本实证论》,第七篇各处。
② 同上书,第七篇,第 2 章。
③ 同上书,第 393 页。加上最后这一条是为了满足生产时期延长的不连续性问题,即时期的"边际对偶"决定利率的问题。"容许的"一词应当代之以"在竞争条件下所容许的"。
④ 同上书,第 381 页。
⑤ 《资本实证论》,第 379 页注。
⑥ 同上书(第四版),第一卷,第 344 页注,第 441 页注。这个可容许的方法论步骤在《历史》中作为生产率论的基本缺点受到了强烈攻击,参看《资本和利息》,第二篇,第 2 章。
⑦ 《资本实证论》,第 384 页特别重要。
⑧ 同上书,第 384 页极为重要。
⑨ 这显然不是边际生产率工资论,因为劳动是唯一的物质生产资源。可以称之为打折扣的边际生产率论。

表五

为决定工资率和利息率而假设的数据

生产时期（年）	每个工人年产品（美元）	年工资 300 美元			年工资 600 美元			年工资 500 美元		
		按每个工人计算的利润（美元）	工人人数	总利润（美元）	按每个工人计算的利润（美元）	工人人数	总利润（美元）	按每个工人计算的利润（美元）	工人人数	总利润（美元）
1	350	50	66.6	3 333	−250	33.3	亏损	−150	40	亏损
2	450	150	33.3	5 000	−150	16.6	亏损	−50	40	亏损
3	530	230	22.2	5 111	−70	11.1	亏损	30	13.3	400
4	580	280	16.6	4 666	−20	8.3	亏损	80	10	800
5	620	320	13.3	4 266	20	6.6	133	120	8	960
6	650	350	11.1	3 888	50	5.5	277	150	6.6	1 000
7	670	370	9.5	3 522	70	4.7	333	170	5.7	970
8	685	385	8.3	3 208	85	4.1	354	185	5	925
9	695	395	7.4	2 925	95	3.7	351	195	4.4	866
10	700	400	6.6	2 666	100	3.3	333	200	4	800

终工资和设定的利息率是相互依存的。

假定年工资（率）是 300 美元。拥有 1 万美元资本的企业家为 1 年期雇用 66.6 个劳动者，为 2 年期雇用 33.3 个劳动者，等等。① 他将选择其中能带来最大纯收入的生产时期。如表所示，这将是 3 年期，从中可得 5 111 美元或 51% 的纯收入；如果工资是 600 美元，最大收入（354 美元或 3.5%）则可在 8 年期获得；工资如果是 500 美元，则会选择 6 年的生产期（纯收入 1 000 美元或 10%）。

工资率和利息率的大部分组合（数目无限）将不可能利用全部资本或全部劳动。例如，工资是 300 美元时，1 万美元将雇用 22.2 名工人，总资本是 1 500 万时，将雇用 3.33 万名工人。但只有 1 000 名工人，所以资本不能被全部使用，而工资却由于资本家的喊价而被迫上扬。在工资是 600 美元时，1 万美元能雇用 4.16 名工人，总资本只能雇用 6 250 名工人，为雇用而竞争迫使工资下降。在工资为 500 美元时，1 万美元将雇用 6.66 名工人，于是总资本利用了全部劳动者，这是唯一的均衡点。

应当指出（尽管庞巴维克没有这样做），500 美元不是唯一能使资本和劳动同时被全部利用的工资率。在任意工资率的假定下，总会存在这样一个生产时期，终于可用 1 万美元雇用 6.66 名工人。例如，在 300 美元工资时，一个 10 年期的生产过程将可雇用大约相同数目的工人；在 600 美元工资下，这种生产过程是 5 年期。但是这些都不是竞争条件下稳定的均衡点。在前一种场合，如果他当初选择的是 10 期生产过程，他便会以缩短生产时期和增加劳动力的办法，以原有投资取得更高的回报率。但是，劳动者被抽走后，其他资本家就没有足够的劳动来继续进行 10 年期的生产过程

---

① 据下面这个简单的公式可算出用 10 000 美元所能雇用的劳动者人数，工资率和生产时期均假定为已知：

$$N = \frac{2 \times 10\,000}{t \times w}$$

其中 N 是工人人数，t 是年数，w 是年工资率。

了。这些资本家只好提高对这些劳动报酬的喊价,而这又会使他们没有足够的资本来雇用 10 年期所需要的劳动者了。通过这种竞争,工资将被提高,利息被压低,直止达到独一无二的均衡点。①

还可以用另外一种方式决定利息率。延长生产时期要求每年每个工人(增产)250 美元,如果年工资是 500 美元的话。原先 5 年期延长一年,可增加产量 30 美元,或者 250 美元的 12%。再延长一年可得 20 美元,或 8%。因为市场利息率是 10%,所以后面这个延长将不会被采纳,而且,一般来说,对于任何生产者来说,把他的生产时期延长到超过资本供给所容许的时期都是不合算的。因此,"利息率是由最后一次延长的可容许生产时期的剩余收入决定的"。② 这个公式,作为对均衡点的一种**描述**(假定生产时期可连续延长)是对的,但是,如维克塞尔所说,它在下述意义上又是不对的:额外增加的资本将会取得以这种方式决定的收入。因为增加资本也要增加工资率,从而减少生产时期的实际长度,在这个长度内可以不增加工资。因此,增加的产品与增加的资本投资的比例总是低于利息率的。③

决定利息率的数据被总结为三点:"……国家维持基金越少,该基金所雇用的工人人数越多,生产时期进一步延长所得的剩余收入越高,那么利息就越高。"④

---

① 比较 J. 林德贝克相反的结论:"庞巴维克的资本理论",《国民经济杂志》,第 4 期(1932~1933 年),第 501~514 页,特别是第 504~505 页。林德贝克认为,资源充分利用的所有各点是稳定的。这种观点有两点错误:一他假定整个市场上的工资和利息不需要统一;二他没有看到工资一超过 300 美元,既定的资本就不足以雇用 10 年生产期的全部工人了。
② 《资本实证论》,第 394 页。
③ 比较维克塞尔:《价值、资本和地租》,前引书,第 108~113 页,为此所作的数学说明。但庞巴维克仍然保留这种表述形式,拒绝接受维克塞尔的(在我看来是)无可辩驳的分析。参看《资本实证论》(第四版),第一卷,第 455 页注。但在另一角度上,对工资率的影响又是承认的,同上书,第二卷,第 36 页注。
④ 《资本实证论》第 401 页。

在庞巴维克为这个理论所加的种种限制和论辩细节中，有一个是承认各种商品的生产函数并不一致的。① 这里理论上的唯一变化是：各个生产时期的长度并不相同；资本总额的配置将使剩余（边际）收入在所有工业中相等。

第二个限制涉及对资本的非生产需求，对劳动者和资本家的消费和生活需求。② 消费信贷需求不过是资本总需求的一部分，它们会减少用于生产的资本额，从而提高利息率。如果地租是（事先）**预付的**，则土地所有者的需求（对利息率）会有同样的作用；如果他们靠自己的劳动生活，或者他们是在生产时期结束**以后**被支付的，那么他们（对利息率）便没有影响。③ 最后，资本家的预付对利息率的影响，同消费信贷的影响是一样的，除非在它们能够吸引利息之前利息率就已经首先存在了。④

尽管庞巴维克用了很多篇幅批判生产力利息论，但他分析的理论显然同他承认的理论是一样的。⑤ 关于决定利息率的最后这一节是他最好的经济论证，比他对分配、生产和低估未来的分析要简

---

① 《资本实证论》，第 305~311、404~406 页。
② 同上书，第 407~410 页；又见第 373 页。
③ 这里显然完全混淆了静态条件和资本积累的条件。如果土地所有者在使用其土地上作了预付，他们显然是作为资本家在行动，而且事先已经增加了资本额。维克塞尔的批评基本是就是这样的："作为土地租金支付的那部分资本，连同生产中实际使用的资本，从生产的纯利润中取得利息。"（《价值、资本和地租》，同上，第 124 页注）。但庞巴维克拒绝承认这个批评的正确性；参看《资本实证论》（第四版），第一卷，第 470 页注。
④ 问题的条件（究竟是静态还是动态？）也模糊不清。如果资本家消费他自己的收入，也就是说没有资本积累，那么利息率就不会受到影响。
⑤ 当维克塞尔和皮尔逊指出他的理论实质上就是生产力利息论时，庞巴维克回答说："我不会坚决拒绝这个（指责），除非也许依照我的观点，'资本的生产性'对利息的形成绝非直接的也不是唯一的根据。"资本的消费需求（信贷的另一个理由）的影响相对较小，像他所承认的那样，而且"直接作用"问题是不重要的。参看《短文集》，第 37 页注，第 39 页；《历史及批判》（第三版，1914 年），第 705 页注。

单明了、前后一致和深入透彻多了。但他的前提（包含在分配和生产理论中）是完全错误的。因此，尽管他对一般均衡问题的分析显得非常机敏和相当（如果是不自觉的话）深入，但对其实质内容必须加以拒绝。①

---

① 庞巴维克完全没有考虑单个投资的生产时期，而且一般来说也无须在此讨论。参看 K. 鲍尔丁："时间和投资"，《经济学》，N. S. III（1936年），第 196~220 页。

第9章　里昂·瓦尔拉斯

里昂·瓦尔拉斯是主观价值论最著名的发现者之一。① 然而，在盎格鲁-撒克逊国家，他的这个名声多半是基于道听途说；以英语撰写的一般经济思想史对他的著作只是一带而过；但他在欧洲大陆受到了热忱地对待，许多意大利经济学家，例如帕坦里奥尼、巴罗内和帕累托，如同瑞典的维克塞尔和法国的安东尼利一样，都承认受惠于他。但在美国和英国，瓦尔拉斯（像戈森和杜能一样）虽常被提及，但甚少征引。

他在操英语的国家之所以只有一个虚名，当然多半应归因于他使用的是母语——法语，也同他热衷使用令人发怵的大量数学公式有关。瓦尔拉斯在数学上比杰文斯更胜一等，但他的论述是粗糙的和冗长的。瓦尔拉斯用一百五十多页的篇幅来概述消费者市场

---

① 关于瓦尔拉斯的生平和书信，参看 W. 贾菲的"瓦尔拉斯未发表的论文和书信"，《政治经济学杂志》，第 43 期（1935 年），第 187~207 页；又见 J. R. 希克斯："里昂·瓦尔拉斯"，《计量经济学》，第 2 期（1934 年），第 338~348 页。E. 安东尼利：《纯粹政治经济学》（巴黎，1914 年），其中有对瓦尔拉斯《纯粹经济学要义》（洛桑，1926 年）的一个恰当的半数学的总结，还提供了一些有关瓦尔拉斯生平的资料。

的一般交换均衡体系；同样的问题，维克塞尔只用了大约二十页，埃奇沃斯则以一个脚注了事！不能期望发现者的著作有如后继者的那样雅致，但他在不必要地坚持数学方法上的确表现得格外地顽固。

另外，瓦尔拉斯作为经济学家的名声几乎完全是基于他的理论研究。杰文斯的名声有很大一部分是来自他关于煤的问题、货币问题和指数问题的著作。门格尔很快就赢得了一批热情的门徒，他还是"方法论争论"中的主角。但是，瓦尔拉斯在其 *Sprachgebiet* 问世、纯理论远未繁荣起来之时，就已经保持了很高的抽象水平。我们还可以指出，瓦尔拉斯基本的理论贡献——一般均衡概念——在其追随者手中得到了更简单明了地表述，只有历史学者才追溯到他的《纯经济学要义》，但是，应当强调指出这是对其疏忽的解释，而不是为其辩护；拿我来说，我就以为瓦尔拉斯的贡献远在帕累托之上。

本章将顺着瓦尔拉斯的思路，着重论述和分析他的一般均衡理论。他的成本和收入理论的某些内容将收集在下面，不过这些"特殊的"理论在他的思想中起的作用很小。①

成本与收入

瓦尔拉斯很少注意成本的性质问题。对一般均衡问题的偏好使他忽略了相互决定问题之外的几乎所有经济问题。② 不过，《要义》相当明确地将选择成本论应用于资源配置问题。"在这种自由竞争

---

① 1926 年版《要义》是资料的主要来源，所有参考资料出处均指该书，除非另有说明。第一版（1874 年）和第三版（1896 年）已经读过，但未作核对；威廉·贾菲教授为其即将问世的译本作了许多不必要的原文注释。感谢洛桑的 F.罗杰出版社应允我引用《要义》一书。

② 这个说法对其效用分析不太适用，但仍没有重要例外地适合于描述其生产理论。

制度下，如果一些企业的商品售价高于其生产成本，就会带来**利润**，企业家会扩大或发展他们的生产，这会使产量增加，从而迫使价格降低，并减缓扩张；如果一些企业产品的生产成本超过其售价，就会造成**亏损**，企业家就会转移或限制他们的生产，提高价格，并再次减缓扩张"（第194页；又见第394页）。同样的过程，即来自各种资源不同用途的收益均等化过程，也会在所有非专业资源中发生。特别是劳动，它就是非专业化的。"大多数人在选择一项职业时究竟在考虑什么？准确地说，能拿多少工资；就是说，在那个岗位上生产服务的价值"（第396页）。在专业化资源的场合，它们的价格只由产品的价值决定（第396页）。

另外，选择成本理论暗含在个人的一般需求方程式中。[①] 表现满足最大化条件的这些基本方程式说明，每种资源的所有者会将其资源保留在这样一个数量上，促使其对直接消费的边际效用，与从使用生产中的其他资源得到的收入的边际效用相等。这种"交换方程式"被应用于所有类型的土地、劳动和资本。

然而，这些方程式可以被解释为包含着一种选择成本论或真实成本论。它们是以效用来说明的，但它强调的是空闲的选择和各种工业职业的特殊生产服务之间的边际的相等。这里再次提出了配置生产服务的两个问题：第一，决定一定量生产资源在空闲和各种货币用途之间的配置；第二，决定这些服务在各种货币用途之间的配置。关于第一个问题（瓦尔拉斯讨论的就是这个问题），这里指出这一点总是不会错的：正确表示的真实成本论与选择成本论在术语上是有区别的。例如，可以说劳动供给既受心理代价的限制，也受可供选择的各种休闲安排的限制。两者的结果表面上是相同的，但是，选择成本方法还是占着一定的优势。它不会引诱人们去探究心理投机，或者构建类似"生产者剩余"这样的

[①] 参考本书第198~200页。在别处承认劳动小时的刚性，但是没有直面这个问题。参看《应用政治经济学研究》（巴黎，1936年），第275页。

非正常商品。选择成本理论还合适地强调了这样一个事实：与工业竞争使用某种资源的任何事物都会减少它的供给，而真实成本理论则从与之不相干的心理考虑（即令人厌恶的感觉）入手。第二个问题即（在各种货币用途之间）配置生产服务的问题，瓦尔拉斯给出的分析是不恰当的；关于真实成本理论在出现分工条件下所遇到的困难，可以提出一个参考书目。①

应该注意，瓦尔拉斯顺从当时的做法，是在比例的意义上给报酬递减下定义的（第405、408~491页）。②

生产要素及其服务

瓦尔拉斯对生产要素及其服务的讨论是他对生产理论作出的最有价值——至少是最值得称赞——的贡献之一。他是根据资源及其服务的基本二分法构筑理论的第一人。资源或服务的源泉被称作资本："……一般来说，**固定资本**或**资本**就是所有的耐久物品，就是各种形式的没有被消费或只能在长期内消费的社会财富，就是数量有限的所有效用，这些效用在最初的使用之后仍然存在，一句话，它能提供不止一次的服务……"（第177页）。这样就在分

---

① 关于这一点，参看 F. H. 奈特："（维克塞尔重印的）政治经济学常识"，《政治经济学杂志》，第42期（1934年），第660~673页。埃奇沃斯在对《要义》再版的评论"政治经济学的数学理论"〔《自然》，第40期（1889年），第435页〕中暗示说，瓦尔拉斯完全忽视了对反效用的考虑。L. v. 鲍尔特基维茨在表面评论同一本著作而实际上祖护瓦尔拉斯并批评埃奇沃斯时，指出了瓦尔拉斯方程式中暗含的成本理论。参看鲍尔特基维茨：《政治经济学评论》，第4期（1890年），第83~84页。埃奇沃斯的回答在这一点上是含糊其辞的，见他的文章："供给的数学理论"，同上，第5期（1891年），第10~28页，但在其《与政治经济学相关的论著》（伦敦，1925年），第二卷，第311~312页，这个批评完全删掉了。

② 他对生产函数的讨论一般来说也是无例外地这样做的。参看第374页；又见本书，第219页。

析上将这些资源及其提供的服务区别开来了。这些服务或收入包括"各种形式直接消费的社会财富,各种一经使用便不复存在的稀有物品,简而言之,它只能提供一次服务……"(第177页)。如果一处房产是资本的话,那么它在一定时期内所提供的各方面保护就是它的服务或收入。一定量资源是用作资本还是服务,取决于如何使用它们。一颗果树是资本,但是如果被砍倒,作了燃料,这就形成了它的服务。资本物品及其收入可以是非物质的,但在它们之间有一个基本区别:"资本的本质在于产生收入;收入的本质在于它直接或间接地来自资本。"(第178页)。也就是说,资本可以连续不断地提供各种用途,而其每次使用就是服务或收入。

区分资源及其服务对生产理论来说是基本的,因为企业家需要的只是服务,即资源的暂时使用。但瓦尔拉斯的标准,即一定量资源的经济用途数量,是完全不能令人满意的。从经济观点来看,服务的数量是偶然的;基本的区别与资本物品展开服务的时间期限有关。如果期限短,那么形成的就是该资本品的消费及其服务。如果期限相当长,而且要检测该服务的贬值是否与其总价值的区别很大,则服务就必须被分别对待。服务总是一个基本概念;资本价值则是派生的。即使瓦尔拉斯区分资本和服务的理由有些勉强,但这种区分是非常重要的。①

资本品和服务各自分成三部分:土地、劳动和资本自身(第179~181页)。瓦尔拉斯对这种区分的解释是很肤浅的。"土地"只包括未经改良的地域,它有可扩展的特点(第184页)。除了不多的例外,② 它不能被生产和破坏(第182、246页)。人力资本是

---

① "在我看来,这是所有纯粹经济理论的关键。如果忽视资本品与服务之间的区别,特别是如果拒绝承认在物质收入之外,资本的非物质服务也是社会财富,就会取消了任何科学的价格决定理论"(第11页)。贾菲认为(前引书,第190~191页),瓦尔拉斯对资本品和收入的区分是来自其父奥古斯特·瓦尔拉斯的著作。

② 这些例外的性质是自然的:土地由沼泽地排水而成;土地因地震和水灾而被毁坏(第182页)。

自然的，但可因使用或偶然事件而遭破坏。① 人为资本物品或资本物品自身是被生产出来的，也是可被毁坏的（第183页）。在瓦尔拉斯所说的形式上，这种宽泛的区分没有可以辩护的余地，也不值得予以进一步注意。②

在这三种类型资本物品的基础上，他又对物品和服务作了更细致的分类，可将这种分类的一般概念总结如下：

第一，用于消费的土地资本，例如，公园或住宅。

第二，用于消费的人身资本，例如，家庭佣人或公共官员。

第三，用于消费的资本自身，例如，房屋、家具和衣物。

第四，用于生产的土地资本，例如，农业土地。

第五，用于生产的人力资本，例如，劳动者。

第六，用于生产的资本自身，例如，建筑物、工厂和机器（第185~187页）。

在所提的其他许多种服务中，有两种值得在此一提。第一种是消费品，包括消费者手中不耐久的消费品，例如面包、肉和酒等等（第178、181、186页）。第二种收入包括生产中使用的不耐久的原料，例如燃料、种子等等（第181、186页）。这种延伸的分类（这里提出的只是一部分）是以往经济思想的遗迹，它在瓦尔拉斯的生产分析实际上没有起什么作用。

---

① 他承认"越来越被接受的一般道德原则"，人身不能被买卖，也不能基于经济理由像国内动物一样被生产。不过，他将人身资本包括在资本之内，因为个人服务出现在市场上，而且是评价个人资本的基础（第183页）。瓦尔拉斯的下述说法也不能令人信服：经济学是一门抽象掉正义和利益及现实主义的科学。不过，人身资本在他的理论中只起一种形式的作用。

② 他看来还接受（不太坚持）"原始要素"理论，这与他喜爱的土地国有化纲领有关。参看《应用政治经济学》，第470页。

生产的一般图式

瓦尔拉斯对经济理论的最伟大贡献之一,就是明确描述了在一种竞争经济中生产的性质。但在概述这种理论以前,有必要跟着他先谈一下企业家的职能。企业家是从所有者手中雇用各种资本物品服务的人。从理论分析上说,这种合作的职能同资源所有权可能而且一定可以完全区分开来,尽管"在实际生活中"企业家肯定可以拥有他自己的资源,而且履行着某些管理劳动的职能(第 191 页)。

在企业经济中存在两大类市场。第一类是服务市场(第 191 ~ 192 页)。在这种市场上,各种资本物品(包括劳动者)所有者作为资本服务的卖者出现,企业家则作为买者。指出这一点是重要的:出卖资本服务并不必然涉及出卖资本物品。瓦尔拉斯适当强调了区分(资本)物品及其服务的必然结果:

> 各种服务,由于它们一经提供便不复存在,所以只能被出售或者提供出去……资本则相反,由于它们在首次被用于制造之后仍然存在,所以它们可以被雇用,无论是以令人烦恼的代价还是完全免费……出自资本物品的雇用是该资本的服务的转移(第 190 页)。

每一种资本物品服务的价格将确定在其供给和需求相等的均衡。对土地服务来说,这些价格被称为地租,对人身服务就是工资,对资本自身服务就是利润。

第二个市场是最终产品市场(第 192 ~ 193 页)。在这个市场上,企业家作为卖者出现,而资源所有者则是买者,因此,在该经济之内物品的流通是完全的。这里会再次出现供求相等的均衡价格。

这两个市场有两方面的关系。资源所有者"以其在第一个市场从他们的生产服务所获得的货币……到第二个市场购买产品，而企业家则以其在第二个市场从他们的产品所得到的货币，到第一个市场购买生产服务"（第193页）。关于资源和产品市场之间的第二方面关系，他以肯定的词句总结说："企业家是没有赢利也没有亏损的。"（第195页）。不赢不亏，价格等于成本，"这是一种理想状态，但不是真实状态"（第194页）。但是竞争会促使出现这种状态，因为利润会促使产品扩大和价格下降，而在亏损时情况则相反。

从这种生产的一般图式，瓦尔拉斯进而论到他对相关关系的数学理论。我们在下一节就来讨论瓦尔拉斯的第一个详尽的基于固定生产技术系数假定的理论，而瓦尔拉斯基于可变生产系数的生产理论，我们将在第12章中加以讨论，瓦尔拉斯的这个理论最初是在《要义》第三版（1896年）著名的附录中提出来的。

生产理论

瓦尔拉斯在其一般生产方程式中所使用的符号如下（第208页极为重要）：

1. m 个最终产品：

    A，B，C，……一定时期内的消费品。

2. n 个生产服务：

    T，T'，T''，……每单位时间的土地服务；

    P，P'，P''，……每单位时间的劳动服务；

    K，K'，K''，……每单位时间的资本服务。

3. 效用函数：

    $r = \phi(q)$ ——个人对任何物品的边际效用函数。

这里暂且指出，个人对生产服务和消费物品拥有一种效用函数。这种理论常常被归给维克塞尔，但在《要义》中已有明确的表述。①

4. （提供给个人的）价格：

$$p_t, p_{t'}, \cdots\cdots$$
$$\left.\begin{array}{l} p_p, p_{p'}, \cdots\cdots \\ p_k, p_{k'}, \cdots\cdots \end{array}\right\} 生产服务的价格;$$

$p_b, p_c, \cdots\cdots$ 消费物品价格。②

5. 个人最初拥有量：

$q_t, q_k, q_p, \cdots\cdots$ 生产服务量。

6. 需求和供给量：

$o_t, o_p, o_k, \cdots\cdots$ 提供的服务量（如果是正值）或需求量（如果是负值）；

$d_a, d_b, d_c, \cdots\cdots$ 以均衡价格所需要的最终物品。

7. 生产技术系数：

$$\left.\begin{array}{l} a_t, a_k, a_p, \cdots\cdots \\ b_t, b_k, b_p, \cdots\cdots \end{array}\right\} \begin{array}{l} 生产技术系数，即进入每单位产品 \\ A, B, C, \cdots\cdots 的生产可变要素 \\ (T, P, K) 的数量。 \end{array}$$

在《要义》前三版，这些系数被假定决定于技术因素，尽管承认它们实际上是可变的。例如，在第三版，③ 瓦尔拉斯说：

"这个条件（即选择系数以使生产成本最小化）是容易表现的，即列出与要决定的生产系数同数的方程体系。

---

① "服务本身对每个人有直接的效用。人们不仅可能想雇用或持有全部或部分的土地服务，他的个人才能，以及他的资本，而且，如果他愿意，他还可能取得土地、劳动和资本的服务，不是起企业家的作用将它们转变成产品，而是作为消费者直接使用它们，也就是说，不是把它们作为生产服务，而是作为消费服务"（第 209 页）。

② 所有价格都是以商品 A 这个"计量者"定义的，所以 $p_a = 1$。参看第 48 页及其他各页，还有第 150 页及其他各页。

③ 同一段落出现在第一版的第 249 页。

为了简化起见，我们将抽象地假定，上述系数值是已知的，而不是该问题的未知数。"（第232页）。

只是在第四版（1900年）和修订版（1926年），才作出了决定随后这些生产系数的承诺。①

现在，很容易表现个人的一般均衡条件了（第210~211页）。在这里抽象了资本品的分摊和维护问题，也抽象了新储蓄问题（第209页）；这些问题随后在资本理论中再来研究。首先，个人要服从于他的预算方程：

$$o_t p_t + o_p p_p + o_k p_k + \cdots\cdots = d_a + d_b p_b + \cdots\cdots \quad (1)$$

这就是说，他的支出必须等于他的收入。另外，"满足最大化"的一般条件要求各种物品和服务的边际效用与其价格成比例。② 这会导致 $n+m-1$ 个这种类型的方程：③

$$\begin{aligned} \phi_t(q_t - o_t) &= p_t \phi_a(d_a) \\ \phi_p(q_p - o_p) &= p_p \phi_a(d_a) \\ &\cdots\cdots\cdots\cdots\cdots \\ \phi_b(d_b) &= p_b \phi_a(d_a) \\ \phi_c(d_c) &= p_c \phi_a(d_a) \\ &\cdots\cdots\cdots\cdots\cdots \end{aligned} \quad (2)$$

这样就有 $m+n$ 个方程式，求解 $m+n$ 个未知数 o_t，o_p，o_k，……；d_a，d_b，d_c，……。这些未知数可用对个人是固定的和已知的价格来表现，于是，可得出个人对生产服务的供给或需求函数：

$$o_t = f_t(p_t, p_p, p_k, \cdots\cdots, p_b, p_c, p_d, \cdots\cdots)$$

---

① 参看本书第12章。
② 主要参看：第81页特别重要，或者杰文斯：《政治经济学理论》（第四版，伦敦，1911年），第95页特别重要。
③ 没有"计量者"商品 A 的方程式。

$$o_p = f_p(p_t, p_p, p_k, \cdots\cdots, p_b, p_c, p_d, \cdots\cdots)$$
$$\cdots\cdots\cdots\cdots\cdots\cdots\cdots\cdots\cdots\cdots\cdots\cdots$$

以及对各种商品的需求函数：

$$d_b = f_b(p_t, p_p, p_k, \cdots\cdots, p_b, p_c, p_d, \cdots\cdots)$$
$$d_c = f_c(p_t, p_p, p_k, \cdots\cdots, p_b, p_c, p_d, \cdots\cdots)$$
$$\cdots\cdots\cdots\cdots\cdots\cdots\cdots\cdots\cdots\cdots\cdots\cdots$$

对商品 A 的需求可容易地从方程（1）中取得。

在市场一般均衡场合，可用另外三套符号表示：

$$O_t = \sum o_t; \quad D_a = \sum d_a; \quad F_t = \sum f_t$$

其中 O_t，例如，是 T 的总市场供给。一般市场均衡由以下四组方程确定（第 211~212 页）：

1. 所提供的生产服务量是价格的函数：

$$O_t = F_t(p_t, p_p, p_k, \cdots\cdots, p_b, p_c, p_d, \cdots\cdots)$$
$$O_p = F_p(p_t, p_p, p_k, \cdots\cdots, p_b, p_c, p_d, \cdots\cdots) \quad (3)$$
$$\cdots\cdots\cdots\cdots\cdots\cdots\cdots\cdots\cdots\cdots\cdots\cdots$$

共有 n 个方程式。

2. 所需要的最终产品量是价格的函数：

$$D_b = F_b(p_t, p_p, p_k, \cdots\cdots, p_b, p_c, p_d, \cdots\cdots)$$
$$D_c = F_c(p_t, p_p, p_k, \cdots\cdots, p_b, p_c, p_d, \cdots\cdots) \quad (4)$$
$$\cdots\cdots\cdots\cdots\cdots\cdots\cdots\cdots\cdots\cdots\cdots\cdots$$

和

$$D_a = O_t p_t + O_p p_p + \cdots\cdots - (D_b p_b + D_c p_c + \cdots\cdots)$$

共有 m 个方程式。

3. 所使用的服务量必须等于供给量：

$$a_t D_a + b_t D_b + c_t D_c + \cdots\cdots = O_t$$
$$a_p D_a + b_p D_b + c_p D_c + \cdots\cdots = O_p \quad (5)$$
$$\cdots\cdots\cdots\cdots\cdots\cdots\cdots\cdots\cdots\cdots\cdots\cdots$$

共有 n 个方程式。

4. 生产成本必须等于价格：

$$a_t p_t + a_p p_p + a_k p_k + \cdots = 1$$
$$b_t p_t + b_p p_p + b_k p_k + \cdots = p_b \qquad (6)$$
$$\cdots\cdots\cdots\cdots\cdots\cdots\cdots$$

共有 m 个方程式。

没有讨论个别企业的成本条件。①

在这个体系中共有 $2m + 2n$ 个方程式。其中有一个方程不是独立的，因而可以容易地消掉。如将方程组（5）中的每个方程分别乘以 $p_t, p_p, p_k, \cdots$，方程组（6）中的每个方程乘以 $D_a, D_b, D_c, \cdots$，各自分别相加，则两个方程组的数值应当一样，并最后导致方程组（4）的最后一个方程。② 剩下的独立方程只有 $2m + 2n - 1$ 个。

然而，这同未知数数目正好相等：

---

① 下面这段混乱和肤浅的评论取消了这个问题："因为我们假定企业家们不赢不亏，所以我们完全可以假设他们生产了相同数量的物品，在这种场合，每种物品的所有支出都可看作是成比例的。"（第 213 页）。瓦尔拉斯没有告诉我们它们的比例是什么。

② 这可以用两个商品和两种生产服务的场合来说明。方程组（5）分别乘以 p_t 和 p_p，变成：

$$a_t p_t D_a + b_t p_t D_b = O_t p_t$$
$$a_p p_p D_a + b_p p_p D_b = O_p p_p$$

同样，方程组（6）变成：

$$a_t p_t D_a + a_p p_p D_a = D_a$$
$$b_t p_t D_b + b_p p_p D_b = D_b p_b$$

左边两个数值显然一样，所以：

$$O_t p_t + O_p p_p = D_a + D_b p_b$$

这就是方程组（4）的最后一个方程式。

未知数	数目
1. 所提供的生产服务量（$O_t, O_p, \ldots\ldots$）	n
2. 最终产品需求量（$D_a, D_b, \ldots\ldots$）	m
3. 生产服务的价格（$p_t, p_p, p_k, \ldots\ldots$）	n
4. 最终产品的价格（$p_b, p_c, p_d, \ldots\ldots$）	$\dfrac{m-1}{2m+2n-1}$

这就是一般均衡理论。

一般均衡理论是一项令人印象深刻的成就。瓦尔拉斯是证明下述结论的第一人，即在完全竞争条件下，资源的充分利用与个人从其资源获得最大化收益的要求是可以兼容的。证明是极其严密的，但是，经济分析的基本概念，经济量的一般相互依赖关系，是以一种不用代数符号便不可能的方式提出来的。有些现代经济学家，热衷于构建和计算方程体系，总为他们的体系有解而兴高采烈，但我对这些人不甚同情。的确，除了强调经济现象的相互依赖关系以外，一般均衡论对经济理论的贡献不多；这个问题被过分复杂化了，以致不易从整体上加以把握。不过，这个特殊理论所描绘的一般均衡的性质是基本的；这样的思想必须出现在进行严密的研究之前。瓦尔拉斯的最大贡献就是提出了一种基本上新的思想，而这样的新思想在斯密以后的经济学史上是不多见的。

当然，实际论述有一些缺点。基本的一个是生产概念和陈述不恰当。生产技术系数不变的假定，取消了生产领域大部分有趣的和重要的问题。企业家不赢不亏是一个假定，而不是一个分析的论题。成本和价格之间微妙而复杂的关系也被排除了：这两者被定义为相等。

此外，这个体系还招来了一些对数学家而不是对经济学家更有意义的反驳。在这个体系中没有考虑自由（无偿）物品；不过，能够发现的唯一同需求有关的是既定的生产服务是否无偿的问题。考虑到这个遗漏，施莱辛格对瓦尔拉斯体系作了一个简单的修改。① 方程组（5）的第一个方程应当写成：

$$a_t D_a + b_t D_b + c_t D_c + \cdots\cdots + U_t = O_t$$

对该方程组其他方程也作类似改动。U_t 是 T 的未使用的部分，如果资源不是无偿的，U_t 将是零。这样就增加了 n 个未知数，但体系仍然有解，因为增加了 n 个这种类型的方程，

$$\text{当 } U_t > 0 \text{ 时，} p_t = 0$$

这就容易地纠正了这个遗漏。

　　第二个和更令人印象深刻的批评是：方程数目与未知数数目相等并不能保证存在唯一的肯定的解——它应当是一个明智的经济解答。② 瓦尔德（一位维也纳的数学家）指出，如果用下述在瓦尔拉斯理论中肯定暗含的假定，这样的解对瓦尔拉斯体系来说是存在的：③

1. 生产资源的供给是正值。
2. 所有的生产系数是零或正值。
3. 至少有一个生产服务进入每个商品的生产。
4. 需求函数 $f_i(d_i)$ 是据商品 I 的每个正值来定义的，而且总是正的、连续的和一直递减的。④

有必要作出深刻的分析以证明一个唯一的正值解，但这显然超出了瓦尔拉斯有限的数学工具的范围。对一般均衡"学派"的一个有趣的评论是：这样一个解答在该理论首次提出六十年后也不曾

---

① K. 施莱辛格："经济体系的生产方程式"，《一次数学讨论的结论》（K. 门格尔，维也纳），第 6 期（1933~1934 年），第 10~11 页。
② 事实上，方程式比未知数多或少都可以有一个可以接受的解答。
③ A. 瓦尔德："新生产方程式的一个明确的肯定的解"，《一次数学讨论的结论》，第 6 期（1933~1934 年），第 12~18 页。
④ 又见 A. 瓦尔德："数理经济学的一个方程式体系"，《国民经济杂志》，第 7 期（1936 年），第 637~670 页，以及那里引述的参看资料。

提出疑问，但也没有作出证明。无批判地接受并非不受欢迎，因为一般均衡的中心思想是正确的和重要的。但是，经验表明在将来把方程计算问题留给专业数学家可能是受欢迎的。

瓦尔拉斯没有把他的公式仅限于一般生产理论。"尚待说明的是……我们已经给出理论解答的这个问题，也是在市场上通过自由竞争机制实际解决的问题"（第214页）。在生产理论中，如在交换理论中一样，① 使用了一个精心加工的概念（tâtonnements）"近似"。近似理论旨在一般性地刻画经济制度如何从任何非均衡移动到最终均衡的地位。这是经济学动态理论本身的问题，就像用于机械学的动态一词一样，它表示在一定固定的制度下朝向均衡运动的轨迹。在经济学史上，瓦尔拉斯是对此提出一般解答的唯一经济学家。尽管他对这种方法作了详尽的讨论，但这里只需对其中心概念加以说明。

"近似"理论，除去其"华丽的数学外表"，可以很简单地加以表述。在均衡状态下有两个条件必须满足：所需要的生产服务量必须等于它们的供给；一个物品的生产成本必须等于它的售价。在第一个条件未能实现时，这些服务的价格将会提高，需求会超过供给；反之，价格就会下跌。生产量的变化（价格超过成本，则产量增加；成本超过价格，则产量减少）将同样会引导价格与生产成本相等。

埃奇沃斯根本拒绝这种近似理论并作了很好地论述：

> 他（瓦尔拉斯）花了三十五页篇幅阐述的一种思想，其实用几段话就够了。首先因为它不是一种很好的想法。作者想说的无非是一个市场杀价过程，经济体系通过它看来就可以达于均衡。现在，如杰文斯所说，交换方程式具有静态的而不是动态的特征。这个过程可以确定一个均衡位置，但它没有给出达到这种均衡的任何信息。瓦尔拉斯

---

① 资本理论也是如此（《要义》，第25讲）。

教授精心加工的讲义所表示的是降落到均衡位置的一个方式，而不是这种方式。①

瓦尔拉斯的示范说明了从非均衡回到均衡的可能性，但他没有证明均衡终将达到，也没有说明向均衡的运动不会影响最终的位置。这些极其重要的问题被认为是理所当然的。困难也许是无法解决的，但可以肯定的是，到目前为止，实现一般均衡的唯一令人满意的分析方法是埃奇沃斯的"契约"过程。②

瓦尔拉斯一般均衡理论的第二个缺陷是，对自由竞争会导致满足最大化的论证显得冗长乏味，而且是错误的（第8、22、26、27讲）。这个道德结论，如维克塞尔所说，③ 要求进一步假定所有的人具有相同的效用函数和相等的收入。对瓦尔拉斯关于满足最大化学说的详尽无遗的论证，最好是予以回避，后来多数经济学家也都是这样做的。

资本理论

瓦尔拉斯的资本理论是他对经济学的另一重要贡献。他从一开始就比几乎所有其他经济学家占有一种优势，即明确地和坚持一贯地在资本物品及其服务之间作出区分。这个正确的分析思路消除了正确定义资本方面的大多数问题，还适当地强调了利息问题的核心因素，即不断的纯收入。

资本物品被要求带来（消费）收入（第242页）。对耐久消费品（例如房屋）也是如此。瓦尔拉斯认为，"一个买房自住的人同另外两个人可以是无关的，其中一个人买房投资，另一个人则直

---

① "政治经济学的数学理论"，前引书，第435页；又见第231页注①中的其他参考资料。瓦尔拉斯的回答是很无力的（第472～473页）。

② 关于这个问题，可参看N.卡尔多的有趣论文："关于均衡决定的分类注释"，《经济研究评论》，第1期（1934年），第122～136页。

③ 《政治经济学讲义》（纽约，1934年），第1期，第79页特别重要。

接消费他的投资的服务"（第242页）。

在决定一项资本物品的纯收入之前，有必要从总收入中作两项扣除。① 第一项扣除是为折旧，第二项扣除是为防止意外（例如火灾）。扣除折旧容易进行，只需从年总收入中扣除摊销补贴即可，它"与资本物品的价格成比例"（第243页）。② 风险损失费用的扣除也是这样，它也与资本物品的价格成比例（第243页）。③

上述论证可用简单的代数式加以表述。以 P 表示资本物品价格，以 p 表示其年服务总值。以某个分数 μP 表示必须被扣除的摊销费用，以另一个分数 νP 表示必须扣除的风险费用。于是，纯收入 π 可定义为（第243页）：

$$\pi = p - (\mu + \nu) \cdot P$$

在投资率既定条件下，所有资本的价值与纯收入"严格成比例"。利息率则被定义为潜在纯收入与资本价值（仍然未定）之比，即：

$$i = \frac{p - (\mu + \nu) P}{P}$$

或

$$P = \frac{p}{i + \mu + \nu}$$

上述方程不足以决定两个未知数，资本价值（P）和利息率（i）。不过，在没有纯储蓄和负储蓄的静态经济中，不会提出这个决定问题，因为不存在资本价值。"在这种条件下，没有资本物品的买或卖，对这些物品来说，只有彼此按其纯收入比例进行的交换，而且，这种交换（在理论上没有存在的理由）还不会提供以"计量者"表示的任何价格"（第244页）。这是一个不规范的分

---

① 此后即在每年消费的服务（实物单位）乘以价格的意义上使用收入一词，而过去仅指服务（第242页）。
② 还假定这项补贴与该资本的生命期间成反比例。
③ 对土地没有必要作此扣除，已经指出过，瓦尔拉斯相信土地是永久的（第246页）。

析，它突出强调了资本市场的重要特征，指出其核心交换是潜在纯收入之间的交换；但它又错误地暗示说，在利息率未知条件下，有可能明智地规定维持和更新费用。

往下的分析限定于一种经济发展的场合——其中存在纯储蓄（第249、252页）。在这种经济中，将会以纯收入建设新的资本物品，并且有可能从这种投资中取得纯利息率。旧资本物品可以据其纯收入按新资本物品市场利息率的资本化来进行估价。①

新资本物品的基本条件是其生产成本等于其价格。再次假定新资本物品的生产系数已知而且不变（第247、256~257页），② 这个条件可以写成：

$$k_t p_t + \cdots\cdots + k_p p_p + \cdots\cdots k_k p_k + \cdots\cdots = P_k$$
$$k_{t'} p_t + \cdots\cdots + k_{p'} p_t + \cdots\cdots k_{k'} p_k + \cdots\cdots = P_{k'} \quad (7)$$
$$\cdots\cdots\cdots\cdots\cdots\cdots\cdots\cdots\cdots$$

如果有 h 种新资本物品，就有 h 个这样的方程。此外，还有另外 h 个方程（对每个人）用于表示按纯收入资本化来定义的资本价值。

$$P_k = \frac{\pi_k}{i} = \frac{p_k}{i + \mu_k + \nu_k}$$
$$P_{k'} = \frac{\pi_{k'}}{i} = \frac{p_{k'}}{i + \mu_{k'} + \nu_{k'}} \quad (8)$$
$$\cdots\cdots\cdots\cdots\cdots\cdots$$

瓦尔拉斯区分了个人收入超过其消费物品总支出的余额（即总储蓄③）和个人的纯储蓄（第248~250页）。只有在扣除了现

---

① 这被明确地用于估价土地和劳动（第246页），还有对现存资本物品的估价（第14、290~293页）；又见《社会经济研究》（巴黎，1936年），第278页特别重要。

② 关于建设期间的利息，参看本书第210页注②。

③ 如果 e 是收入超过消费开支的余额，r 是收入，则：
$$e = r - [(q_t - o_t) p_t + \cdots\cdots + (q_k - o_k) p_k + \cdots\cdots d_a + d_b p_b + \cdots\cdots]$$

存资本物品的全部折旧和风险费用后,才能确定纯储蓄。在接下来的方程中,具体论证用的是总储蓄而不是纯储蓄,但是,实际的数额只是将更新需求加到对新资本的纯需求上。

瓦尔拉斯在此提出了一个很有用的可称为潜在纯收入(E)的概念,其价格是利息率的倒数。对潜在纯收入的需求不过是观察对新投资物品需求的另一种方式。这样,d_e,即所需要的 E 量,与其价格(p_e)的乘积将等于均衡状态下的总储蓄。① E 的效用被假定为其数量的函数,所以,满足最大化的条件要求 E 的加权边际效用等于其他商品的边际效用。② 代数式如下:

$$\phi_e(q_e + d_e) = p_e \phi_a(d_a)$$

用这个方程和上述体系(2),即可将 d_e 表现为所有价格的函数,即:③

$$d_e = f_e(p_t \cdots\cdots p_p \cdots\cdots p_k, \ p_{k'}; \cdots\cdots p_b, \ p_c, \cdots\cdots p_e) \qquad (9)$$

对整个经济来说,$D_e = F_e = \sum f_e$。

这个一般市场均衡公式可以容易地将新资本物品包括在内(第254页特别重要)。将 h 个体系(7)的方程加到确定销售价格和生产成本的体系(6)上。"表现所有资本物品纯利息率"(第258页)的体系(8),加上新增的 h 个方程,现在是一般体系的另一部分。新资本物品在均衡状态下的供给量和需求量相等可用方程(10)表示:

$$D_k P_k + D_{k'} P_{k'} + \cdots\cdots = E \qquad (10)$$

这里 D_k,$D_{k'}$,……分别是所制造的 K,K',……的量。最后,总

---

① 即 $e = d_e p_e$,或 $i \cdot e = d_e$。
② 值得注意的是,潜在纯收入在《要义》第一版还没有作为一种商品提出来。储蓄的供给在这一版被看作是价格的一种经验性函数(第283~284页),而且不以效用分析为基础。
③ 参看前文第200~201页。

储蓄的总供给是所有价格的函数：

$$E = D_e p_e = F_e(p_t \cdots\cdots p_p \cdots\cdots p_k, p_{k'}, \cdots\cdots p_b, p_c, \cdots\cdots p_e) p_e \quad (9.1)$$

这些 $2h+2$ 个新方程式在数量上等于 $2h+2$ 个新未知数：h 个新资本物品的价格；h 个新资本物品量；利息率（$i = \dfrac{1}{p_e}$）；总储蓄的供给（E）。

上述资本论研究的只是耐久资本物品。瓦尔拉斯把他的这个分析扩大到流动资本中，并与货币理论一同提出，这个货币论与"计量者"论形成了对照（第29讲，第297页特别重要）。因为这两个因素在他的理论中不可分地混杂在一起，① 所以这里省去了正式的代数式，但需对其流动资本论作一概括考察。

认为存在四种类型的流动资本（参看，特别是第299页；又见第14页）。其中有两种是由消费者持有的：消费者物品存货和现金余额。企业家也持有两种类似的流动资本：原料和成品存货，以及现金余额，他们必须持有这些现金以便更新这些存货，并在等待收集他所售卖的这些产品时购买生产服务"（第300~301页；又见第304页）。②

各种物品存货和现金余额通常被引进一般均衡方程中。需要和供给的存货量作为所有价格的函数被导出，③ 例如，所持有的产品 A' 的价格是 $p_{a'} = i p_a$。换言之，为库存所支付的利息是生产成本。现金余额方程同样是因货币而导出的。④ 瓦尔拉斯还发展了供求量相等以及生产成本与销售价格相等的通常条件，从而建立了更多

---

① 这种混杂并非必要，但瓦尔拉斯选择将这两者同时引进他的体系。
② 瓦尔拉斯倾向于将职能资本看作是对资源所有者的一种预付。他没有明确地考察建设费用的利息，但它似乎多多少少隐含在这个引语中。
③ 原料的供给是固定的，因为它们没有直接的效用（第304页）。
④ 关于货币方面，参看 A. W. 马格特：《瓦尔拉斯和货币价值问题的货币余额方法》，《政治经济学杂志》，第39期（1931年），第569~600页；又见 O. 兰格：《利息率和最佳消费倾向》，《经济学》，N. S. V（1938年），第12~32页。

的一般均衡。

在评价瓦尔拉斯的资本理论之前，可以考察一下维克塞尔的评论。他是对瓦尔拉斯理论给予很多注意的唯一经济学家。在他最早的著作中，维克塞尔对瓦尔拉斯的理论持非常批判的态度："我一直非常自信，他的生产理论犯了基本的错误，这同他绝对的和片面的资本概念有关，这只能通过重新设置他的分析前提才能予以纠正。"① 维克塞尔拒绝瓦尔拉斯理论的基本理由是认为他忽略了生产时期，不过整个的批判值得加以引述：

> 瓦尔拉斯看作资本并加以研究的只是耐久物品，而不包括原料和非成品，也不包括劳动者的生活资料，因而，一般来说，不包括流动资本所有者向劳动者和土地所有者所作的预付，等等。结果，瓦尔拉斯暗含地假定，劳动者和其他生产者在生产期间是自己供养自己的，只是在生产结束之后，他们才从他们从事的生产过程中为他们的生产服务取得补偿。这显然是错误的；这种研究思路完全忽略了资本的真实作用，其必然结果是出现这样一种情况：他的生产和交换方程式不能提供利息率的任何信息。如果只将耐久物品看作资本，一定的租金即可用上面提到的每种这种物品的方程式加以决定，但是，这些物品的资本价值却不能决定，结果，利息率、"纯收入率"也不能决定。瓦尔拉斯明确承认这一点；然而，他认为要想决定利息率，必须从考察静态经济过渡到动态经济，在动态经济下就会有新的生息资本物品被生产出来，其价值能由生产成本决定。这肯定是错误的。在静态经济中，甚至总生产资源被固定的情况下，仅仅根据更长久的生产方法有更大的生产率这一理由，就能毫无疑问地确定流动资本的利息率（第142~143页）。

---

① 《价值、资本和地租》〔伦敦学院重印本（伦敦，1933年）〕第8页。

212　生产和分配理论

这一论证的主旨还出现在《讲义》①以及对帕累托《指南》的评论中。最后一个批评——瓦尔拉斯理论假定一个动态经济——在后来的评论中取消了。②

巴罗内在评论维克塞尔的《价值、资本和地租》时，反对这些指责，维护瓦尔拉斯。③关于所谓瓦尔拉斯的生产方程式忽略了流动资本，这个指责被认为是对维克塞尔的误解：

> 在瓦尔拉斯的生产方程式中，瓦尔拉斯明确地说，企业家要求的不仅是土地、劳动和资本（指的是具有持久生产力的物品）的服务，而且还要使用一定数量的"计量者"。准确地说，企业家要求使用的一定数量计量者的价格所构成的就是维克塞尔相信从瓦尔拉斯理论中被抽象掉的利息（第136~137页）。

巴罗内以比瓦尔拉斯更明确的职能资本的方程式来说明这个论据（第137~138页）。

维克塞尔的第二个论据，即认为在瓦尔拉斯理论中，如果没有新储蓄，利息率就不能决定，也遭到巴罗内的反对。他强调说，即使是耐久物品也需要更新，因而利息在折旧基金重新投资的市场上就会被决定（第141~142页）。④这个新因素在瓦尔拉斯的解释中不是很明确的。⑤

---

① 《政治经济学讲义》，前引书，第一卷，第171页。
② "卡塞尔教授的经济学体系"，重印于《讲义》，同上书，第一卷，第226页注。
③ "维克塞尔的生平和著作"，《经济学杂志》（意），第11期（1895年），第524~539页，重印于《经济著作》，（博洛尼亚，1936年），第一卷，第117~143页。
④ 希克斯也持同一观点，前引书，第346页。
⑤ 巴罗内暗示说："我们肯定不敢说，在瓦尔拉斯的著作中总是十分明确地区分了资本和储蓄，**无偿储蓄和投资储蓄**，对我们来说作出这种区分对明确说明利息现象是必要的；我们也还不能肯定瓦尔拉斯的陈述就没有模棱两可之处……"（同上书，第142页）。

如果我们把一个静态经济的概念扩大到意味着所有资本物品都永远存在的话，那么，如瓦尔拉斯所正确指出的那样，所有的交易就都永远会有纯收入。在资本物品都已消耗的静态经济中，折旧基金再投资可用于决定利息率，从而决定资本价值（在瓦尔拉斯的解说中这一点是明确的，因为他在其体系中使用的是总储蓄）。但是，永恒的纯收入仍然是一个基本概念，识别和强调这个概念是瓦尔拉斯解说的一个重要优点。

事实上，到目前为止，瓦尔拉斯的资本理论比其同时代任何人的理论都强。实际的批评可以集中于两点。第一点是，对资本供求的性质的分析不够详尽。就供给来说，资本物品同时瞬间建成的假定（他对此有明确的论述）应代之以在建设时期被投资的是一种纯收入流的观点。另一方面，对资本的需求应被置于边际生产力论之下。第二点批评是，不应当引进一个进步的经济（即有纯储蓄的经济），至少不应如此肤浅地引进。瓦尔拉斯试图对历史发展提出一种没有必要前提的理论分析，提出一种经济成长理论。资本积累对其他资源和技术的影响，起因于历史变迁的不确定性的经济作用等等，多半都被忽视了。他关于新储蓄量的真正决定因素的理论是有争议的；储蓄在职能上无疑与价格相关，但是，实际的重要变量如此之多，以致他的假定并不是最切近的。在展开任何令人满意的资本积累理论之前，这些问题是必须解决的。

地租理论

详细分析一下瓦尔拉斯对古典地租论的复述有一定的意义。他指责威斯迪德剽窃了边际生产率论，根据是威斯迪德的《协调》中的方程式与瓦尔拉斯的地租方程式有些相似。① 维克塞尔看来倒

---

① 关于这个指责的详情，将在第12章讨论。

是接受了瓦尔拉斯关于优先权的要求,① 而且我也未见有谁否认这一点。因为威斯迪德早在 1882 年读过《要义》,② 所以,发现瓦尔拉斯第一次提出边际生产率论的时间是有意义的。③ 瓦尔拉斯首先用数学形式复述了李嘉图的理论,④ 所用符号如下:

$h_1, h_2, h_3 \cdots\cdots$ = 支付工资后,土地 1,2,3,……的纯产品(实物单位);

$x_1, x_2, x_3 \cdots\cdots$ = 在土地 1,2,3,……上使用的资本(计量单位);

t = 利息率(实物单位);

$r_1, r_2, r_3 \cdots\cdots$ = 土地 1,2,3,……的地租(实物单位)。

我们可以指出,瓦尔拉斯并没有理解英国人的资本—和—劳动剂量的真正性质。他从产品中减去劳动成本,而在古典理论中,资本—和—劳动的混合剂量是被作为一个单位看待的(而且,基本上是看作**资本**的一剂)。

第一组方程是定义地租的:

$$r_1 = h_1 - x_1 t$$
$$r_2 = h_2 - x_2 t \quad\quad\quad (1)$$
$$\cdots\cdots\cdots\cdots$$

方程体系(1)不过复述了这个事实:地租是从产品中减去资

---

① 参看第 12 章。

② 罗宾斯指出,在威斯迪德的图书馆中发现了多本购于 1882 年的《要义》第二(第一?)版,上面有多处阅读印记。参看为《常识》所写的绪论(伦敦,1933 年),第 7 页。

③ 本节用的是《要义》第三版(1896 年)。其讨论内容与第二版(1889 年)大体相同,因为第三版实际上是第三版的重印本(只有关于威斯迪德《协调》的附录除外)。参看第三版,第 5 页注。第一版在这一点上也与第三版相同。

④ 相关段落全在第 31 讲:"英国地租理论的解说与反驳"(第 344~358 页)。

本报酬后的余额（工资已经从中减去了）。产品 h 是应用于一定量土地的资本量的函数，所以我们可以得出第二组方程：

$$h_1 = F_1(x_1)$$
$$h_2 = F_2(x_2) \tag{2}$$
$$\cdots\cdots$$

因为资本是根据其边际生产率获得报酬的，

$$t = F_1'(x_1) = F_2'(x_2) = \cdots\cdots \tag{3}$$

还可引出最后一个方程——使用可获得的全部资本：

$$x_1 + x_2 + x_3 + x_4 + \cdots\cdots = X \tag{4}$$

这就是瓦尔拉斯所复述的李嘉图理论；我们现在转向他用新公式对该理论所作的表述。

为了发现他的一般均衡论与李嘉图理论之间的关系，瓦尔拉斯稍微修改了一下符号。一定量土地 (T) 的产品是 B，价格是 p_b，于是，

$H =$ 每公顷土地的总产品（实物单位）；

$b_t = \dfrac{1}{H} =$ 土地生产的技术系数；

$p_t =$ 每公顷的地租（计量单位）；

$i =$ 利息率（计量单位）。

因此，

$$\frac{p_t}{p_b} = r; \quad \frac{i}{p_b} = t$$

方程（1）可改写成：

$$\frac{p_t}{p_b} = h - x \frac{i}{p_b} \text{①}$$

---

① 这不是边际生产率利息论，因为工资也是一种剩余。为了将这同李嘉图理论联系起来，必须将 x 理解为资本—和—劳动。

总产品减去工资（后的纯产品）h 也可改写成：

$$h = H - \frac{H}{p_b}(b_p p_p + b_{p'} p_{p'} + \cdots\cdots)$$

或，为了简化起见，不计摊销和保险费用，则：

$$h = H - \frac{Hi}{p_b}(b_p P_p + b_{p'} P_{p'} + \cdots\cdots)$$

258 每单位土地的资本可定义为：

$$x = H(b_k P_k + b_{k'} P_{k'} + \cdots\cdots)$$
$$= \frac{H}{i}(b_k p_k + b_{k'} p_{k'} + \cdots\cdots)$$

在瓦尔拉斯理论中，因为工资与一个劳动者的资本价值的比例与利息率是一致的（第 383 页），所以，他将资本化的劳动和其他资本都包括到一份新剂量的资本—和—劳动之中，从而"背离了"李嘉图的理论：[①]

$$x' = H\ (b_p P_p + b_{p'} P_{p'} + \cdots\cdots + b_k P_k + \cdots\cdots)$$
$$= \frac{H}{i}\ (b_p p_p + b_{p'} p_{p'} + \cdots\cdots + b_k p_k + \cdots\cdots)$$

留下一个问题：H 是一个与 x' "不会成比例增长"的可变因素吗？瓦尔拉斯的回答是肯定的：

> 一个肯定无疑的经验事实是：当在土地上不断地增加人力和资本服务量时，一个人不可能成比例地获得产品增加量；否则，一个人就能在一英亩土地上或者更少空间上，通过无限增加人力和资本服务而获得无限的产品量。用更精确的术语，一个人可以说，像我们已经指出的那样，b_p，$b_{p'}$，$b_{p''}$，……b_k，$b_{k'}$，$b_{k''}$，……不是 b_t 的不变函

---

① 当然，他实际上正在返回到李嘉图的理论。

数,而是其减函数,——也就是说,是 H 的增函数。①

可变的生产系数。——瓦尔拉斯仅仅在《要义》第三版(以及先前各版)第 274 节②考察了可变的生产系数。它对我们手头问题的意义,从下面相当完整的引语即可看出:

……在生产一种商品时,一个人可能使用或多或少的生产服务,例如,在使用其他生产服务或少或多的条件下,或多或少地使用土地服务。也就是说,系数 b_t,b_p,b_k……是可变的,用一个方程表示其相关关系:

$$\phi(b_t, b_p, b_k, \cdots\cdots) = 0$$

这就是说,系数 b_t 减少,其他系数 b_p 和 b_k 就增加。进入每个产品的每个生产服务的数量,只有在各自的生产服务价格被决定之后,由使生产成本最小化的条件来决定。换言之,需用上述隐含方程来解其中的每个变量,这些变量的明确形式分别是:

$$b_t = \theta(b_p, b_k, \cdots\cdots)$$
$$b_p = \psi(b_t, b_k, \cdots\cdots)$$

决定未知数 b_t,b_p,b_k,……的条件是:

$$p_b = \theta(b_p, b_k, \cdots\cdots) p_t + \psi(b_t, b_k, \cdots\cdots) p_p + \cdots\cdots$$

是最小值(第三版,第 320~321 页)。③

到此为止,一切都挺好——但是分析也就此打住了。这一节其

---

① 他责备古典经济学家在表述这个规律时用货币单位而不是实物单位(第 354~355 页)。这既是错误的,也是不相干的。
② 这在 1926 年版是第 325 节;在第一版是第 307 节。
③ 这句话所说的生产系数是在服务价格决定**以后**才决定的这个错误观点,在 1926 年版被改成价格和系数同时决定。

余部分说的是可变生产函数通常用于研究一种发展的经济,[①] 没有一点明确的边际生产率理论的思想。

我们可以简要总结一下瓦尔拉斯地租理论的其他内容。地租可用实物单位重新表述为:

$$\frac{p_t}{p_b} = H - \frac{H}{p_b}(b_p p_p + b_{p'} p_{p'} + \cdots\cdots + b_k p_k + \cdots\cdots)$$

或者,用"计量者"表示:

$$p_t = H p_b - H(b_p p_p + b_{p'} p_{p'} + \cdots\cdots + b_k p_k + \cdots\cdots)$$

最后,H 可用 $\frac{1}{b_t}$ 代替:

$$p_t b_t = p_b - (b_p p_p + b_k p_k + \cdots\cdots)$$

或者

$$p_b = b_t p_t + \cdots\cdots + b_p p_p + \cdots\cdots)$$

最后这个方程与体系(6)中的第二个方程是一致的。瓦尔拉斯错误地得出结论说,李嘉图的理论是他自己的一般体系的一种特殊场合;事实上,只有当悄悄地引进可变生产系数时,它才是一种特殊场合。

瓦尔拉斯1896年的地租理论就是这样。在他关于威斯迪德的赞扬性附录中,瓦尔拉斯是用威斯迪德的边际生产率方程式来证明上述方程式的。详细的要求将在第12章加以考察,但可以作出结论,1896年前在《要义》中没有关于边际生产率的任何一点暗示(没有提出一种明确的用公式表达的理论)。

[①] "……实际上,我们每次说到的只是已经变化的生产函数,这种变化归因于科学引起的技术进步……"(第321页);他承认,如果生产服务的相对供给发生变化,生产系数也会变化。遗憾的是,他对后面这一点的简短讨论只限于资本相对于土地的增长(像在李嘉图理论一样),致使瓦尔拉斯未能进到边际生产率理论中。

第10章 克努特·维克塞尔

在我们研究的这个时期,没有哪一位经济学家比克努特·维克塞尔更难评价和排位的了。① 这种困难部分地来自于他自己的宽容,他的阅读非常广泛,而且以一种少有的开放态度对待英国古典和新古典经济学家、奥地利学派,以及瓦尔拉斯学派的经济学家。他从这三种来源吸收了许多最优秀的研究成果,并将其综合到一个卓越的整体之中。但我们要立即补充说,维克塞尔的著作超出了这种综合。在一些领域(即边际生产率理论)必须把他看作是一位真正的发现者,而且他对已被接受的理论的复述也是如此精致,以致完全可以看作是独立的分析。

维克塞尔著作最贴近的先声看来就是奥地利学派的著作了,特别是庞巴维克的利息理论。在价格理论上,维克塞尔无论在方法上还是内容上一般是遵循瓦尔拉斯的分析,而在生产理论和分配理论上,奥地利人的影响是支配性的,尽管也受到一些英国经济

---

① 一般评论,参看 E. 桑马林:"冯·克努特·维克塞尔的生平",《国民经济杂志》(德),第 2 期(1930~1931 年),第 221~267 页;L. 罗宾斯为《政治经济学讲义》英译本撰写的序言(伦敦,1934 年),第一卷,第 7~13 页。

扼要浏览一下维克塞尔的经济学主要著作是必要的，因为他的理论的一些部分在三十七年间发生了实质性改变，在此期间(1892~1928年)他从经济讨论的领域出出进进。他的第一部主要著作《论价值、资本和地租》（耶纳，1893年）是对价格和资本理论的精彩阐述，从中可以发现许多后来在《讲义》（即《政治经济学讲义》，下同）中提出的理论。《论价值》（即《论价值、资本和地租》，下同）使用数学方法的特点及其在一些经济"学派"中激起的对抗，使他备受冷遇——这对该著作所表现出的高度分析才干来说是不公平的。①

维克塞尔的博士论文《财政理论考察，兼论瑞典的税收制度》（1896年）在资本理论方面没有多少改变。随着他的长篇论文"论作为经济分配基础的边际生产率"② 在1900年的出现，维克塞尔的理论结构基本完成，尽管不能说此后二十五年间从其笔下再没有出现有价值的片断。《政治经济学讲义》（我们关注的是第一卷）于1901年首次出版于瑞典。这里要用到它的德文第一版（1913年）、英译本（1934年）以及瑞典文第三版。《讲义》将他先前的著作系统化了；新增的东西不多。③

最后，就本章内容安排说几句话。首先考察维克塞尔的生产论、资本和利息论；他的一般分配理论放到最后，因为它是以庞

---

① E. 巴罗内："论维克塞尔的著作"，《经济学家杂志》（意），第11期（1895年），第524~539页，进行了深刻的评论，但他很严厉地指责维克塞尔对瓦尔拉斯资本理论的态度；A. W. 福勒克斯的评论是不正确的和不恰当的，见《经济学杂志》，第4期（1894年），第305~308页；W. 勒克西斯的评论，见：《施莫勒法学、管理学和国民经济杂志》，第19期（1895年），第332~337页，攻击庞巴维克更甚于评论维克塞尔。
② 《经济评论》（瑞典），第2期（1900年），第305~337页。
③ 很抱歉，我因语言障碍不能完全了解维克塞尔发表在《经济评论》（瑞典）上的许多论文，其中几篇重要论文，特别是论及分配理论的论文，我是依据为我所作的译文而作出评论的。

巴维克的资本理论为基础的。

资源数量和配置

维克塞尔所讨论的资源数量存在于一个具有非同寻常性质的经济之中。他在很多地方强调了静态假定对其理论的重要性，① 但他在利用这个假定（准确地说，是这一系列假定）时是小心谨慎的，可是他没有明确分析该假定的内涵，或者详细分析静态经济的特点。作为他谨慎处理的一个例证，他断言在静态条件下可能没有纯利润，因为这样的利润都被增加到资本中去了；② 他没有分析为什么会如此。

维克塞尔采纳这样的理论：认为休闲是一种选择，与其竞争的是资源的生产性使用。起初他承认休闲选择只是对劳动而言的，③ 但后来他承认所有生产资源都可以有各种非经济的选择。④ 不过，在许多物质资源场合，如有价值的乡村土地、技术资本等等，⑤ 非经济选择被认为是相对不重要的。这是一个现实主义结论，但是，劳动和物质资源之间的差别没有影响维克塞尔理论的发展，因为他假定所有生产中使用的资源在数量上是既定的。⑥

资源配置理论是简短而正确的。其基本点是：得自既定资源的回报将在所有职业上均等化（假定完全流动性），与此同时总产品

---

① 比较《论价值》，〔第 77、87~88、95~96、101 页，第 139 页（特别重要）〕。在最后这一点上，他认为，如果各种不同生产要素增长率已知，则有可能提出一种走向均衡的理论。还可比较《讲义》，第二部分各处。感谢伦敦经济学院允许我引用《论价值》，感谢麦克米伦公司应允我引用《讲义》。
② 《论价值》，第 95~96 页。
③ 同上书，第 139 页。
④ 《讲义》，第 98、103 页。
⑤ 同上书，第 103~104 页。
⑥ 同上书，第 104 页。

最大化：

> 如果一个经济只包含两种物品的生产、分配和消费，那么，它们之间的交换比例将是这样：
>
> 第一，每种商品生产的工资、地租和利息是相同的；
>
> 第二，在工资和地租已经得到的情况下，利息（一般来说，当三者中的两个的价值既定时，第三个量的价值）是最大的……①

参与合作的每个生产要素的产品份额受那个要素的边际生产率的调节。维克塞尔很少注意资源在各个工业之间的配置，因为他的分析总是基于个别工厂，或者说，基于非商品经济（具有相同工厂的经济）。

比例可变、报酬递减和成本

维克塞尔在《论价值》中没有明确注意到生产系数可变的问题。然而，接受生产系数完全可变的观点却深深嵌在他的分配理论之中。生产时期长度的变化，即与既定的土地和劳动资源合作的资本量的变化，对他的利息理论是基本的。单位土地的劳动量的变化，或者，反过来，单位劳动的土地量的变化，对他的一般分配理论来说也是不可缺少的。

在他后来的著述中，生产要素比例变化的概念越来越明确了。例如，他在博士论文《财政理论考察，兼论瑞典的税收制度》中说：

> 这些数量（工资和地租）之一的相对增加，首先会影响生产中使用劳动和土地的比例，同样，如果工资相对

---

① 《论价值》，第135页。

于地租提高了，那么，……就会使用相对更多的土地和更少的劳动（一种粗放经济）……

反过来，工资和地租则依赖于土地和劳动使用的比例，还依赖于资本的这两部分的投资期限……①

《讲义》就完全接受生产系数可变的观点了："一个生产要素在一定范围内总是能被其他要素代替的。"②

在陈述维克塞尔的分配理论时还应指出，他对所有生产要素的报酬递减规律提出了一个明确和正确的表述。但在讨论报酬递减时，他显然不知道边际收益和平均收益之间的区别，因而也就不能适当地处理后一变量。③ 这种混同表现在他对用于土地的生产服务的报酬递减规律的论证上，还表现在他与沃特斯特拉兹的争论中，后者相信依据统计研究已经推翻了经济理论的这个著名前提。④

维克塞尔攻击的矛头所向是平均报酬**不变**的正确性，但用于反对平均报酬**递增**甚至更为有效。如果在所讨论的经济中所有土地耕作的集约程度相同，

……那么，这个土地报酬规律的正确性一般来说无需任何经验证据，但它更多是作为一种逻辑前提或结果出现

---

① （耶纳，1896 年），第 46、47 页。
② 第 99 页；又见第 100、113（特别重要）、124（特别重要）、284（特别重要）页；又见："为边际效用学说辩护"，《国民经济杂志》，第 56 期（1900 年），第 590~591 页。
③ 参看《讲义》第 111、122（特别重要）页；《财政理论考察，兼论瑞典的税收制度》，第 53 页。
④ 见《杜能档案》（Thuenen Archiv），第二卷（1909 年），第 347~355、568~577 页；其部分内容出现在《讲义》中，第 122~124 页。此地没有考察他对沃特斯特拉兹方法论的尖锐批评。同样的回答实际上也是对着罗特利布来的，因为他重复了沃特斯特拉兹的错误，见《经济评论》（瑞典），第 18 期（1916 年），第 285~292 页。

的。如果在既定的土地上使用的劳动和资本量倍加也能取得倍加的产品，那么，一个更令人印象深刻的结果是，一个人如将现存劳动和资本力集中用于一半过去使用的土地面积上，单位劳动和资本也能取得这种结果……①

可见，报酬递减规律不是一个经验规律，而是"一个数学上的必然论题"。② 这个批判要求关于**平均**报酬的"证据"，而事实上资源的经济配置是受**边际**报酬支配的，因而这样的证据决不会是决定性的——这个假定不足以确保报酬递减。③

关于成本和报酬的一般考察将在论及维克塞尔对分配理论中的尤勒—维克塞尔问题的讨论时进行。维克塞尔对成本和供给的论述是很零碎的。一般来说，他假定存在个体竞争、资源自由转移、一种（而且仅仅是一种）商品的每个生产者的生产函数相同，这样就多半避免了成本问题。一个例外是他早期对一个重要学说的详细说明，这个学说认为竞争和成本递减是不相容的：

> 帕累托对下述现象作出了正确的观察：在遵循马歇尔所谓"报酬递增"规律……并且售价不变的工业中，真正的均衡是不可能的……甚至可以更正确地说，依照这样的假定，在自由竞争条件下经济均衡一般来说不可能存

---

① 《杜能档案》，第 354~355 页。这个论据以代数式表示（同上文，第 569 页）。劳动 A 用于土地 B，取得产品 P。则：$\frac{A}{2} + \frac{B}{2}$ 会带来 $\frac{P}{2} + \frac{p}{2}$。这里 $\frac{p}{2}$ 是现在未耕种的那一半土地的自然产品。于是，

$$\frac{P}{A} \bigg/ \frac{\frac{P}{2} + \frac{p}{2}}{\frac{A}{2}} = \frac{P}{P+p} < 1$$

如果 $p > 0$，随着劳动量的增加，平均生产率一定递减，即产品（而不是自然产品）与劳动的比例必然递减，因为 p 是不变的。

② 《杜能档案》，第 569 页。

③ 比较 K. 门格尔的文章，前引书，第 49 页注。

在。这是因为,率先扩大其生产的企业家能迫使所有竞争者退出这个领域,直至以垄断或垄断联合告终。相反,如果假定——这更贴近现实——单位成本服从报酬递减规律……那么,迟早就会出现对每个厂商一定的最佳规模(正如帕累托自己在别处所说的那样)。如果这些厂商仍有足以促成有效竞争的足够数量,那么其中每个厂商都可以被设想为一个生产单位,而整体工业——农业也大体如此——则可处于"不变报酬"规律之下。①

维克塞尔也赞成(尽管不很明确)马歇尔的外部经济和内部经济理论。②

生产要素及原始要素

尽管维克塞尔一般是依据三种要素(土地、劳动和资本)来进行分析的,但他并不完全接受古典的三分法。有两个区别值得一提。只是为了方便解释才认可这种划分;在实际生活中存在多种的劳动和土地。③ 在这两组要素之间不存在真正的经济区分;存在的实际情况是它们的报酬"实际上完全相似"。④ 第二个区别在于将所有带来收入的耐久物品,不管是自然的还是人为的,都囊括到"土地"之中;关于这一点容后再议。

维克塞尔无疑接受了庞巴维克的原始要素理论:"我们说过,

---

① "帕累托的政治经济学手册",《国民经济、社会政治和行政管理杂志》,第22期(1913年),第140页;又见《讲义》,第131页。

② 参看《讲义》,第123~124、133页;又见《杜能档案》,第355页;《经济评论》(瑞典),1902年,第288页特别重要。

③ 《论价值》,第136~138页;《讲义》,第107、113、123~124页。他还赞同瓦尔拉斯和巴罗内的生产理论的解释,他们都是以 n 个要素为基础的。

④ 《讲义》,第132页;又见"不需要一种特殊的地租理论,一英亩土地以同样方式恰好可以被看作是一个劳动者……"。

资本本身几乎总是一种产品,是劳动和土地这两个原始要素合作的成果。"① "原始要素"理论在维克塞尔理论中如在庞巴维克理论中一样,起着极其重要的作用。我们还会看到,维克塞尔所用的是投资时期概念,而不是生产时期,尽管这两个概念密切相关。不过,他的利息论,特别是对耐久消费品情况的分析,招致了与前述庞巴维克理论同样的批评。维克塞尔后来的分析就是基于这个站不住脚的观点;他在复述庞巴维克对生产率论的批判时还利用了这个理论。②

资本理论

维克塞尔是庞巴维克资本和利息理论的主要后继者。他对这一理论的复述几近于独创,因为他消除了许多比较直率的反对意见,而庞巴维克的论述对这些意见曾带来不少的误解。维克塞尔的陈述是简洁和内部统一的典范,而且在范围上也更一般化。他对生产时期概念的复述,即使在今天也应该说是对庞巴维克理论的最好论述之一。我们的评论主要依据《论价值》,尽管也要注意到他后来思想中的变化或新的因素。③

维克塞尔论庞巴维克

以为维克塞尔不过是庞巴维克的系统化者,这种印象对维克塞尔是非常不公平的。在批判地评介奥地利人的学说时,他多半是

---

① 《讲义》,第149页;又见第99、145、150、165、172页;《论价值》,第85页。

② 同上书,第146~147页。维克塞尔在《讲义》中改变了他先前在《论价值》中的看法,即庞巴维克没有说明为什么资本物品会取得比其自身价值更大的报酬,但是这个问题在静态经济中消失了(《论价值》,第87页)。

③ 同上书第二部分第二节的论述,(与《论价值》相比)尽管在形式上有相当变化,但实质没有什么区别。

独立的,而且很少见前者分析的哪个部分在某些方面不被变更的。维克塞尔批判的范围和深度还是与时俱进的。有必要简略评述一下维克塞尔的更一般的批判;一些次要之点在关于庞巴维克的一章已经处理过了,或者将会联系到维克塞尔的正面论述加以研究。

《论价值》对庞巴维克理论的两个部分有一般的评价:低估未来的"三个理由";对生产率理论的批判。① 对"三个理由"的评论已经论及,这里总结一下即可。② 质疑第一个理由与现今人们提出的疑问是一样的:在一种静态经济中,个人在需求及其未来相对于现在的状况的差别将不复存在,而且人们出于未来偏好而无代价地储存物品的能力是很有限的。第二个理由,即缺乏远见,被接受了。而且认为它"无疑具有很重大的意义"。③ 第三个理由,现在物品对未来物品具有技术的优越性,也被接受了,并且构成了维克塞尔自己理论的基石;但它是作为对利息的直接**生产性解释**而被接受的。

维克塞尔实际上没有看出庞巴维克的理论和(例如)杜能的理论之间的区别,除了指出前者的论述更一般化和(在承认时间的作用上)更透彻以外。④ 庞巴维克对以往生产率理论的主要批判是说它们没有区分价值生产率和实物生产率,但是,维克塞尔指出,当庞巴维克比较(他必然会这样作)**相同种类的现在物品和未来物品**时,他实际上忽视了价值生产率。庞巴维克对生产率理论的进一步批判,是认为该理论没有说明为什么资本物品没有吸收产品的全部价值(归属理论即如此),却也没有留下利息的边

---

① 关于利息理论的许多资料已经出现在"资本和劳动"一文中,《国民经济和统计杂志》,第 59 期(1892 年),第 852~874 页,《论价值》重印了这些内容。
② 《论价值》,第 83~85 页。
③ 同上书,第 84 页。
④ 同上书,第 85~90 页。

际。维克塞尔认为,庞巴维克的理论,一如生产率利息论,也没有解决这个问题。所有这些批判都是基于与静态经济相关的错误假定;一旦这样做了,"他对杜能理论的反对也就自行化解了"。①不清楚这种观点的精确基础是什么;存在一种模糊不清的暗示,即在一个快速发展的经济中,利息率将会消失。

在后来的著述中,批判的范围又有扩展。头两个理由(供应状况和远见)只在决定资本积累(而不是决定静态经济中的报酬)时是重要的。② 利息是缘于现在物品与未来物品的交换的贴水的学说有错误,如前所说,与现在相比较的未来消费时期和供给是完全未定的。③ 第三个理由"同样不能令人满意":"庞巴维克的真正的错误——如鲍尔特基威茨所说——在于他试图在不涉及资本和劳动市场的情况下解决利息的**存在**问题(与其实际比率不同)。"④ 在其最后的著作中,维克塞尔试图修复第三个理由,但他的成功限于把它作为对利息的生产率解释,而不是作为一个独立的第三个"理由",即所谓对现在物品的偏好胜过对未来物品的偏好。⑤

维克塞尔的资本概念

维克塞尔对庞巴维克理论的整个阐述是从着重改进资本概念开始的。⑥ 首先要注意到一个优越之处。缺乏一个复杂和人为的资本类型的分类。提出了一个单个资本概念,这个概念用于他的利息理论中。

---

① 《论价值》,第 87 页。
② 《讲义》,第 154~155 页。维克塞尔在此似乎暗示地将静态经济定义为具有固定量资本的经济。
③ 同上书,第 169 页。
④ 同上书,第 171 页。
⑤ "论利息",《当代经济理论》(维也纳,1928 年),第 3 期,第 199~209 页。
⑥ 参看《讲义》,第 144~147 页,第 185 页(特别重要)。现在的讨论是根据《论价值》。

否定了所谓"社会"资本和"私人"资本之间的区别。"但是，我认为试图把一种物品的一部分看作是从社会观点观察的资本，而把另一部分看作只从私人观点观察的资本，这是不合适的。"① 因为，虽然耐久消费物品带来服务的确无需新增劳动（这是维克塞尔的一个不必要的让步），但是这些物品的资本名称多半还是不能否定的，例如草地、森林和狩猎场等等（而且是"社会"资本）。② 只要耐久物品能带来经济服务，它就必定会被看作是资本物品或带来收入的耐久物品。

与庞巴维克立场分道扬镳的第二点，涉及是否应将劳动者的生活资料包括在资本之内，甚至当这些生活资料为企业家所有时也不例外。庞巴维克把对劳动者的这个预先垫支排除在社会资本之外，但他又将货币（工资）包括在社会资本之内。这是不一致的：如果企业家以货币支付工资，他花费的是社会资本；如果他购买生活资料和支付实物工资，那么他花费在工资上的就是私人资本。维克塞尔避开这个悖论的办法，就是将劳动者所有的全部生活资料从他的资本概念中排除出去，因为已经给予了他们生产的等价物；如果它们归企业家所有（不管是物品还是货币），那它们就都是资本。57③ 对资本物品来说，检验所有者在这里是决定性的。④

现在我们转向维克塞尔对资本概念的正面阐述，资本基本上可被总结为储藏起来的财富，或者更准确地说是储藏的生活资料。⑤

---

① 《论价值》，第74页；又见第75页："以为耐久物品一旦被其所有者消费就不再是资本，也不会带来收益的观点，如马歇尔所说，不过是老重商主义偏见的遗迹。"
② 同上书，第74～75页。
③ 同上书，第77页；又见《讲义》，第187页。
④ 同上书，第79页注。
⑤ 同上书，第72页；又见《财政理论考察，兼论瑞典的税收制度》，第28页："它（资本）可以说实际上是一定数额的最终消费品"。又可参看《讲义》，第147页特别重要。这个定义与庞巴维克后来在《资本实证论》中的定义基本相同。

在这方面将资本物品和带来收入的耐久物品（例如土地）区别开来是有困难的，但区别还是被发现了。"土地和生产性物质物品的区别在于这样一个事实：前者只是按照过去决定的和不可更改的时间次序带来连续的效用，而且这种效用还是无限的；相反，生产物品所能带来的只是一定数量的效用，但其次序却几乎是任意的……"① 甚至这个定义也不是完备的；它"显然只是经验的"。② 一座矿石可以不同的速度开采；一座房屋，也许能持续使用几个世纪，与土地极为相似。不过区别是基本的："一个人可以说，一件生产工具越容易被使用和消耗殆尽，它所取得的资本特性（狭义的）也就越多。"③

于是资本的定义要取决于该物的经济生命。在相对短的时间内必须替换的所有物品就是资本；不需要这样做的就是带来收入的耐久物品。投资在土地上的固定的资本是带来收入的耐久物品，而不是资本。④

维克塞尔的资本概念是在一种比前人说法更富诡辩的形式上提出来的，但同样不合实际。这个定义的核心是，坚信新资本物品是在一定时期内（仅仅是由各种"原始的"要素）创造出来的，而在另一个时期被消耗掉。这种定义与杰文斯在更直率的理论中所下的定义相似。这里混同了资本物品的技术生命和经济生命，这使维克塞尔在迷途上走得更远。其实，在带来收入的耐久物品和资本之间并没有真正的经济区别；资本物品从一种形式变换为另一种形式的快慢，受技术因素的影响较小，受经济因素的影响较大，而维克塞尔所讨论的都是技术因素。特定资本物品在各种工业之间的流动，资本物品流动的速度，都是**价格的**函数。只有在不能预见的生产再调整的场合（为变更的日期，技术或经济），它们才有意

---

① 《论价值》，第 72~73 页。
② 同上书，第 138 页。
③ 同上书，第 73 页。
④ 同上。

义，而对这种情况下的"流动性"，实际上**事先**什么也不能说。

可以指出，带来收入的耐久物品在静态经济中是不能生产的，它们只能被维持使用。① 这个前提（维克塞尔对瓦尔拉斯后来收回的资本理论②的批评即以此为基础）是有某些限制的。"这种被完全损耗的（带来收入的耐久）物品被新标本的替代，当然不需要被排除，也许能被理解为是对一种大型复杂物品的修理"。③ 带来收入的耐久物品取得的报酬恰如土地地租一样。④

现在从资本内容转而简述资本在生产中的作用。因为资本是由资本家拥有的储藏生产资料所构成，所以它允许垫付给劳动者、土地所有者和资本家。⑤ 维克塞尔暗示说，资本家生活资料的来源在于利息（在静态状态下）。⑥ 维克塞尔的定义与杰文斯的区别仅仅在于垫支中不仅有为劳动者的，而且有为土地所有者和资本家的。⑦ 资本的作用为其定义指明了方向：我们可以把那些其数量与

---

① 《论价值》，第137、142页。
② 见上文，第252对折页。
③ 同上书，第137页注。
④ 同上书，第137~138页。
⑤ 维克塞尔发现，可以用这个时间因素为劳动者的预支，来说明穆勒的著名论断："对商品的需求不是对劳动的需求。"（参看《讲义》，第100、191页）。虽然这个解释不是决定性的，但它实际上是正确的。穆勒下面这段话强烈地暗示了时间因素："维持和雇用生产性劳动的，是其工作所花费的资本，而不是买主对劳动产品的需求……这一定理，即购买产品并非雇用劳动，对劳动的需求取决于生产前预付的工资，而不是取决于对来自生产结果的商品的需求……"（《原理》，第一篇，第5章，第9节）。如果去掉穆勒论述中关于生产率和储蓄的错误概念，而且首先限于单个投资，那么它就非常接近于庞巴维克的资本理论。
⑥ 《论价值》，第78页。
⑦ 比较 E. 恩诺森的观点："论经济中的资本"，《国民经济、社会政治和行政管理杂志》，第4期（1897年），第321~322页；又见《财政理论考察，兼论瑞典的税收制度》，第43~45页，特别是第45页；还可参看《讲义》，第150~151、154、185、191页。

生产时期无关的商品视为带来收入的耐久物品。①

生产概念

在生产理论方面,维克塞尔实际上完全接受了庞巴维克的理论。② 资本的作用在使生产时期的开始和终结之间能够经历一定的时间。可用的自由资本(或生活资料数额)越多,生产时期可能越长,从土地和劳动这些生产资源所能取得的产品通常就越多。③ 为某个时期的投资,必须投到该生产时期大约近半之时(以线性投资率)。"(生产时期)越长,投资资本通常越大,在任何情况下,用于最后生产阶段的劳动者的比例就越小,但是,这些较少劳动者却能比更多劳动者在较短生产时期生产更多的产品……"④ 发现生产时期长度和劳动生产率之间的基本关系,这是庞巴维克的一个巨大贡献。一个劳动者的年产品将会随着雇用他的生产时期的长度而增加,但是这种增长比生产时期的延长要少得多。生产时期的延长服从于报酬递减规律,"新增产品的规模是递减的"。⑤ 维克塞尔还假定,生产时期长度的变化是连续的。⑥

甚至在《论价值》中维克塞尔已经认识到,在生产时期这个概念中存在着一些困难。不可能在概念上将分工条件下生产一种商品的各个工业整合在一起。⑦ 一个工厂生产的机器可能用在一打

---

① 《论价值》,第137页注。
② 同上书,第90页;又见《讲义》,第150页特别重要。
③ 生产时期越长(劳动供给已知),按照维克塞尔的定义,资本数额也就越大。因而,即使在静态经济中,资本额也应被视为时间的函数,但他没有这样做。
④ 同上书,第91页。
⑤ 同上书,第92页。
⑥ 同上。
⑦ 同上书,第92~93页。

产品的制造上。在这里一个可能的妥协办法是将相似的产品组合起来。

耐久生产物品是另外一个困难。① 如果一部机器只能持续不多几年,那就有可能把这部机器的平均使用年限作为其生产时期的平均长度。② 但是这种方法不适用于更耐久的生产物品,这些物品的寿命也许会持续五十年甚至一百年。这些资本物品非常重要,用某些平均的办法是不足取的。这些物品最初的建设成本对其现在的收益或价值"绝对没有更大的影响",同样,现在资本物品的价值实际上也不受其在遥远未来收益的影响。结果,这些耐久物品一旦建成,它们便与土地极其相似。③

不出三年,维克塞尔便感到自己不得不放弃这个生产概念:"整个来说,'生产时期'这个概念是不确定的,不可能给予准确的定义。"④ 应当代之以一个密切相关的建设时期概念。在一个项目的线性资源投资率的简单场合,这两个概念之间的关系是明显的;平均投资期限是生产时期的一半。⑤ 提出了新概念的正式定义:"一单位资本通过购买(付清)劳动的投资,与其通过售卖最终消费物品(第一级物品)而被更新之间的时间,被称为该资本的流通或投资时期。"⑥ 这个未经进一步加工的定义贯穿在他后来的论著中。⑦

这个新概念像旧概念一样是有弱点的——因为它们彼此保有一种固定的比例关系。与生产时期概念一样,投资期限是不可能定

---

① 《论价值》,第 93~94 页。
② 维克塞尔忘记了机器的寿命本身要受利息率的影响。
③ 同上书,第 94 页。
④ 《财政理论考察,兼论瑞典的税收制度》,第 30 页注。
⑤ 对一个更复杂场合的解释,同上书,第 29~30 页。
⑥ 同上,第 29 页。
⑦ 参看《讲义》第 147(特别重要)、274(特别重要)页。

义的,除非假定资本物品能与其他各种"要素"(土地和劳动)区分开来,除非后者在资本创造期间能够单独工作。维克塞尔从未对他这个极其重要的,而且在我看来是其体系的错误前提进行辩解。结果,我们即将考察的技术性分析因其优雅而得到了高度赞扬,但这不过主要是一种技巧的展示。

复述庞巴维克的利息论

《论价值》后半部分的主要内容,是对庞巴维克利息理论的数学复述。① 维克塞尔明确表述了奥地利人的分析前提:

第一,土地是自由物品。

第二,单一产品生产,或者说,所有生产函数是一致的。

第三,使用一个利息率。

第四,在静态经济中没有纯利润。

我们可以假定一定量工作者,他们可以既定的利息率借用任何所需的资本量。他们生产所有必要的工具和装备,并在生产时期将其完全耗尽。这些劳动者追求年工资最大化,而利息等于年产品,因为在静态经济中,不存在利润,土地也是自由物品。

在转向维克塞尔对庞巴维克理论的很优雅精致的表述之前,需要一个符号表:

s = 最终产品的价值(无论是以实物单位还是以"计量者"计量)。

w = 一个劳动者的年工资。

t = 生产时期的长度,以"年"或其份数为单位。

z = 利息率。

---

① 《论价值》,第 95 页特别重要;又见《讲义》,第 144 页特别重要。

$$\frac{s}{t} = p = 一个劳动者的年产品。$$

在一定生产时期支付给劳动者的总工资将是 $t \cdot w$。如果所有的资本都是在该时期开始时借来的,则其单利支付将是 $t \cdot w \cdot z \cdot t$,或是 $t^2 \cdot wz$。但是,只有在需要支付工资时借资本比较划算。假定该劳动的消耗是统一的,那么总资本将只在生产时期一半时投资。① 第一个方程变成:

$$s = t \cdot w \cdot \left(1 + \frac{zt}{2}\right) \tag{1}$$

它表明总产品等于工资加所借资本的利息。$\frac{t}{2}$ 是"资本投资的平均长度"。② 以 t 除方程（1）的两边,可得:

$$p = w \cdot \left(1 + \frac{zt}{2}\right) \tag{2}$$

或者说,一个劳动者的年产品等于他的年工资加上由此而来的利息。

问题是取得最大化年工资（w）。这是一个简单的计算问题,因为我们知道年产品（p）是时间（t）的函数;z 已知不变。W 最大化的条件是:

$$\frac{dp}{dt} = \frac{wz}{2} \tag{3}$$

---

① 消费被假定同时进行,虽然没有表示这一点。
② 比 $\frac{t}{2}$ 更一般的公式是 $\epsilon \cdot t$,这里 ϵ 表示可用的适当分数。ϵ 是可以得出来的,因为劳动在生产时期的分配是可变的（《论价值》,第 100~101 页）。在《财政理论考察,兼论瑞典的税收制度》中,t 被定义为平均投资期间;在现在的方程中,这只涉及以 t 代替 $\frac{t}{2}$。

同时解这个方程和方程（2），我们可得使 w 最大化的 t 值。①
假定年工资率（w）已知，利息率最大化，也可取得同样结果。②
几何图式同样简单易懂：③

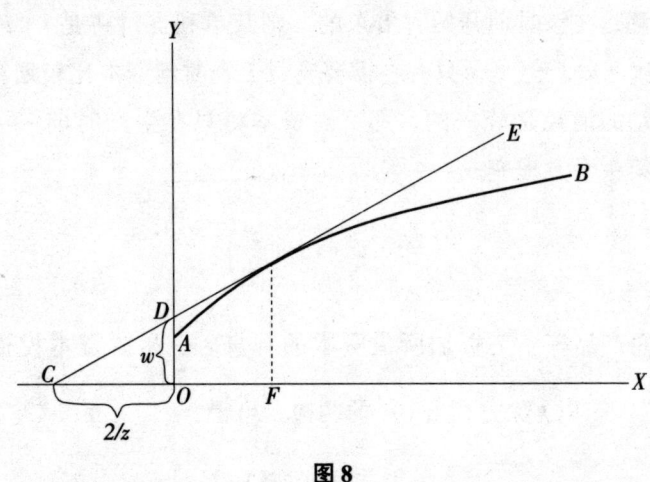

图 8

---

① 维克塞尔使用如下最大化方法：因为最大化时 $dw=0$，所以他微分 t，好像 w 是不变的。同样的结果可以用更类似的办法取得：

改写方程（2）为：
$$w = \frac{p}{1 + \frac{zt}{2}}$$

则
$$\frac{dw}{dt} = \frac{\left(1 + \frac{zt}{2}\right) \cdot \frac{dp}{dt} - p \cdot \frac{z}{2}}{\left(1 + \frac{zt}{2}\right)^2} = 0$$

消去分母，并以 $\frac{p}{w}$ 代替分子中的 $\left(1 + \frac{zt}{2}\right)$，得：

$$\frac{p}{w} \cdot \frac{dp}{dt} - \frac{pz}{2} = 0$$

除去 p，并移项，得：

$$\frac{dp}{dt} = \frac{wz}{2}$$

② 《论价值》，第 98～99、102～103 页。

③ 同上书，第 97 页。在《财政理论考察，兼论瑞典的税收制度》中（第 40 页），生产率曲线（AB）是从原点出发的，因为维克塞尔现在相信，如果没有一些资本，劳动者是什么也不能生产的（土地除外）。

沿 X 轴衡量时间，沿 Y 轴衡量产品（以实物单位或货币单位）。CDE 线与 X 线相交所构成的角，其切线等于 $\frac{wz}{2}\left(=\frac{dp}{dt}\right)^2$。① 这条线表示一个劳动者年工资的利息额，它是预付工资的年数的函数。最佳生产时期被确定在这条线与 AB（生产曲线）的切点上，在这一点上生产时期的增加会带来每个劳动者新增年产品，它恰好等于对他年工资预付的利息的增量。F 以左，与生产时期延长而预付工资所支付的利息相比，劳动者仍然能够通过延长生产时期生产出更多价值的产品；F 以右，反之亦然。

这是一个简单的投资，这个事实意味着该资本必须在这一半时间的企业之外发现使用之途。这个困难可以经由假定生产被"摇晃"而加以克服，因为这样以来就会有相等的劳动被投资在生产的每个阶段上。②

工资、利息和生产时期之间的一般关系并不是能够确定的全部内容。如果已知劳动者人数（A），一个经济的总资本（K）和生产函数，便可决定实际工资率、利息率和生产时期。因为每个劳动者需要资本的 $\frac{tw}{2}$，全部资本在自由竞争条件下必须被利用：③

---

① 根据方程（3），这条切线 $\frac{dp}{dt}$ 等于 $\frac{\frac{w}{2}}{z}$，它又等于 $\frac{OD}{CO}$。它说明（《论价值》，第 98 页注）在复利场合也可取得同样的结果（作为第一近似值）。
② 同上书，第 99~100 页。
③ 维克塞尔明确意识到竞争假定对其理论的重要性（同上书，第 104~105 页）。万一资本家联合起来，因为仍然追求充分利用他们的资本，他们将追求利息最大化的生产时期，但是不再服从于固定工资的条件，这样，方程（3）就变成：

$$\frac{dp}{dt}=\frac{-w}{t}$$

因为 w 和 t 是正值，所以延长的生产时期的边际生产率在利息率最大化的一点上一定是负值，这样，报酬为负值的阶段必定会到来。不过，这一点实际上并不存在，因此也没有最大化点，且非经济的各种考虑也将不能不限制降低工资的范围。

$$K = \frac{A \cdot w \cdot t}{2} \qquad (4)$$

这个方程和方程（2）和（3）一起，将决定三个未知数：t、w 和 z。或者，更简单地说，消去方程（2）和（3）之间的 z，则：

$$p = w + t \cdot \frac{dp}{dt} \qquad (5)①$$

283　把方程（5）中的 w 值代入方程（4），得：

$$K = \frac{A \cdot t}{2}\left(p - t \cdot \frac{dp}{dt}\right)$$

其中只有一个未知数，因为 p 和 $\frac{dp}{dt}$ 已知是 t 的函数。

　　这个理论与维克塞尔强调的工资基金学说是类似的。古典的工资理论可以表述为：

$$w = \frac{K}{A}$$

资本除以劳动者人数就是平均工资，但是，K 可得到的预付给劳动的资本额是未知数，它在均衡时取决于生产时期的长度。我们有两个未知数，但只有一个方程。庞巴维克重新表述了这个前提条件（增加了投资期限），

$$w = \frac{2K}{tA} \qquad (4)$$

因为引进了一个新未知数 t，他又增加了方程（5），一个基于时间的生产函数的等价物。②

284　　维克塞尔明确认识到，庞巴维克理论的前项是古典的工资基金

---

① 这个公式明确说明，在庞巴维克理论中，资本作为拉长时间的措施是按其边际生产率得到报酬的，而工资基本上是一种剩余。
② 在此可以重复一下前已指出的一个批评。K 也是可变的，因为在维克塞尔的理论中，生活资料量是时间的函数，因此，有必要新增一个方程 $K = f(t)$。

学说，而且事实上将该学说的要点归之于李嘉图。① 对该古典理论的基本批评，是说它没有看到只有一部分生产资本——而且是事先未决定的部分——被包括在工资基金之中。古典学者将其理论置于资本区分为固定资本和流动资本之上，这是一个**技术**问题。实际上这种区分在于**时间**。因此，李嘉图主义者被迫面临两难处境：在给定总生产资本条件下，工资率取决于固定资本和流动资本的划分，但这种划分又转过来取决于工资率。

因此，必须研究工资增长对资本主义生产的影响。进行这种研究的是李嘉图。李嘉图争辩说，当工资上涨时，机器将变得更有利可图，这是因为尽管机器的劳动成本也会上涨，但利息率下跌了。

> 如果更精确地追踪一下李嘉图仅以数字例证加以说明的思想路线，那么，很显然这一思想路线的核心在于这个事实：机器的引进延长了总的生产过程，李嘉图的例证就是从一年改为两年……其结果，相同数量劳动创造了更多的最终产品；但是，另一方面，用于维持劳动的资本投资于更长的时间，不是一年，而是大约两年，因而最终要付清的利息是两年的而不是一年的。这必然意味着，正如我们立即会看到的那样，假定工资率确定不变，更长的资本投资（机器的引进）最先"变得经济了"。②

这无疑是对李嘉图关于资本物品耐久性变化对商品相对价值影响理论的精彩解释。③ 但维克塞尔在将这一观点归于李嘉图的同时，

---

① 《财政理论考察，兼论瑞典的税收制度》，第 22～27 页；又见《讲义》，第 193～195 页。

② 同上书，第 27 页。

③ 参看李嘉图：《政治经济学及赋税原理》（郭诺编，伦敦，1932 年），第 1 章，第 4、5 节。关于建设期限的长度问题，维克塞尔是在《原理》第 29 页中发现的。

并没有认真阅读李嘉图著作的相关内容。在李嘉图那里,并没有关于更长的建设时期会有更高生产率的陈述(尽管在他的论证中有关于这种假定的强烈暗示)。耐久资本物品的优越之处,缘于利息率的降低,但这种降低与资本生产率无关。另外,李嘉图讨论了不同商品之间生产时期的变动,而不是某种既定商品生产的变动。工资和利息的变动会影响不同商品生产的规模,而不会影响生产某种既定商品的方法。的确,李嘉图假定,农业中的全部资本都是流动资本。

分配的相对份额和绝对份额

一个类似的问题,总产品在资本和劳动之间的分配问题,也受到了维克塞尔的注意:

> 当一个经济的总资本增加时,工资会上升,利息率会下降。作为一个法则,这种现象的缘由在于随着资本主义生产的增长,劳动在总产品中的份额总会变得更大,而资本的份额则相反,总会变得更小。不过,这不是绝对的。①

这个问题可用数学方法加以表述和解决。$\frac{w}{p}$ 剂表示支付给劳动者的产品份额,会随着生产时期延长二增减吗?该表达的微分式是:

$$p \cdot \frac{dw}{dt} - w \cdot \frac{dp}{dt}$$

代替 $\frac{dw}{dt}$ 和 w,② 我们可得:

---

① 《论价值》,第 113~114 页。

② 从方程(5)中可得:$w = p - t \cdot \frac{dp}{dt}$,因此,

$$\frac{dw}{dt} = \frac{dp}{dt} - t \cdot \frac{d^2 p}{dt^2} - \frac{dp}{dt} = -t \cdot \frac{d^2 p}{dt^2} \circ$$

$$-pt \cdot \frac{d^2p}{dt^2} + t \cdot \left(\frac{dp}{dt}\right)^2 - p \cdot \frac{dp}{dt}$$

因为 $\frac{d^2p}{dt^2}$ 小于零，所以前两项是正值，第三项是负值。因此，不可能推理说，劳动者的份额是升还是降；生产方程（$p=f[t]$）的性质是决定一切的。

还考察了资本增加对资本所得总额的影响。[①] 在这种场合，从预支给一个劳动者的工资取得的年利息是（$p-w$），其微分形式是：

$$d(p-w) = \frac{dp}{dt} \cdot dt - dw$$

代替 dw，[②] 我们可得：

$$d(p-w) = \left(\frac{dp}{dt} + t \cdot \frac{d^2p}{dt^2}\right)dt$$

因为两个数字的符号相反，所以资本绝对收益变化的符号也不能根据推理来决定。但是，如果 $\frac{d^2p}{dt^2}$ 很小，就是说，如果延长的生产时期的边际生产率几乎不变，那么总收益是正值，资本家的总份额增加。[③]

可供选择的方法

维克塞尔在《讲义》中，就利息问题提出了一个可供选择的解决方法。虽然这种方法与他对庞巴维克理论的复述没有实质差别，但它比过去的方法能作进一步的技术应用。[④] 因为它的基本理论没有什么变化，因此这里只稍作一总结。

[①] 《论价值》，第 114～116 页。
[②] 参看本书第 240 页注释②。
[③] 如果生产函数是具有这种特点，即 $p=\alpha+\beta\log.t$，那么资本家的总份额将保持不变。
[④] 《讲义》，第 172～184 页。

以陈酒为例,"这是经济学家们喜欢引用的一个陈旧的例证"。假定一单位酒(W)的价值只是其原始价值和构成它的那个单位葡萄酒的年数的函数。一单位葡萄酒的现值是 V。企业家追求其产品现值最大化,可以下式表示:

$$W(t)(1+i)^{-t} = W(t) \cdot e^{-\rho t} \tag{1}$$

在均衡状态时,
$$W = Ve^{\rho t} \tag{1.1}$$

将该式最大化,可得:

$$\frac{d[W(t)e^{-\rho t}]}{dt} = W' \cdot e^{-\rho t} - \rho W_e^{-\rho t} = 0$$

或者
$$\rho = \frac{W'}{W} \tag{2}$$

这就是杰文斯的瞬间利息率公式。

假定有一笔资本,其数额足以支持酿陈酒 t 年,又假定该资本全部被用于继续生产,该经济的总资本将是:

$$K = V\int_0^t e^{\rho x}dx = \frac{W-V}{\rho} \tag{3}$$

这就是社会资本(等于全部储藏的酒)正好等于 K 时的均衡位置。

如果社会资本增加,新位置如何呢?通过方程(1.1)的对数微分,用方程(2),我们可得:

$$\frac{\delta V}{V} = -t\delta\rho = -\frac{\begin{vmatrix} W & W' \\ W' & W'' \end{vmatrix}}{W^2}t\delta t \tag{4}$$

因为最后表达式的方阵是负值,① 所以我们从增加的社会资本中可以得到下列变化:

第一,葡萄酒的价值和生产时期将会增加(δV 和 $\delta t > 0$)。

---

① 来自这个条件,即 $\dfrac{d^2[W(t)e^{-\rho t}]}{dt^2} < 0$。

第二，瞬时利息率将会下降（$\delta\rho<0$）。

很容易看出，增加资本（K）将导致增加酒的窖藏时期（t）。求微分方程（3），并用方程（4），可得：

$$\delta K=\frac{\rho W'-\rho'\left[W-V(1+\rho t)\right]}{\rho^2}\delta t$$

因为 ρ' 是负值，$W=Ve^{\rho t}>V(1+\rho t)$，所以，$\delta t$ 必定是正值。同样，我们得到：

$$\frac{dW}{dK}=\rho+K\frac{d\rho}{dK}+\frac{dV}{dK}=\rho+(K-Vt)\frac{d\rho}{dK}$$

因为 $\frac{d\rho}{dK}<0$，$K>Vt$，① 所以，$\frac{dW}{dK}<\rho$。可见杜能和庞巴维克的论断是不真实的；利息率并不等于由资本增量所分得的产品增量。这个比率小于利息率。原因在于这个事实：一部分资本增量被工资增量（V）所吸收，因而生产时期（服从报酬递减）不可能扩展到工资（和地租）保持不变时所能达到的限度。他们的理论对于企业家是正确的，因为他的资本投资不影响资源价格。

维塞尔关于耐久资本问题的论述只需提一下即可，尽管它在纯理论分析方面包含了某种不同寻常的成绩（写于72岁时）。② 答案对作者来说显得不如优雅来得重要，因为它是基于某种特殊的假定条件之上的。③ 但不可能在适当篇幅内来复述他的论证，而且对它的适当评价会涉及到当代资本理论的许多问题。

一般分配理论

维克塞尔对一般分配理论最早的陈述，是将庞巴维克的利息理

---

① 从（3），因为积分总是 >1，如果 $\rho>0$。
② "真实资本和利息"，《讲义》，第 258~299 页。
③ 这些假定条件包括：只存在两种资源，即劳动和斧子；只有在斧子的耐久性增加时，才可能投资新的劳动，等等。

论拓展到土地和劳动是生产要素的场合。① 后者的理论被普遍化了,以致所有的份额,即地租、工资和利息所得到的单位报酬等于它们的边际产品。

一开始提出了一些简化的假定条件。② 所有的劳动是同样生产的,以相同的比率被支付。同样,所有单位的土地是同样生产的,获得的地租也相同。提供给每个劳动者同量土地。所有工业有相同的生产函数,或者,无论这些相同的生产函数总数有多少,被生产的产品只有一个。③

除了在表达庞巴维克的利息理论时所用的那些符号以外,还增加了三个新符号:

$r = $ 一单位土地的年地租。

$h = $ 提供给每个劳动者的土地单位数。

$B = $ 该经济的土地单位总额。

一个劳动者的产品现在依赖于两个要素,即生产时期的长度和他使用的土地数量。报酬递减支配着这些要素的使用。④ 每个劳动者所需要的资本总额为 $\frac{t}{2}(w + h \cdot r)$,因为还要预付给土地所有者。基本方程变为:

$$p = (w + h \cdot r) \cdot \left(1 + \frac{zt}{2}\right) \tag{6}$$

如果 r 设定为零,则该方程即可归为方程(1)。

如果已知工资和地租,对企业家来说现在的问题就是最大化利

---

① 《论价值》,第 121~127 页。

② 同上书,第 121~122 页。

③ 这还暗示了:劳动的平均投资期限和地租预支是相等的。在《财政理论考察,兼论瑞典的税收制度》中去掉了这个假定〔第 46 页,第 51(特别重要)页〕,在结果中仅有一些形式的变化。

④ 如果 $p = f(t, h)$,则 $\frac{\partial p}{\partial t} > 0$;$\frac{\partial p}{\partial h} > 0$;$\frac{\partial^2 p}{\partial t^2} < 0$;$\frac{\partial^2 p}{\partial h^2} < 0$。

息率。为求微分方程（6）（特别涉及 t 和 h），我们设定最大化的条件：

$$\frac{\partial p}{\partial t} = (w + h \cdot r)\frac{z}{2} \qquad (7)$$

$$\frac{\partial p}{\partial h} = r\left(1 + \frac{tz}{2}\right) \qquad (8)$$

用这三个方程，我们可以决定三个未知数 t、h 和 z。

但是，这个答案只对单个企业家有效。对整个经济来说，工资率和利息仍是未知数。增加一个使用所有土地和资本的条件，我们便可取得必要的新增方程：

$$K = \frac{t}{2} \cdot A \cdot (w + h \cdot r) \qquad (9)$$

$$h = \frac{B}{A} \qquad (10)$$

李嘉图的地租理论可被看作是这些方程的一种特殊情形。① 假定利息率不变，为了方便起见，设定为零（或者并包括在工资和地租中），还假定生产时期是固定的。方程（7）消失了，方程（6）和（8）变成：

$$p = w + h \cdot r \qquad (6.1)$$

$$\frac{dp}{dh} = r \qquad (8.1)$$

前一个方程表示，一个劳动者的年产品必定等于他的工资与其所使用的土地地租之和。第二个方程告诉我们："……当每个劳动者使用的土地单位是这么多，以致每增一单位土地所增加的产品不过就是该单位的地租量时，生产组织得最好……"。②

---

① 《论价值》，第 125~126 页。
② 同上，第 125 页。

246 生产和分配理论

可以很容易地看出，像表现边际生产率理论的其他体系一样，这些方程包含着传统的地租理论。① 让我们设定一块较大的可雇用许多劳动者的土地。前面的 h 现在是一个适当的分数，等于 $\frac{1}{n}$，其中 n 是每个较大单位土地上使用的劳动者人数。如果这种单位的所有劳动每年生产 q，则 $p = \frac{q}{n}$。微分最后这个表达式，可得：

$$\frac{dp}{dh} = \frac{d\left(\frac{q}{n}\right)}{d\left(\frac{1}{n}\right)} = q - n \cdot \frac{dq}{dn}$$

我们可以代替，得：

$$q = n \cdot w + r \tag{6.2}$$

和

$$q - n \cdot \frac{dq}{dn} = r$$

或

$$\frac{dq}{dn} = w \tag{8.2}$$

第一个方程（6.2）表示一大块土地的产品与花费在其上的工资和地租之间相等。后一个方程（8.2）说明"……最有利的生产方法存在于这种时候：在每单位（大块）土地上使用的劳动者人数这么多，以致使用其他劳动者只能带来他的年工资，而不会更多……"。② 维克塞尔在《论价值》中的表述方式不幸模糊了这样一个事实：他所表述的是边际生产率分配理论的第一个复杂的数学公式。他首先假定存在一个劳动者和一个可变数目的土地单位，然后又假定存在一个（较大）土地单位和一个可变数目的劳动者。在前一场合，这个可变要素（土地）按照其预期边际生产率取得

---

① 《论价值》，第 125 页。
② 同上，第 126 页。

报酬，因为

$$\frac{\partial p}{\partial h}\left(1+\frac{tz}{2}\right)^{-1}=r \tag{8}$$

但是，该单个劳动者显然是剩余索取者，在后一场合，支付给可变要素（劳动）的是他的预期边际产品，① 因为

$$\frac{\partial q}{\partial n}\left(1+\frac{tz}{2}\right)^{-1}=w \tag{8.3}$$

而较大单位的土地是剩余索取者。最后，资本也得到了它的边际产品。因为

$$\frac{\partial p}{\partial t}=(w+h\cdot r)\cdot\frac{z}{2} \tag{7}$$

这里的资本是为生产时期的一半投资的。

对这种方法稍作修改即可直接得出一般边际生产率分配理论。方程（6）可改写为：

$$p=w+h\cdot r+\frac{wzt}{2}+\frac{hrzt}{2} \tag{6}$$

从方程（8）替代 r，得：

$$p=w+h\frac{\partial p}{\partial h}\left(1+\frac{zt}{2}\right)^{-1}+\frac{wzt}{2}+\frac{hrzt}{2} \tag{6.3}$$

乘以 n，从方程（8.3）替代，②

$$np=q=n\cdot\frac{\partial q}{\partial n}\left(1+\frac{tz}{2}\right)^{-1}+n\cdot h\cdot\frac{\partial p}{\partial h}\left(1+\frac{tz}{2}\right)^{-1}$$
$$+\frac{nwzt}{2}+\frac{rzt}{2} \tag{6.4}$$

---

① 这个方程与（8.2）的不同之处仅仅在于利息包括在内；见于《论价值》，第 126 页注。

② 想必记得 $n=\frac{1}{h}$。

现在，如果我们随着维克塞尔假定生产函数是齐次的，[1] 则 $n\frac{\partial p}{\partial h} = \frac{\partial q}{\partial h}$，并替代（6.4）的后两项，[2] 得：

$$q = n\frac{\partial q}{\partial n}\left(1 + \frac{tz}{2}\right)^{-1} + h\frac{\partial q}{\partial h}\left(1 + \frac{tz}{2}\right)^{-1} + t\frac{\partial q}{\partial t} \qquad (6.5)$$

土地和劳动的边际产品的贴现值等于资本（$t\frac{\partial q}{\partial t}$）的份额，因为

$$n \cdot \frac{\partial q}{\partial n} \cdot \frac{tz}{2} + h \cdot \frac{\partial q}{\partial h} \cdot \frac{tz}{2} = t\frac{\partial q}{\partial t}$$

如果时间被除去，或者利息率设定为零，方程（6.5）变成：

$$q = n\frac{\partial q}{\partial n} + h\frac{\partial q}{\partial h} \qquad (6.6)$$

必须承认维克塞尔是一般边际生产率分配理论的奠基者之一。他自己的发展包含了这一理论的所有要点，而且提出了这个一般法则，尽管他没有给出明确的数学表述：

> 如果一个人将生产的总产出看作是相互合作的生产要素的实际（和连续）的函数……那么，经济行为显然要求每个要素恰好被使用到这个程度，以致其微小部分的缺失所减少的生产成果正好就是这个要素量所获得的产品份额……
>
> 以数学方法来表述，这就意味着，这些可变的生产要素的产品份额，必定与上述关于可变要素的生产函数的偏导数成比例……（第12～13页）。

---

[1] 这个条件暗含在维克塞尔的方程中，$q = n \cdot p$，从中可得：

$$\frac{\partial q}{\partial h} = n\frac{\partial p}{\partial h}。$$

[2] 维克塞尔给出的方程（同上书，第126页注）：

$$\frac{\partial q}{\partial t} = \frac{nwz}{2} + \frac{rz}{2}。$$

这个主题在《财政理论考察,兼论瑞典的税收制度》中没有引起进一步注意,维克塞尔对单个劳动者的生产函数却给出了一个明确的一般近似的陈述:

$$p = c \cdot h^m t^k b^v$$

这里 p 是产品,m、k 和 v 是适当的分数,c 是一个不变量,h 是土地单位,t 和 b 分别是劳动和土地投资期限的长度,[①] 但他没有对生产函数作详尽研究。在讨论分配论尤勒定理的一章,我们还将讨论维克塞尔分配理论的其他重要著作。

[①] 《论价值》,第 53 页。

第11章　约翰·贝茨·克拉克

至少到20世纪之初，大多数美国经济学家更关注的是经验研究和社会改革，而不是对价格的理论分析——这种情况在不小程度上是德国历史学派影响的结果。在这个时期对经济理论日渐增多的参与，其特点准确地说是充满活力而不是思想深刻。经济理论兴起——不是复兴——的领军人物就是分配理论领域的约翰·贝茨·克拉克。① 本章就来讨论他的理论。②

---

① 克拉克的生平概略和对其著作的初步讨论，可见《回忆约翰·贝茨·克拉克》（私人印制，1938年）。简介可见A.约翰逊："约翰·贝茨·克拉克，1847～1938年"，《美国经济评论》，第18期（1938年），第427～429页；P.霍曼《当代美国经济思想》（纽约，1928年）第1章提供了一般性评述；还应提到K.维克塞尔对《财富的分配》的一篇堪称优秀但有点过头的评论。参看："对分配理论的新贡献"，《国民经济和统计年鉴》，第三、十六卷（1903年），第817～824页，A.W.马吉特教授提醒我注意到该文。
② 对边际生产率理论更完整的观察，除了T.N.卡弗和F.W.陶西格的著名研究以外，还必须包括S.伍德的原创性和建设性著作。

克拉克独立发现了边际效用理论和边际生产率理论,① 而以对边际生产率理论的阐述最为著名;然而,即使在今天,在大陆许多经济学家看来,克拉克的理论就是**这个**边际生产率理论。的确,他的主要任务就是普及这个理论,使其繁简适度,重点明确,通俗易懂。

另一方面,克拉克履行了一项功能,经济学为此没有多少理由表示感谢。在他的所有主要著作中,尽管也许其程度在与时俱减,但他还是提出了一种被称为"天真的生产力伦理学"的东西——在他的边际生产率理论中,除了理论分析,还有某种处方。② 这个伦理体系的可疑的优点无须我们关注,但令人遗憾的是,克拉克的解释比任何其他当代主要经济学家都更多地为下述流行的肤浅论断提供了根据,即新古典经济学基本上是为现存经济制度进行辩护的理论。克拉克是为凡勃仑的咒骂定制的标签。

概述一下克拉克的早期著作也许是可取的,因为我们的研究主要着眼于他的《财富的分配》。他早期发表在《新英格兰人》上的论文(1877~1882年)于1885年以《财富的哲学》书名出版。这部著作反映了对古典经济学的强烈反感,认为它"忘记了人类本性中的优秀成分",③ 他的讨论表现了某种现实主义和基督教社会主义的神秘主义。

从分配理论的角度来说,本书并不重要。克拉克的目的主要是

---

① 就分析风格优雅而言,克拉克对效用理论的表述与杰文斯和瓦尔拉斯相比略逊一筹,但是,这种情况至少应当部分地归因于这个事实,即克拉克看到了效用理论的困难并对之作了评估,而该理论较早发现者们忽略了这些困难。参看《财富的分配》(纽约,1899年),第14、15章。克拉克在该书(第7页)独立地陈述了他对效用理论的发现。

② 参看《财富的哲学》(波士顿,1885年),特别是第135、169页;《财富的分配》,前言;还有第3、4、6、7、9页,第49、323~324页注,等等。

③ 《财富的哲学》,第3页。

科学地回答分配过程的公正问题。① 竞争——显然正在消失②——在确立公正的工资上是无能为力的。③ 工资和利息的来源是产品，④ 但是，没有提出边际生产率理论。认为李嘉图的地租理论不能令人满意，⑤ 因为它不承认交通改善会增进土地供应，还因为资本和劳动可以在改良的土地上进行投资。⑥

《财富的哲学》之后，克拉克关于生产和分配的基本思想发表在六年间的小册子和论文中。他对资本理论的几近确定的陈述是在1888年作出的。⑦ 次年便发表了对边际生产率理论的详细阐述。⑧ 上述论文提出，李嘉图的地租分析可被用于所有生产服务，还提出了一个静态经济概念（在现代意义上）。⑨《财富的分配》则是这些以及其他论著的综合；《经济理论基础》新增内容不多。⑩

成本和收入

克拉克对成本理论没有什么贡献。关于成本的根本性质，他是遵循"真实"成本理论的。他对这个问题的阐述充满了享乐主义

---

① 《财富的哲学》，第108、131~135页。
② 同上书，第147~148页。
③ 同上书，第169页："少数人没有工作，少数雇主没有良心，这是工资普遍低于许多正当理由所形成的那种工资的条件。"
④ 同上书，第126、127、130页。
⑤ 第125页注。
⑥ 第98页特别重要。
⑦ "资本及其报酬"，《美国经济学会会刊》，第三卷（1888年），第2期。
⑧ "科学工资规律的可能性"，同上，第四卷（1889年），第1期。
⑨ 两者包含在"地租规律决定分配"一文中，《经济学季刊》，第5期（1890~1891年），第289~318页。
⑩ 纽约，1907年。克拉克允诺这本书研究动态经济学，但他实际上没有发展任何动态（历史）理论。克拉克几乎完全依靠一种现在称为比较统计学方法，即对不同的静态均衡作了比较。以下援引均指《财富的分配》，除非另有说明。感谢麦克米伦公司允许我引用该书。

情绪：

> ……对价值理论的全面阐述会使我们进入心理领域，说到成本就涉及到心理因素，就像说到效用涉及到心理因素一样。说到底，成本使人遭受痛苦，就像效用使人感到快乐一样（第221页注）。

两种基本的痛苦成本是劳动和节欲〔第24章各处；第126（极为重要）、381页〕，稍后将详细讨论这两者。

他承认劳动者没有改变劳动时间以使痛苦成本和工资效用相等的完全自由："……人们都得随汽笛行动"（第383页）。克拉克也承认改变职业的困难，但是，他发现新一代劳动者的出现使流动性基本上得以实现，他们会选择职业以使他们的报酬相等（第278~279、398页）。当然，事实上后面这个问题解决起来并不容易，克拉克也没有履行他解决前一个问题即劳动时间固定的诺言。

在各工业之间配置既定生产服务（与生产资源没有区别）问题上，克拉克遵循的是真正的选择成本理论。在自由竞争条件下，当每个生产服务得到最大化报酬，即所有可供选择的服务的用途带来相等报酬时，均衡就实现了。① 土地也具有流动性，得自一定量土地的各种可供选择的用途的报酬也被均等化了（第289~299页）。经济中的"摩擦"或"动态"将会打破这种均衡，前者是暂时的，后者是持久的。②

报酬递减规律几乎被看作一个公理：它是经济现象的"普遍"规律（第48~50页）。克拉克在较早著作中不承认一开始会有一

---

① 第62页特别重要，第19章各处。例如，"一般工资率是存在的；但这个团体的雇主能按他们从生产率较低的团体里得到工人时所付出的成本来雇用工人……资本的移动是由企业家以同样方式实现的。竞争促成了这一切……"（第290页）。

② 第81~82页。克拉克考察了竞争的所有缺点，包括垄断，认为它是一种"摩擦"（第76页注）。

个报酬递增的过程。① 当瓦尔克批评没有论证这个可能阶段的明显错误时，② 克拉克用静态经济概念回答这种指责：

> 在我们假定的那个场合，没有承认劳动的联合与分工（递增报酬即归因于此）所构成的动态影响，它从我们所创造的理想社会的条件中被明确排除了。从只有一个人工作的状态转变为两个人工作并交换服务或生产的状态，意味着社会结构发生了比近期已经出现的更激烈的变化。它属于所列动态影响的第三项（组织），暂时被假定不起作用。③

这个论据肯定是以对静态经济概念的误解为依据的。人们可能而且一定会坚持说，技术不变的假定意指没有新的投资。然而，固定的技术是一系列已知可能的生产商品的方法，选择特殊方法则依赖于生产服务和最终产品的数量和价格。克拉克的论证涉及对递减报酬的否定，因为它（克拉克的假定）最终必定只剩下（在静态条件下）结合各种资源的单一可能的生产方法。④

---

① 例如："地租规律决定分配"，同上，第304页："如果一英亩牧场上只有一个人，他将获得丰厚的报酬，如果增加到两个人，每个人的所得就会减少；如果你扩大到十个人，那么最后一个人可能只有工资。"
② "地租论和剩余索取工资论"，《经济学季刊》，第5期（1890～1891年），第433～434页。
③ "静态分配和动态分配"，《经济学季刊》，第6期（1891～1892年），第115～116页；又见《财富的分配》，多164、166页注。
④ 在他评论"马歇尔的经济学原理"〔《政治科学季刊》，第6期（1891年），第146页特别重要〕中，克拉克把马歇尔的替代原理描述为动态规律（它的含义不同于克拉克所用的"动态"一词）——这是克拉克思想中同样模糊的又一表现。他事实上否认对"纯粹"资本报酬递减的可能性："现在，有一件事对生产财富的一般基金来说肯定是真的，那就是它不可能服从于替代规律。"（同上，第149页）。

在"地租规律决定分配"〔《美国经济学会会刊》，第三卷，第4期（1903年）第154～165页〕中，麦克法兰用同样的错误概念即报酬递减是动态理论，"反驳"克拉克的边际生产率理论。

报酬递减规律被解释为各种资源在数量不变条件下（特殊是土地）的"拥挤"（第164页）。没有对这个规律加以仔细定义，有时它表现为递增形式（原文如此，疑为"递减形式"之误。——译者）（第48、50、189、374页），有时说的又是平均含义（第165、192、208、280、300~301页）。没有处理工厂规模的决定问题。①

边际生产率理论

克拉克对边际生产率理论的广泛解说在这里可以很扼要地加以总结，因为该理论的基本点早已为人所知。② 在"纯粹"竞争条件下，每种生产服务的报酬在均衡时等于每单位生产服务的边际产品。某种服务的边际产品当然是由增添或撤除一单位该种生产服务对总产品的影响来决定的，而与之联合的其他生产服务的数量不变。企业家之间的竞争将促使支付给各种服务以边际产品的价值，而各种服务所有者之间的竞争将保障报酬不会超过边际产品（这势必蒙受失业）。克拉克对该理论作了精心加工和详细阐述，我们可以直接论及其中的几个方面。

亨利·乔治认为，劳动的边际生产率只有在无租的边际上才能与土地的边际产品区别开来，因为工资率被"设定"在这个边际

---

① 在他早期的"科学工资规律的可能性"一文中（同上，第52页），克拉克说，如果劳动和资本以相同比例增加，资本（包括土地）和劳动的相对边际生产率将不受影响；这暗含着一种同质的一阶生产函数。比较下一章。

但在两年前，在"现代条件下的利润"〔《政治科学季刊》，第1期（1887年），第611页〕中，他又说："在同一英亩土地上将劳动和资本翻一番，你不能将农作物也翻一番；将双倍劳动和资本委托给能干的管理者，你就能得到不止双倍的产品。"

② 在这个总结性段落中证明这个说法不过是空谈；对该理论的阐述几乎遍及《财富的分配》全书各章，但特别集中在第7、8和12等章。该理论在1890年代的至少六篇文章已经详细说明过了。

上。这个粗糙的边际分析形式促成了克拉克的边际生产率理论（第 3 页）。① 他接受乔治论证中的真理因素，但是拒绝接受高踞于劳动市场之上的'人民主权论'"（第 89 页）。〔"squatter sovereignty"（美史）人民主权论，南北战争前一种政治学说，主张各州人民有权处理其内政，并决定是否容许奴隶制。——译者〕这个边际理论被推广到劳动者利用各种不同的无租机器的场合（第 92 页极为重要）。但是，还有更一般的衡量某种要素的边际产品的方法：在使用所有的资源（而不是一个被衡量的资源）时，会存在一种集约的边际，而该可变要素的最后一个单位（它没有增加这些合成资源的成本）将获得生产它而对总产品所增加的价值（第 98 页特别重要），这个价值（由于"无差别法则"的缘故）也将支付给该可变要素的所有单位。

然而，这里存在一个问题。某个要素（其边际产品是被决定的）增加了，一定量其他资源需要与之重新适应，于是出现了这个问题。

> 一部机器通常需要一个人操作就行了。但是，在一个大企业的每个环节中，如果不改变资本物品设备的性能，要增加或减少劳动力是不可能的（第 101 页）。

克服这种困难有两种出路。首先，一种生产服务的数量在与其他要素配额的搭配时有一定的灵活性，例如农业〔第 100（重点）、103 页〕。但是，更重要的一种解决办法需要在一个长时期才能实现，即重新调整数量固定的服务的可能性，使其最好地适应变化了的可变服务量。用克拉克的术语来说，一定量资本能够使用各种数量不等的劳动，而固定数量的资本物品却只能使用相对固定的劳动量；② 反过来，在出现一代新人的时间内，劳动的职业配置

---

① 后来的论证首次出现在"科学工资规律的可能性"一文中，前引书；尽管对边际生产率理论的第一次表述已经在前一年出现了。参看下文第 272～273 页等。

② 第 112～115、170、175～176 页，第 183 页特别重要，第 186 页，第 247 页（特别重要）。

能够被调整得适应资本量的变化。① 克拉克正确地指出，即使如此，在长期内重新调整资源数量实际上是没有限制的。②

克拉克陈述的第二个方面是，否认边际生产率论是剥削工资的理论。如果最后单位劳动的产品决定工资率，如果劳动者的工作服从于报酬递减规律，那么，"边际内"的劳动者（克拉克的用语）的所得就会少于他们的产品。杜能被指控接受这个信念并提出了某些证明（第321页注），而庞巴维克则肯定持有这种观点。

克拉克对批判该理论的回应分作两步。首先，既定类型的所有资源是同质的（克拉克称之为"平均的"），所以，如果有一个人被撤除，企业家就会重新调整其余劳动者的责任，因而"由于一个人离开而留下的工作总是边际的工作"（第103页；又见第103~106、161页）。其次，在资本物品既定条件下，劳动者人数的增加意味着每个劳动者拥有的设备比过去减少了；新（增加）的劳动者的边际产品减少了（第322页注）。因此，必须将较少劳动者的更大生产率归结为资本的生产率（第195、202页，第323页注，第325页）。这个论证当然是决定性的，可以图形表示。在图9中，沿 AD 表示使用既定数额资本的劳动单位数，BC 是这些劳动者的边际产品。这样以来，DC 是将是工资率，ADCE 是工资额，ECB 这个"剩余"实际上则是合作资本的产品。

这个论据使我们直接面对克拉克理论的最后一个特征。ECB，资本的这个"剩余"报酬，与根据资本边际生产率决定的报酬是一致的吗？克拉克对这个问题的回答是肯定的（第201页）。他的结论主要是一个定义问题。在纯粹竞争条件下，每个被雇用的生产服务将根据其边际生产率得到报酬，其余则归雇用者、企业家。但是，这个剩余（"利润"）根据定义在纯粹竞争下是零："然而，

---

① 第159~160、187页。不过，劳动的变化被认为主要是数量的。

② 第173~176页。各种生产要素的数量变化的概念，例如，它们的比例的变化，最早是在"地租规律决定分配"中明确提出来的。前引书，第302~303页。

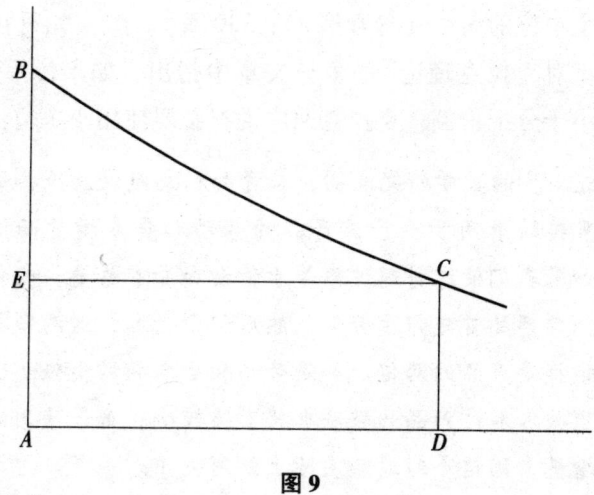

图 9

静态条件排除了这个利润,因为竞争使这两个区域(即地租或利息作为剩余与作为边际产品)相等了。"① 一个更严密的论据补充了这个形式上的说明:

> 所有企业不能同时获得相同的纯利润率吗?不存在一种使得利润普遍相等的条件吗?显然是不可能的。因为,这样一来就会有一种普遍的诱惑,使资本家变成企业家,同样地彼此竞价获取劳动和资本,直到利润在各处完全消失,全部变为新增加的工资和利息,归工人和资本家所有(第 291 页注)。

这个论点的说服力有所加强,但远非决定性的。克拉克没有说明这些特殊条件是什么,在这些条件下,生产服务根据其边际生产率获得的报酬正好分尽了产品,也没有说明在这些条件下竞争的稳定性。

现在我们来分析克拉克所表述的边际生产率理论中的一些错误。他没有明确说明用来衡量一种生产服务的边际产品被增加或

---

① 第 203 页;又见第 331 页:"静态的假定使整个 ABCD 不可能包含比工资和利息更多的东西。"

撤除的那个单位的大小（参看第93、320页）。R. S. 帕丹在一篇相当混乱的反对克拉克理论①的争论文章中指出，如果使用大单位，产品将会小于分配份额。克拉克回应说有必要使用小单位：

> 进一步的数学研究表明，工资和利息超过总产品的数量是直接随着用于生产该产品的劳动和资本增量而变动的。如果我们使这种超过额等于劳动和资本总量，我们就将把全部产品首先归于劳动，然后归于资本，这两项收入的数额将是产品的两倍。如果劳动和资本的增量较小，那么两项收入超过产品的数额也将变得较小；如果使用的是微小增量，则这个超过额实际上就消失了。
>
> ……如将帕丹先生论证的这个事实加以完善，则将会表明在价值论和分配论所依据的一般原理（可被称为"最终经济效率法则"）的任何应用中，需要使用的是被检测的（原文如此）要素的微小增量。②

克拉克理论最基本的缺点是他依靠两种生产"要素"：社会劳动和社会资本。当然需要对生产服务的单位加以定义，以便能够谈论数量的变化。如果所有要素没有失去它们的一致性，各种服务的单位就不可能依据生产率加以分类，因为依据这种基础它们将变成同质的，正如克拉克所说的那样。③ 现代定义生产服务的做

---

① "克拉克的工资和利息公式"，《政治经济学杂志》，第 9 期（1900~1901年），第 161~190 页。A. 阿弗塔林也提出了基本相同的论点："关于生产率和收入的三个概念"，《政治经济学评论》，第 25 期（1911 年），第 145~184 页。

② "用边际生产率决定的工资和利息"，《政治经济学杂志》，第 10 期（1901~1902 年），第 108 页。

③ 第 374 页注："资本的产品在这些场合显然不能作为衡量资本的依据。如果我们说生产一单位消费者财富的是一单位资本，我们无非是说在任何时候所有资本单位是同等生产的。另一方面，当我们说各单位资本的报酬递减，同时却仍然用其产品作为衡量单位时，我们说这是自相矛盾的。"

法是依据实物单位，即一般劳动日的一小时，或者一定类型农业土地的英亩年数。

但是，克拉克依靠第三种服务单位，由此将所有的劳动归结为社会劳动，将所有资本归结为社会资本，将所有的生产服务（及其全部产品）归结为一种不直接涉及生产率的可比基础。① 这种方法的合理性是不明显的；克拉克说，仅有相对价值是不够的，因为它们不能使我们计算"一国财富"的利息率（第374～375页）。"为了这些目的——也为了比这里有必要列举的更多理由"（第375页），——边际效用被用作衡量所有经济数量的尺度。这是因为，依据杰文斯的分析，边际效用等于均衡状态下的劳动负效用，而后者实际上被社会选择为衡量的尺度（第378页极为重要）。这将需要花费大量篇幅说明实行这一程序的各种假定前提，例如效用和负效用的可衡量性和可比性、② 对分工的影响，③ 以及类似的条件。然而，斯密的劳动价值论和19世纪的极端乐观主义这一特殊结合的非现实主义，足以说明无须再作进一步的评论了。

资本理论和利息率

尽管克拉克主要以其边际生产率理论著称，但我们完全可以说他在资本理论历史的作用更重要。边际生产率理论在1890年代就已经建立起来了；克拉克的资本理论所包含的许多卓越论点却备受盎格鲁-撒克逊经济学家们的贬低和轻视。就我们现在研究的著作来说，他的观点与瓦尔拉斯的观点密切相关，而在某些方面克拉克的观点显然更居上乘。

克拉克的基本命题是众所周知的："资本"是两种基本不同的

---

① 相关讨论大部分在第24章；还可参看第63、190、207和298页。
② 克拉克认为效用只能以序数衡量（第380页）；但他又说过消费者剩余和类似概念（第383页特别重要）。
③ 他说这不会影响涉及的原理（第379页）。

事物的名称。它可以指具体的资本物品，例如机器、设备、原料和土地等等，① 也可以指"社会的"或者"纯粹的"资本，意指暂时的具体资本的（永久）价值。具体资本指劳动以外的一切有助于生产的物质手段（第116页）。这个物质标准没有太多道理，这也许可以用克拉克对静态经济的特有定义来解释，在这种经济中，专利一类的东西是被排除在外的（第76页注）。

克拉克这样解释具体资本物品和作为"财富量"的资本之间的区别：

> 有关我们称之为资本的一个最简单的突出的事实，就是它的持久性。资本是持久的；想要事业成功，资本必须持久。侵犯资本——资本稍受毁坏，你就会遭到不幸。如果你毁坏了你所拥有的全部资本，你就不得不开始赤手空拳地单靠劳动尽力谋生。可是，为了避免失败，你却必须毁掉你的资本物品。如果不想毁掉资本物品，你就会遭到灾祸，就像你听任毁掉一些资本一样。如果停开机器以免磨损，把它们包装起来放在箱子里以免毁坏，那么你的资本的生产行为也就停止了。更有甚者，资本本身最终不免也要毁灭；因为时过境迁，你的机器将变成陈旧的东西，不适合使用了。
>
> ……
>
> 资本物品不仅可以毁掉，而且必须毁掉……（第117页）。②

另一方面，资本是"一定量抽象的生产财富，一种永久的基

---

① 克拉克将劳动断然排除在资本之外，其所强调的理由并不很令人信服（第116~117页）。具体资本和抽象资本之间的区别，最早是在"资本及其报酬"一文中提出来的（前引文，第9~18页）。

② 倒数第二句当然不适合于克拉克的静态经济；在这种经济中机器不会"过时"。

金……一种抽象之物"（第 119 页）。

克拉克对这两个概念的解释是不充分的，因而它们常被指责为缺乏内在说服力的神秘主义。如果抛弃了资本持久性和资本物品可毁坏性的表面悖论，便可以这样重新表述其基本的重要的论据：具体的资本物品的磨损可快可慢，或完全不磨损，——最后这种情况不适合于土地（第 118、121～122 页）。然而，具体资本是否磨损，磨损多快，这是一个次要问题，一个技术问题。从经济观点来看，重要的是这样一个事实：这些资本物品的产品包含着维持或（和）更新的储备品，而且在计算纯收益之前就应做好这种储备（现时的或经过储藏）。

上述突出的和明智的表述实际上反映了克拉克的立场。在《财富的分配》中有很多段落都在强调这样一点："纯粹"资本的持久性实际上是由具体资本的维持和更新政策引起的：①

> 一个磨坊损坏了，必须重建或者改建，这件事本身对生产毫无益处。从磨坊所有者的经验来看，这不是一件值得欢迎的事，只有在万不得已时，他才允许这样做（第 148 页）。

> 只有一系列连续不断的工具能够比维持自身创造得更多——只有这一系列资本物品能够为其所有者创造纯剩余时，这些资本才是生产的（第 271 页）。

一种具体资本物品能够生产一种纯剩余这个事实，是一个"确凿的具体事实"（第 272 页）。用于反对克拉克资本概念的唯一真正的异议是，认为克拉克的资本概念是基于物质财富，而不是基于对一系列收入权利价值的折扣。尽管有这种不幸的古典派的偏见，他还是不一贯地将耐久消费者物品从资本中排除了（第 154、273 页）。

节欲与资本增长的关系需要简略提一下。节欲意味着以今天的消

---

① 还可参看第 250 页（特别重要），第 262～264 页，第 268 页（特别重要），第 272～273、278、335、341～342 页。

费品交换"创造财富"的物品（第126页），即交换永久的未来收入。

> 节欲就是断然放弃某种消费享受，并获得完全新增的资本。一个人把钱花在消费品上，就可以获得某种享受；假使他省下这笔钱，这种享受就不能获得。他永远地放弃了这种享受，但作为一种补偿，他将得到利息（第134页；又见第139页）。

节欲会引来新的资本物品，但维持现有的资本财货并不需要额外的节欲（第127、133、134页）。拒绝节约和超支概念（即在消费中被清算的"单纯投资"概念）是合理的，因为它们不是对经济行为的真实描写（第130~131页）。①

尽管克拉克强调说，资本量在静态经济中是固定的，但他这样说不是根据静态经济的定义，而是基于下述论据："在静态社会中不存在节欲或新资本的创造；因为在手上已有资本的情况下，如果放弃享乐，并想由此使资金更多，只会使损失更大。"（第136页）。这种说法同他关于静态社会是一种抽象的一般论点是完全不合拍的；它倒更像是古典派的一种观点，即认为经济变成静态是因为使其发展的各种力量已经告罄。

利息率决定于资本边际生产率（第82页特别重要）。这个理论在一些方面还有所扩展。首先，决定利息率的是资本的边际生产率，而不是资本物品的边际生产率。克拉克认为这一点是重要的，因为资本的增量通常意味着现存资本物品质量的改变，而不是同一种资本设备数量的增加（第246和266页特别重要）。除非打乱整个工厂，否则一个单位具体物品是不可能抽出来的。

> 很显然，这个工业（铁路）资本的最后增量，不是一个在实物上可以从资本中抽出来的东西，它不像由可以

---

① 还可参看"资本的起源"，《耶鲁评论》，第2期（1893~1894年），第302~315页。

卖给另一个公司的几个火车头或车皮所构成的那样，能从资本中抽出来。它（最后增量）仍然保留在工厂中。它体现在工程师、乘务员、监管者等人在客货运输时所使用的全部复杂的工具中。如果要很好地衡量这一部分资本的生产能力，我们就必须像变戏法一样，突然把整个工厂降低一等（第251页）。

然而，现存资本物品的贬值会逐渐使（资本）形式发生适应性变化，而且新增资本的最终使用可能会带来产品最大化。

利息被定义为资本的一定比例报酬，地租被定义为一种具体资本物品带来的收益，所以它们是相同报酬的不同方式（第123页特别重要）。克拉克没有面对如何衡量资本量这样的困难问题，[1]尽管他暗示说资本的价值决定于具体物品的生产成本（第125、140页注）。他显然知道生产期间的利息（第140页注），但这个因素在他的理论中未起重要作用。

克拉克资本理论的最后一个值得注意的方面，是他对庞巴维克理论的攻击。[2] 克拉克反对这样的观点，即认为在静态经济中，资本由给予劳动者的"预付"所构成。[3] 他的第一个主要理由是，同

---

[1] 当然，劳动的边际反效用不在此例，对此前一节已经论及。
[2] 比较第3章。克拉克的批判最早见于"资本的起源"，前引文；以及"利息的起源"，《经济学季刊》，第9期（1894~1895年），第257~278页。
[3] 因为"预付"这个概念从根本上说适用于统一的生产过程，所以与农产品相关的生产间歇性就被排除了（第150~152页）。在庞巴维克的理论出现以前，克拉克就反对把资本概念理解为"预付"。在"资本及其收益"（1888年）中指出了这个理论的两点错误。第一，工资所代表的是已经在企业家手中的产品（同上，第20页）。这个反驳被部分地收回了，因为它承认在支付工资期间就有劳动者成了资本家（同上，第27页注）。第二，从具体资本物品的观点来看，尽管消费者必定是由工作者得到的，但他们构成了一种"交换资财"（工资可能投资其中），而且与可能的工资率没有固定的关系（同上，第21~23页）。克拉克当时还没有得出他的核心主题：生产和消费的同步性。

样的理由也可用于资本家，就是说，在生产的前期阶段也需要预付给资本家（第 154～156 页）。在这个无可争议的论点之外，克拉克还提出了更重要的反对生产时期概念的论据。

具体的资本物品确实是有生产时期的（第 127～128 页）。人们可以说一架机器从生产到使用完结之间流逝了一段时间。但这是一个技术细节问题；与具体物品相对照，资本却是永久的，而且因为它的作用而使生产和消费具有同步性。假定一种树木需要五十年成材；在静态经济中将会有五十排树，其树龄可能处于一年到五十年之间。我们可以说任何一排都需要五十年成材，但是因为预计有一个固定的木材产出率，所以再说它们的树龄就没有意义了（第 131～133 页）（意即每年砍伐一部分木材，同时又花费资本栽种同样数量的新树木，使树木总数不变，因此，新种的树木似乎立刻就可以消费，也就是说资本使生产和消费同步，这样一来说不同部分的树的生产时期不同已经失去了意义，将资本利息归结为"生产时期"的结果、将资本利息说成是"等待"的报酬也失去了意义。——译者）。

因此，从资本的观点来看，资本的维持和更新就意味着资本本身在不断被投资。

> 假如第一把斧子是由劳动创造出来的，而且先前没有任何已创造的资本，那么，这个单位的生产财富的生命有一个开端，但它没有终结。在它的生命的这一端存在界限，而另一端却没有。当我们创造一些新资本的时候，我们开辟了另外一个无穷尽的时期，但我们却没有加长任何已经开始的时间（第 137 页）。

> 总之，要增加若干单位的已经存在多年的资本是可能的，但要增加资本存在的年限是办不到的（第 138 页）。

观察生产过程的唯一正确的方式是将其视为生产和消费同步的过程（第 305 页极为重要）。在一个静态经济中，存在着某种不断的消费物品流（抽象了生产周期），还有某种预计用来维持消费物品产出的不断的生产服务流。

一个人不能避开这些异议而转向具体的资本物品，认定它们具有确定的生产时期。增加资本可以不涉及加长资本物品的生产时期（第138～139页）。我们可以用一打渡轮去代替一座桥，由此缩短生产期间，尽管无论哪种选择都要求相同的资本。后面这个批评缺乏说服力，它对庞巴维克观点认同的太多了。①

在我看来，克拉克的资本理论基本上是健全的。他的陈述并不完善，特别是对有关资本物品生产的重要问题（投资过程）认识不足，未能给出解答。另一方面，他强调资本具有相当的流动性（经历较长的时期），认为资本能带来持久收入的观点，确是很中肯的。

地租理论

对李嘉图主义地租理论的最广泛的解释，特别是关于其历史的诉求，是在"资本及其收益"中提出来的。② 除了空间方面以外，土地的不可毁灭性是被否认的，而且认为土地的供给十分广阔，以致使它成为自由物品。③ 土地肥力是可以控制的，土地的一般经济位置也是如此。④ 邻近市场的土地会留下一种"剩余的效用"，克拉克以之说明，只要运输产品需要花费成本，直接邻近市场的土地就会得到某些区位的租金。⑤ 除了最后这个因素（其重要性在降低）以外，土地具有基于生产成本的确定的供给价格。⑥

---

① 克拉克甚至说，增加资本时，具体物品的生产时期通常加长了，因为这些物品变得更耐久了（第140页注）。
② 前引文，第32页特别重要。
③ 同上文，第33～34页。
④ 同上文，第33、36页。交通的改善"可以并看作是制造了土地的位置效用"（同上文，第34页）。
⑤ 同上文，第35～36页。
⑥ 同上文，第40、46～47、54页。

268 生产和分配理论

从这些论据出发,克拉克进而解释李嘉图的地租理论,在他看来,李嘉图地租论所解释的是所有的具体物品在短期内的回报,而不是一种"正常的"收益。因为基本的段落包含着克拉克最初走向边际生产率理论的思路,所以值得全文引述如下:

> 这里有一块土地,让我们依据这个规律检验一下从中可以得到的地租。
>
> ……
>
> 我们把它的产品作为被减数,为了得出减数,让我们的眼光透过类似的工具表落到这一部分土地上,其产出刚好足以支付花在我们检验的这块土地上的劳动工资,以及与之相关的资本的利息。我们如能证明这就是支付耕作的最差的地块,我们就称它为实际耕作的最差的土地。如果还有更差的土地,我们通常就会把它剔除而不加以计算。我们所检验的土地的收入遵循着这个规律——地租等于土地产品减去其他产品,其他产品应当而且可能等于工资和辅助资本的利息。任何工具的租金也都是由其增大工业产品的能力支配的。假定在一般工业领域有 x 单位劳动和 y 单位资本,产品是 z。假定它的所有者在生产中得到生产工具的辅助,现在的产品是 $z+1$,工具的租金就是 1。这就是能以数学表述的李嘉图的公式;但是,尽管如此,这个规律是普遍适用的。①

他重申了这种边际分析具有普遍的适用性,但是他还是没有认识到它的全部意义。②

对克拉克来说,土地不是一个独立的生产要素;它不过是一种特殊的具体资本物品(第189、190页注)。从古典派的观点来看

---

① 前引文,第 41~42 页。
② 同上文,第 44 页。"的确,这个规律是对亚当·斯密所说的一个简单真理的迂回表述,亚当·斯密说,土地地租实际上是土地产品减去承租人必须保留的工资和利息后的余额"。

土地所具有的两个突出特征，在克拉克看来都是不真实的。第一个特征是土地的供给固定不变，克拉克认为实际上静态条件下所有生产服务都是如此（第 338 页特别重要）。这个特征当然是真的，但是难得有什么关系。古典经济学家认为土地供给是固定的；克拉克则将所有生产要素都**定义为**固定不变。他似乎承认土地供给在历史上的固定性（第 189、256 页）。

克拉克立场的结果具有十分重要的意义。土地供给在任何一个工业中是完全可变的，恰如"人为"资本的供给是可变的一样（第 340 页特别重要）。并非所有的土地都同样适合于多种用途，但是，在（不同用途）转换的边际上，足以确保不同行业的土地的报酬率均等化——与资本的情况一样。①

土地的第二个特征，在古典派的理论中是土地报酬具有级差性质，克拉克认为这对于所有的分配份额都是真实的。地租概念的这种一般化，最早是由克拉克在 1891 年②与 J. A. 霍布森同时提出来的。③ 这一点在今天已经众所周知，无须多说。④ 在李嘉图理论中，土地数量保持不变，资本—劳动量则是可变的。资本—劳动依照其各自边际生产率得到报酬，剩余或余额就是地租。根据类似的论证，一个人也可以说，资本和劳动量不变，土地量可变，从而将剩余作为利息和工资，而将地租作为边际产品。⑤

尽管克拉克的讨论总的调子是批判李嘉图主义理论，但他在许多问题上犹豫不定，而且作出了一些不必要的让步。⑥ 例如，他没

---

① 第 342~344 页。按照克拉克的说法，存在着一个区别：资本在长期中能够变得完全流动，而土地的特殊性质永远不变——这个说法取消了正文中的立场。
② "地租规律决定分配"，同上。
③ "三种地租的规律"，同上，第 263~288 页。
④ 比较第 12 章。
⑤ 第 192~200、299~300 页，第 330、345 和 361 页（特别重要）。
⑥ 实际上，在第 372 页的一段话中，李嘉图理论被接受为一种"动态的"规律，只有微不足道的保留意见。

有必要地承认减轻地租不会影响价格,尽管这一点对其他分配份额来说是对的。① 地租被看作是生产成本是基于两个错误的理由:因为地租影响生产的物品数量(第357页);因为地租决定于边际生产率理论(第358页)。他现在也承认土地没有生产成本(第339页),在后来的著作中甚至说,如果耕种恰当,土地是不可毁灭的。②

工资和利润

除了边际生产率工资论外,克拉克还对劳动供给提出了一种痛苦成本说。他的分析与杰文斯的实质一致:每日的劳动持续时间被设定在劳动者产品的边际效用等于其劳动的边际反效用的一点。③ 克拉克承认"人的衰老同汽笛是相关的"(第383页),但是,他没有兑现解决这个困难的承诺。

克拉克的早期论文对风险与利润的关系问题有所发挥,这来自现代所谓"风险"利润论。④ 甚至在静态经济中也有风险,例如火灾。对这些风险赔付的假定,不是根据风险的客观实际价值,而是根据它们的主观(效用)实际价值,即各种损失的客观概率,

---

① 第358页特别重要。当他在"科学工资规律的可能性"一文中(同上,第64页特别重要)第一次提出来时,更着重于这个论据。

② 《经济理论基础》,第180页。

③ 第382页特别重要。唯一的不同是他认为劳动的反效用从第一个劳动小时就持续增加了(第383页特别重要)。对这个理论的第一次详细阐述见于"价值的最终标准",《耶鲁评论》,第1期(1892~1893年),第258~274页。在"派顿的动态经济学",《美国科学院年报》,第3期(1892~1293年),第30~34页,将原先的休闲增加了对劳动的"厌恶感",作为劳动反效用的第二个因素。

④ "保险和企业利润",《经济学季刊》,第7期(1892~1892年),第40~45页。

乘以适当的边际效用。① 我们可以略过这些享乐主义的精致论述，转而考察克拉克关于企业家作用的理论和"纯"利润理论。

在克拉克的理论中，企业家大概是劳动者的一种类型。企业家的职能就是将其他生产要素如劳动和资本加以整合（第 3、289 ~ 290 页）。动态变化会突然使这些整合得以实现，而动态变化一旦结束，整合也随之消失。② 在静态条件下，企业家作为企业的主管，不过就是一种类型的劳动者（第 111 页）。这里没有必要重复奈特教授对克拉克理论的评论；③ 该评论的要点是：来自历史的变动是不确定的（即它并不遵循各种"规律"，包括概率规律，因而总是不能正确地加以预测），而且，使纯利润得以产生的也不是变化本身。

---

① "保险和企业利润"，《经济学季刊》，特别是第 43 页特别重要。如以 a_j 表示每年损失 j 美元的概率，以 v_j 表示第 j 个美元的边际效用，则对静态风险的赔付一定是：
$$\sum_{j=1}^{k} a_j v_j$$
其中 k 是风险总额。
② 第 78 ~ 81、179、290 ~ 291 页。企业家的报酬在动态条件下被认为等于其边际产品。
③ 《风险、不确定性和利润》（剑桥，1921 年），第 2 章。

第12章 尤勒定理和边际生产率理论

只有证明了生产要素按其边际产品分配会将总产品全部分尽，边际生产率分配理论才算最终完成。这个产品分尽问题当然是边际生产率理论所独有的。以往的分配理论在这方面大致可归入两种范畴之一。剩余理论构成第一类，这种类型的分配理论总是设定至少存在着一种剩余份额；在古典经济学体系中，地租被赋予第一个扣除的角色，"利润"则是第二个扣除。只要存在剩余索取者，显然就不会提出产品分尽的问题。第二类是这样一种分配理论，它们把各种分配份额分尽产品作为一种明确的**假定**。归入这一类的有基于固定生产系数的各种理论，那是由瓦尔拉斯和维塞尔以及他们新近的追随者提出来的。只有边际生产率理论才分别地决定每个生产要素的份额。① 结果只有边际生产率理论碰到了这个问题：这种方法恰好分尽了总产品吗？

前已指出，维克塞尔早在1893年就对这个问题作了肯定的回

---

① 但是，我们将会看到，产品分尽甚至被边际生产率理论家们所假定也是常有之事。

答，埃奇沃斯在 1889 年的讨论中也强烈地暗示了同样的答案。但是，第一次明确提出这个问题的是威斯迪德，见其 1894 年发表的精彩论文"分配规律的协调"。此后这一时期几乎所有的欧洲主要经济学家都参与了这个问题的讨论，其中不乏评议和论据。① 维克塞尔是威斯迪德的主要维护者；埃奇沃斯、帕累托、巴罗内和瓦尔拉斯则带头攻击这个理论（不时还有人身攻击）。本章试图对这场争论作一总结和评价。舒尔茨、② 希克斯、③ 罗宾斯、④ 道格拉斯⑤和琼·罗宾逊⑥提供了有价值的尽管不够完整的参考文献，但是这些作者没有详细研究这场争论，也没有对参与者们的立场作出评价。

贝 里

在转向威斯迪德之前，注意一下阿瑟·贝里对边际生产率理论的表述可能是恰当的，这是对该理论最早的数学表述之一。⑦ 这个理论包含在他 1890 年向不列颠协会 F 组发表的题为"分配纯理论"的报告中。⑧ 我一直未能看到关于这篇报告的任何一篇简单的参考文献，尽管马歇尔和埃奇沃斯都曾赴会并提交过报告。不过，

---

① 这个争论是数学的，这排除了当时的美国经济学家，只有费希尔除外。
② "边际生产率和一般定价过程"，《政治经济学杂志》，第 37 期（1929 年），第 505~551 页。
③ 《工资理论》（伦敦，1932 年），附录一。
④ 为《政治经济学常识》重印本撰写的序言（伦敦，1933 年），第 1 期，第 4~11 页。
⑤ 《工资理论》（纽约，的 1934 年），第 2 章。
⑥ "尤勒定理和分配问题"，《经济学杂志》，第 44 期（1934 年），第 398~414 页。
⑦ 是瓦伊纳教授提醒我注意贝里的。
⑧ 该报告的总结重印于《不列颠科学促进协会报告》（1890 年），第 923~924 页。

马歇尔曾感谢贝里对其《原理》前三版数学附录提供的帮助。①

贝里的分析处理的是个别企业家。他假定生产服务和产品的价格是固定的，还假定企业家的劳动不会随产品微小变化而改变。他所使用的符号如下：

$$g_1, g_2, g_3, \cdots\cdots = 土地码数 1, 2, 3\cdots\cdots;$$
$$l_1, l_2, l_3, \cdots\cdots = 劳动时数 1, 2, 3, \cdots\cdots;$$
$$c = 资本（英镑）$$
$$\rho_k = 每码土地的地租量 k;$$
$$w_j = 每小时劳动工资量 j;$$
$$i = 年利息率;$$
$$p_1 = 企业家 1 的产品价格。$$

生产函数被定义为：$f_1(g_1, g_2, g_3, \cdots\cdots; l_1, l_2, \cdots\cdots; c)$，"$f$ 的形式取决于企业家的熟练和'机会'等等"。② "边际生产率方程式"是：

$$p_1 \frac{\partial f_1}{\partial g_k} = \rho_k \cdots\cdots$$

$$p_1 \frac{\partial f_1}{\partial l_j} = w_j \cdots\cdots$$

和

$$p_1 \frac{\partial f_1}{\partial c} = i$$

企业家的报酬是余额，即 $P_1 \cdot f - \sum g\rho - \sum lw - ci$。

对整个经济来说，应有若干新增的方程表示土地、劳动和资本被完全使用。对资源的消费需求可以加到企业家的需求上。劳动的供给决定于反效用函数，即：

$$w_j = \frac{dx(\sum l_j)}{dl_j}$$

---

① 比较一下《原理》各版的序言。
② "纯分配理论"，同上，第 924 页。

这里 x 是 j 量劳动者的"平均"反效用函数。

因为贝里的理论仍然包含着一种剩余("利润"),所以他避开了产品分尽的问题。在贝里的场合,如在埃奇沃斯的场合一样,旧的英国企业家概念阻止了对边际生产率分析的应用。然而,贝里因其对边际生产率理论的早期预期,理应受到赞誉。

威斯迪德

单是一篇"分配规律的协调"(1894 年)① 就足以确保菲利普·H·威斯迪德在经济思想史上占有持久的重要地位了。《协调》是一本小册子,只有 53 页,但其勇气和独创性使其理应得到最高的敬意。

小册子的标题很好地反映了它的主题:所有的分配份额都被归结为一个基础,从而可以比较。威斯迪德对他所接受的分配理论的评论非常简洁,值得全文引述:

> 研究分配规律时,通常的做法是分别提出土地、劳动和资本等大类生产要素中的每一种,研究该要素在生产中协同动作的特殊条件,研究作用于支配该要素的人的特殊

---

① 我用的是伦敦学院重印本,第 12 期(伦敦,1932 年)。《协调》有许多排印错误,这些错误在同年(1894 年)未装订的一个重印本中作了更正。威斯迪德在原来的装订本上作了一些修改;另一些错误可能是 W. S. 约翰逊指出来的,这些错误在他的复本中也有。约翰逊的复本没有包含重要的评论。伦敦学院的重印本仍有若干排印错误:
第 31 页第 1 行:$F(c)-cF(c)$ 误为 $F(c)-cF'(c)$。
第 36 页第 3 行:$f(x)$ 显然是价格,所以正文应读作 $xf(x)$,即与初版相同。
第 44 页第 16 行:$\int f_c(x)$ 误为 $\int f_c(x)\,dx$。
感谢瓦伊纳教授,他不仅提醒我注意《协调》一文,而且应允我使用该文与此注释有关的各种复本。感谢伦敦经济学院应允我引用这个重印本。

考虑，以及该要素所提供的服务的特殊性质，从所有这些考虑中归纳出调节分配给该要素的产品份额的特殊规律。

如果继续坚持这种方法，那就不可能将各种分配规律协调起来，也不可能确定依照该理论归于各种生产要素的份额是否囊括了产品以及被产品所覆盖。要使这样做成为可能，看来关键在于用一种共同的术语来表述这些规律。例如，地租规律以土地肥力的客观标准为基础，而利息规律却基于对现在和未来的主观估计，这样一来，甚至将土地份额和资本份额加在一起都困难，也难以肯定剩余份额是否同该理论指定的工资相吻合。①

被选择作为要素合作基础的是**要素提供的服务**，它显然是从边际效用价值论得出的一个平行的概念。一个商品的边际效用决定其价值，同样地，一个生产要素的边际效率将决定它的价值。一个要素的边际效率决定于"该要素的微小增量对产品的影响，假定其他条件不变"。② 如以 P 代表产品，K 代表资本，则 $\frac{\partial P}{\partial K}$ 就是资本的边际效率，$\frac{\partial P}{\partial K} \cdot K$ 就是资本在总产品中的份额。支付给每个要素的报酬等于每单位该资源所增加的产品，这是"不言而喻的"，甚至是"自明之理"。③ 谁都知道，一个要素将被雇用到增加的产品恰好抵补增加的成本的那一点上。"只要最后一个人所提供的至少与其工资一样多，明智的雇主就会雇用更多的人，但也就到此为止，不会更多"。④ 威斯迪德坚信，在协调分配规律上的一个决定性问题，是说明按照边际生产率支付给每个要素的数额，恰好分尽总产品。如果 $P = F\ (A,\ B,\ C,\ \cdots\cdots)$，$P$ 是产品，A，

---

① 同第 276 页注释①，第 7 页。
② 同上，第 8~9 页。是指产品的实物效率还是价值产品，拟在下面解释。
③ 同上，第 9~10 页。
④ 同上，第 12 页。

B, C, ……是各种生产要素，则可表述为：

$$P = \frac{\partial P}{\partial A} \cdot A + \frac{\partial P}{\partial B} \cdot B + \frac{\partial P}{\partial C} \cdot C + \cdots\cdots$$

这个定理也可由其他方法得出来，其中最简单的一种是，首先假定生产函数是线性齐次的，即如果 $\lambda P = F(\lambda A, \lambda B, \lambda C, \cdots\cdots)$，那就几乎可以直接从中得出所要的结论。① 威斯迪德并没有直接利用人所共知的这个尤勒定理，② 尽管他在许多地方以线性齐次为假定，③ 这可能与他没有经过系统的数学训练有关，他的数学知识是自学的。④

威斯迪德用按边际生产率进行分配与古典地租理论的一致性，来证明这种方法的彻底性。因为他可能会说，正像关于李嘉图理论的许多正确判断一样，人们曾经说过他的这部分（地租理论）分析理应得到仔细研究。威斯迪德使用了常见的图解（图10）。以 OX 代表每单位土地上的资本和劳动单位数量，OY 代表产品，bt 表示在关于报酬的通常假定条件下，资本和劳动的边际生产率，⑤ 利息和工资是 $Oatt'$，地租是剩余 btt'。

---

① 证据可参看 W. F. 奥斯古德：《高级微积分》（纽约，1935 年），第 121～122 页，或者 E. B. 威尔森：《高级微积分》（波士顿，1912 年）第 107～108 页。

② 威斯迪德没有提到这其实就是尤勒定理；A. W. 福勒克斯第一次把这个定理与尤勒联系起来，见其对威斯迪德的评论，《经济学杂志》第 4 期（1894 年），第 311 页。

③ 《协调》，第 4、15、24 页。

④ 1884 年 10 月 10 日，威斯迪德在给瓦尔拉斯的一封信中说，他发现《要义》第一版是很难读的，因为"我自己的数学知识很有限"。在《经济科学常识》（伦敦，1888 年）的前言中，威斯迪德为他"缺乏系统的数学训练"致歉"（第 13 页）。

⑤ 威斯迪德正确定义了报酬递减的条件，这在 1894 年仍然是一项鲜见的成就。这就是说，如果 $F(x)$ 是产品，其中 x 是资本—和—劳动，则 $F''(x) < 0$（《协调》，第 13～14 页）。

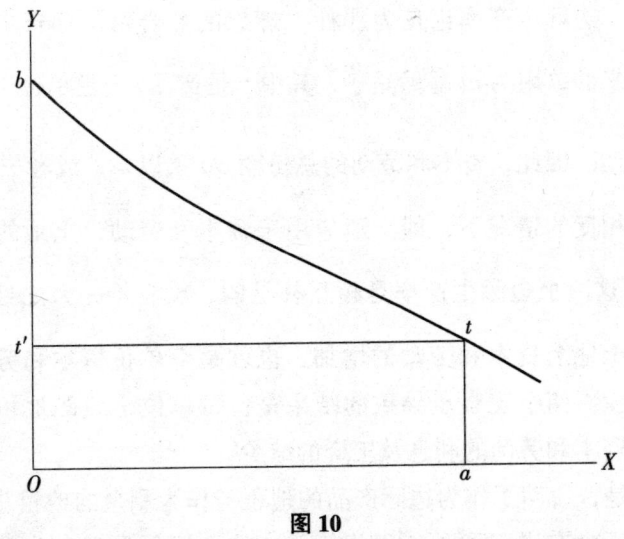

图 10

从这个古典理论中得出三条重要定理。第一,李嘉图理论所处理的只是比例;OX 代表的是资本和劳动对土地的**比例**,bt 是资本和劳动的边际产品,at 是**每单位资本+劳动的报酬**,① btt' 是**每单位土地的报酬**。② 由此可见,该理论并不依赖于绝对量。第二,上述图解显然还可以反过来观察。当沿着 OX 向右移动时,我们增加的是单位土地的资本和劳动量;当我们向左移动时,我们增加的是相对于资本和劳动的土地量。③ 第三,作为第二点观察的必然结果,地租可以被表现为土地边际生产率,而利息和工资则是剩余。图解上唯一的差别是,OX 现在表示单位资本和劳动使用的土地,OY 表示单位土地的产品。如前所述,④ 这一颠倒的地租理论并不源自于威斯迪德,但在先前的文献中没有更明确的陈述。

下一步是说明古典理论与边际生产率理论的一致性。在古典理

---

① 这个坐标主要是为对称而引出来的。比较对实际量的讨论(同上,第 15、19 页注)。
② 同上,第 14~15 页。
③ 同上,第 15~23 页各处。
④ 参看第 11 章。

论之下，边际生产率论是为那种"理想的混合物"即资本和劳动而提出来的，因为 at 显然是 $\frac{dp}{dc}$，其中 p 是产品，c 是单位土地的资本和劳动。因此，资本和劳动的总份额 Oa 乘以 at，或者 $\frac{dp}{dc} \cdot c$。同样，在相反的情况下，即土地应用于资本和劳动，土地的份额是 $\frac{dp}{dl} \cdot l$。这两个边际生产率是相互补足的，没有不一致之处，因为每单位土地上资本和劳动的增加，也就是每单位资本和劳动的土地的减少。两个观察点导致的结果是：每单位土地的地租增加和每单位资本和劳动的利息及工资的减少。

但是，说明了作为边际产品的地租与作为剩余的地租并无矛盾之处，还没有说明两种地租相等。这是论证的最后一步。威斯迪德为此用了很复杂的符号和长达六页的笨拙的和相关的数学。① 福勒克斯在评论《协调》时大大简化了这些符号和公式，我们这里引用的就是这些简化的公式和符号：

$C = $ 资本和劳动

$L = $ 土地

$x = \dfrac{C}{L}$

$z = \dfrac{1}{x} = \dfrac{L}{C}$

$F(x) = x$ 单位的 C 应用于一单位 L 时，每单位土地的产品

$\Phi(z) = z$ 单位的 L 应用于一单位 C 时，每单位资本和劳动的产品

按照古典理论，资本和劳动的报酬率是其边际生产率或 $F'(x)$。该要素的总份额是 $xF'(x)$，所以，剩余的地租是：

---

① 《协调》，第 23~31 页。

$$F(x) - xF'(x) \tag{1}$$

因为 $F(x)$ 是单位土地的资本和劳动的总产品,所以,$\dfrac{F(x)}{x}$ 是每单位资本和劳动的产品。这可以写成:

$$\Phi(z) = \frac{F(x)}{x} = zF(x) \tag{2}$$

因为 $\dfrac{dx}{dz} = -\dfrac{1}{z^2}$,所以,

$$\begin{aligned}\Phi'(z) &= F(x) + zF'(x)\frac{dx}{dz} \\ &= F(x) - xF'(x)\end{aligned} \tag{3}$$

总产品等于每单位资本和劳动的产品乘以资本和劳动单位数,我们可以写成:①

$$P = C\Phi(z)$$
$$\partial P = C\partial\Phi(z) \tag{4}$$

我们已经定义 $L = C \cdot z$,所以,如果 C 不变,则有:

$$\partial L = C\partial z \tag{5}$$

用方程(4)除以(5),可得:

$$\begin{aligned}\frac{\partial P}{\partial L} &= \frac{C\partial\Phi(z)}{C\partial z} = \frac{\partial\Phi(z)}{\partial z} \\ &= \Phi'(z)\end{aligned} \tag{6}$$

将(6)代入(3),并以 $\dfrac{\partial P}{\partial C}$ 表示 $F'(x)$,可得:

---

① 这当然等于假定生产函数是线性齐次的。这个假定是方程(4)的基础,它可以重新写成:$P = C\Phi\left(\dfrac{L}{C}\right)$,或者,如果 $C = \dfrac{1}{\lambda}$,$\lambda P = \Phi(\lambda L)$。

$$\frac{\partial P}{\partial L} = F(x) - \frac{C}{L} \cdot \frac{\partial P}{\partial C}$$

或者
$$L \cdot \frac{\partial P}{\partial L} + C \cdot \frac{\partial P}{\partial C} = L \cdot F(x) = P \tag{7}$$

330　最后这个方程就是我们所要的结果；当每个要素按其边际生产率获得报酬时，分配份额恰好分尽了总产品。作为剩余的地租等于作为边际产品的地租。

　　这个发展构成了随后文献大部分争论的基础，不过，威斯迪德没有让他的理论停留在这个形式上。他考虑了限于两个生产要素即土地及资本和劳动的问题；分析了争论不休的产品（P）性质问题，它们是实物的、商业的还是社会的？最后，关于竞争在他的理论中的作用。我们来探讨一下这些问题。

　　威斯迪德十分理解把土地以外的所有要素都装进一个资本和劳动篮子中的困难。这个箱子里只有一种"理想的混合物"；资本和劳动是一个"很模糊的要素"，其中包括了"我们所不知道的东西"。[①] 他只用两个要素来论证，非常明显是受到平面几何的限制。为了克服这些困难，提出了两种方法（实际上归结为一种）。第一是将该定理扩大到包括 n 个不定数量要素：

> 这个公式是很一般的。这种特殊劳动的单位可以是照料经理和企业主管的一个小时（质量已知）……可以是一定能力……或工具……的土地……某种要素用它们自己的单位加以表现，而且被认为，它们在边际上对产品的增加或减少有其独立的影响。[②]

331　第二个方法已经暗含在前面的方法中了，即基于要素对产品的

[①] 《协调》，第 20 页。
[②] 同上书，第 12~13 页；又见第 33~34、47 页。甚至还提到冒风险也是一个生产要素（第 42 页）。

第 12 章 尤勒定理和边际生产率理论 283

影响,可将所有要素归结为等价的。《协调》在这一点上的陈述不很明确,不太令人满意,① 但在后来的《政治经济学常识》(1910年)中,要素替代性得到了十分得体和精确的说明。②

关于生产函数的性质,实际上也就是维护线性齐次函数这个假定。如果产品被解释为实物的,"那么,很显然,所有生产要素按比例增加将带来产品的按比例增加"。③ 这个结论是基于暗中接受这种可能性:在产品保持不变情况下,所有生产要素可以变动;④ 不过,威斯迪德没有明确维护这个假定。

作为一种可供选择的方案,产品可以是指社会效用。因为边际效用递减,所以这个定理只有在消费者被包括在生产要素之中时才能成立。⑤ 这个结果没有实际意义;让我们转向第三个重要的概念。

对分配理论来说,一个基本的产品概念是"商业产品"或"支配给其所有者带来产品的工业优势的大小"。⑥ 尤勒定理成立的条件是很严格的,即商品价格必须不变。能接受这个假定吗?威斯迪德说,严格来说,只有在"经营区域"即市场相应增加时,价格才能固定。⑦ 不过,"作此假定显然是不合适的"。⑧

摆脱这种困境有两种办法:我们可以假定完全竞争,从而可以忽略不计单个厂商的产量对价格的影响;⑨ 或者,另一方面,我们可以假定需求具有很高的弹性,以致(用现代术语来说)边际收

---

① 参看第 39~40 页。
② 参看本书第 39~40 页。
③ 《协调》,第 33 页。
④ 参看,同上书,第 37 页注。
⑤ 同上,第 34~35 页。
⑥ 同上,第 33 页。
⑦ 同上,第 34 页。
⑧ 同上。
⑨ 同上,第 36 页。

入与价格几无区别。① 这两种场合当然在分析上是一致的，但这种精细论述不是我们所需要的。我们从《协调》中得到的不是一个普遍的分配规律，而是一个适合于通常的假定条件，即完全竞争条件下的分配规律。

威斯迪德后来对我们的历史的贡献可以简略总结如下。威斯迪德在对帕累托《手册》（1906 年）②的评论中，承认帕累托对他使用尤勒定理的批评是正确的，③同时他也接受了埃奇沃斯所暗示的同样批评。④ 在《常识》中屡次表示收回过去的基本论证。⑤

对威斯迪德一般边际生产率理论所遭受的这些批评，无论是他接受的还是其他他不接受的批评，我们将在下面予以分析。这里有必要强调的是，他的收回不过是口头的；他继续保留着基本的假定，即生产函数是线性齐次的。有几方面理由支持这个论断。⑥ 在《常识》关于分配理论的一章中，⑦威斯迪德详细论述了这种生产要素能够相互替代的理论：

> 在一定限度内，这些生产要素能够在边际上相互替代

---

① 《协调》，第 36、37 页。威斯迪德的陈述与这里说的严格一致。他以 $f(x)$ 表示价格，其中 x 是产量，所以总收入是 $xf(x)$，得自产量微小增量的收入增量是 $f(x) + x \cdot f'(x)$。威斯迪德的条件是：$f'(x)$ 是"极其微小的"。
② 重印于《政治经济学常识》，同上，第二卷，第 814~818 页。
③ 参看帕累托，见下文。
④ 参看埃奇沃斯，见下文。
⑤ 《常识》，第一卷，第 373 页注。
⑥ 参看罗宾斯为《常识》撰写的序言，第一卷，第 10~11 页。罗宾斯还指出，1905 年即已经出现批评之后，威斯迪德在他的课堂上还在使用《协调》中详细的数学公式（《常识》，第二卷，第 849、852 页）。但这是在他公开收回一年前，所以上述说法不能作为定论。即使他在后来的课堂上继续使用这个定理也说明不了更多问题；回想一下穆勒在《政治经济学原理》第七版收回工资基金学说的理由吧，那是在他承认桑顿的批评是正确的之后（阿什利编，纽约，1929 年，第 31 页）。
⑦ 第一篇，第 9 章。

是再明显不过了，以致形成了一种一般的边际生产服务的尺度。尽管不能说仅靠勤劳和智慧就能造出砖而不要草，不过，智慧可以节省草；一个更聪明的人用更少的草生产的砖，能同另一个有更多草却不甚聪明的人制出的砖一样好。"①

这个理论被表述得具有完全一般性；甚至"管理能力在边际上可以替代熟练和聪明，反之亦然"。② 通过这种在边际上的"适当的"替代性，可以将所有资源归结为一个共同的可行的尺度，从而容易地得出分配问题的答案。"我们现在能够表现每单位或相同单位的各种不同要素对成果的贡献了；如果用这些单位数去除这些成果，我们就能决定每个要素所要求的份额"。③ 如果任何一个要素的价格不等于其边际产品（在充分就业条件下），该要素的数量将会被增加或减少到达到这种相等为止；无论企业家的资源是什么，"他都必须这样均衡地使用这些资源，使其每一镑的边际意义相等，不管是支付在工资、地租、利息上，还是花费在其他方面"。④ 对边际生产率理论的这一令人满意的解说，并没有依赖生产函数是线性齐次的假定，尽管这引来了其他异议。⑤ 但在《常识》其他各处，我们即将看到，他仍然保留着齐次和线性生产函数。

尽管口头上有变化，但威斯迪德仍保留着先前的观点，能表明这一点的最有力的证据包含在《常识》论地租的一章中。⑥ 这一章的整个论据是基于下列假定：

---

① 《常识》第361页。
② 同上，第363页；又见第361~373页各处。
③ 同上，第369页。
④ 同上，第371页。
⑤ 参看下文，第328~329页。
⑥ 第二篇，第6章。

60 小时耕种的每 80 单位土地的 1 260 夸特, 也就是 30 小时耕种的每 40 单位土地的 630 夸特……①

对生产函数是线性齐次的这个表述,同可以适当要求的一样明确。对威斯迪德保留他原先的理论看来还有疑问;唯一的问题是,他究竟为什么要在口头上放弃《协调》中的这个论题。

他放弃一般边际生产率理论显然不是由于他的批评者的观点有说服力,埃奇沃斯和帕累托的名望过大可能是一小部分原因。我认为,实际的原因在于威斯迪德的报酬规律理论存在着普遍的混乱。在《常识》这本很棒的著作中,关于报酬递增和递减的一章② 可能是最不能令人满意的。他论述的基本缺点是没有把厂商纳入分析,而这在现在的研究中是极其重要的,因而他不能对其论据所根据的暗含假定作出充分的发挥。

福勒克斯、查普曼和埃奇沃斯

我们现在转向三位英国经济学家,他们在战前这个时期直接或间接地拒绝威斯迪德的理论。福勒克斯在《协调》问世后不久即在《经济学杂志》撰文对该文予以评论;两年后查普曼提出了第一个简单的图解;埃奇沃斯则批评了威斯迪德和查普曼。应当指出,我们这里的研究不是严格按照年代顺序进行的。

A. W. 福勒克斯对《协调》的评论在一些方面是对威斯迪德最初论述的真正的改进。③ 他对作为一种剩余的地租等于作为边际产品的地租的论证(上面已经采用),比威斯迪德的论证还要精致得多。另外,福勒克斯强调说,线性齐次生产函数能够容易地扩展

---

① 第二篇,第 555 页。参看:"政治经济学的范围和方法",重印于《常识》,第二卷,特别是第 792 页:"在 1 英亩土地上用 3 英镑,与将价值 1 英镑的耕作用于 $\frac{1}{3}$ 英亩土地是一回事;每英亩用 5 镑,也就是 $\frac{1}{5}$ 英亩用 1 镑。"

② 第二篇,第 5 章;参看本书前面第 3 章。

③ 同上。

到所有的生产要素，这可以避免不切实际的两个要素分析。然而，不应因为福勒克斯的这个强调而导致不公正的推理，以为威斯迪德不知道这个特点。

福勒克斯对《协调》的这个（产品分尽）论题的反应是赞成的，但缺乏热情。他主要是反对驳回地租是一种剩余的观点：

> （威斯迪德）……远未削弱认为地租是一种剩余的人的立场……土地报酬可以表现为土地边际生产率，这并没有破坏地租作为一种剩余概念的意义。将地租与其他各种要素区别对待，并使之有助于把土地报酬作为一种剩余的基本特征，即使社会条件本身赋予它们（其他要素）的边际用途真的很大，但在（其他）这些要素变化了的供给减轻对现有供给的过度需求之前，或是一定过去了好长时间，要不然就是（这些要素的）供给实际上无力作出任何的改变。①

无须评论这个反驳，因为它承认了威斯迪德的中心议题：当分配份额由边际生产率原理决定时，产品会被分尽。不过，可以说，即使接受古典派的地租理论，产品会被分尽的理论也没有损失什么，而且，如果以边际生产率理论来表述，在准确性和明确性方面定会获益匪浅。可以指出的是，福勒克斯在他后来的《经济学原理》中，② 对威斯迪德理论的赞成有所增加。

西德尼·J·查普曼在关于使用尤勒定理的争论中所起的作用

---

① 第二篇，第 312 页。埃奇沃斯曾赞同地引用这段话，见《论文集》（伦敦，1925 年），第三卷，第 272 页；马歇尔《经济学原理》（第四版，伦敦，1905 年），第 609 页注。

② 伦敦，1904 年。他在这本书中说（第 314 页）："威斯迪德在讨论分配问题时提出了一个令人惊奇的命题"，并复述了尤勒定理。福勒克斯还指出了这样一个事实：在实际生活中，这个定理对于小的（虽然不是大的）乘数值 m（指我们的 λ，参看上文，第 325 页）是成立的："如果 m 远非不一致的话，这个命题对各种生产可能就是真的，而它对 m 的所有价值不是真的"。

相对较小，但他的"雇主的报酬"① 一文理应引起注意，主要有三点。他提出了一种精致的几何图式证明，说明剩余份额等于获得该份额的生产要素的边际产品；他明确引进了（虽然没有解决）外部经济问题；最后，他的分析对于理解埃奇沃斯拒绝一般边际生产率理论来说是必要的。

查普曼的图式沿用通常做法，假定只有企业家和劳动者两个要素，而且它们各自都是同质的。他的论证表明企业家获得他们的边际产品，但根据相似的论据可以轻易说明这对土地也是对的。假定由一个企业家（在一个设定的经济中是 Z 个企业家）相继雇用的劳动单位的边际生产率，以图 11 中的 DD' 表示，按照通常的做法，以 OX 表示劳动单位数，OY 表示边际产品。一个企业家的总产品是 $OabD$，因为每个企业家雇用的劳动者是 Oa。工资率是 ab，工资额是 $Oabc$，企业家的利润是 Dbc。这个经济的总产品是 $Z \times OabD$。

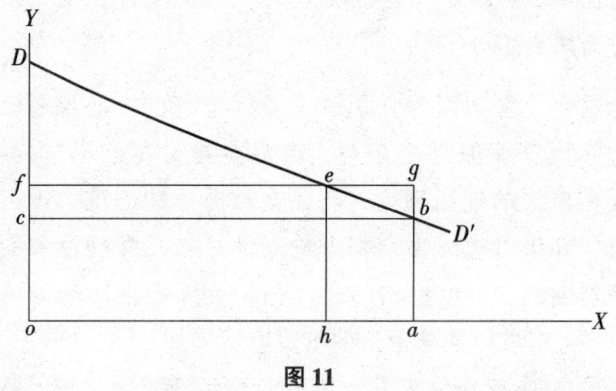

图 11

现在，给经济中增加了一个相同的雇主。每个雇主管理的劳动者是 Oh，如果劳动者的供给保持不变，ha 劳动者将从受雇于每个雇主而到受雇于 $(Z+1)$ 个企业家。每个地方的新产品将是 $OheD$，② 其中 $Ohef$ 是工资，Def 是利润。该经济的总产品将是：

---

① 《经济学杂志》，第 16 期（1906 年），第 523~528 页。
② 假定 DD' 曲线（即生产函数）不随资源重组而改变，即该生产函数是线性齐次的，而且没有外部经济。

第 12 章 尤勒定理和边际生产率理论

$$(Z+1)(OheD) = Z \times OheD + OheD$$
$$= Z \times OheD + Ohef + Def$$

有必要指出，$Ohef = Z \times hage$ 这个等式只是暗示新工资额和利润对所有的雇主是相等的。因为 ha 是 Z 个雇主中的每个雇主不得不让给第 $(Z+1)$ 个雇主的劳动者总数，因此，$Z \times ha$ 就是由第 $(Z+1)$ 个雇主雇用的劳动者数。根据假定，这等于 Oh。① 因为所有雇主是同样生产的，所以劳动边际生产率对每个雇主来说都是 he。继续：

$$(Z+1)(OheD) = Z \times OheD + Def + Ohef$$
$$= Z \times OheD + Def + Z \times hage$$
$$= Z \times OheD + Def + Z \times heba + Z \times egb$$

但是，增加第 $(Z+1)$ 个雇主之前，产品是：

$$Z \times OabD = Z \times OheD + Z \times heba$$

从新产品中去掉旧产品，可得到归属于第 $(Z+1)$ 个雇主的新增产品，它是 $Def + Z \times egb$。然而，当 Z 值很大时，ha 以及 $Z \times egb$ 就会接近于零，可以忽略不计。剩余 Def 就与边际产品 Def 相一致了。

只有当雇主人数不影响该厂商的劳动边际生产率时，即不存在外部经济时，DD' 曲线将保持不变。如果出现了外部经济，这种场合可以被称为报酬递增；曲线 DD' 将会随企业家的增加而上升。这种情形是"非常可能的"，因为企业家的增加将会"加强行业的专业化"。② 在这里引述一下查普曼关于报酬递增场合的结论就够了：

> 当雇主数目增加而报酬也如上所述"递增"时，利润最终等于雇主的边际价值减去该边际雇主对每个厂商的

---

① 代数证明如下：在增加第 $(Z+1)$ 个雇主之前，$Z \times Oa = k = $ 经济中的总劳动数。增加一个雇主之后，$(Z+1) \times Oh = k = $ 相同数量劳动。因此，$Z \times Oa = (Z+1) \times Oh = Z \times Oh + Oh$。但是，因为 $Oa = Oh + ha$，所以，$Z \times Oa = Z \times Oh + Z \times ha = Z \times Oh + Oh$，结果，$Z \times ha = Oh$。

② "雇主的报酬"，同上，第 524 页。

产品带来的影响与厂商数目之乘积。因为递增报酬的显现是缓慢的,所以雇主的利润和边际价值的数量在一个可以感知的时间内是难以觉察的。①

由外部经济所引起的报酬递减场合,可以用下移的 DD' 曲线来表达。在这个场合,利润将超过雇主的边际价值。② 这个论证可以很容易地从企业家那里扩展到其他生产要素中。③

---

① 第 525 页。
② 同上。
③ 这一段论证可以数学形式更精确地加以说明。这里对查普曼的注释(同上,第 526 页注)稍有修改。符号如下:

$$x = 一个厂商的劳动者$$
$$z = 雇主$$
$$P = f(x, z) = 一个厂商的生产$$

然后得出:

$$\frac{dP}{dz} = \frac{\partial P}{\partial x}\frac{dx}{dz} + \frac{\partial P}{\partial z} \tag{1}$$

因为劳动保持不变,所以 $xz = c = $ 不变,

以及

$$\frac{dx}{dz} = -\frac{x}{z}$$

因此,

$$\left(\frac{dP}{dz}\right)_c = \frac{\partial P}{\partial x}\left(-\frac{x}{z}\right) + \frac{\partial P}{\partial z} \tag{1.1}$$

以及

$$\left[\frac{d(zP)}{dz}\right]_c = P + z\left(\frac{dP}{dz}\right)_c \tag{2}$$

将 (1.1) 代入 (2),得:

$$\left[\frac{d(zP)}{dz}\right]_c = P + z\left[\frac{\partial P}{\partial x}\left(-\frac{x}{z}\right) + \frac{\partial P}{\partial z}\right] \tag{2.1}$$

或者

$$P = \left[\frac{d(zP)}{dz}\right]_c + x\frac{\partial P}{\partial x} - z\frac{\partial P}{\partial z}$$

因为 $\frac{\partial P}{\partial x}$ 是工资率,$x\frac{\partial P}{\partial x}$ 是工资额,所以,产品的剩余等于雇主的边际产品,$\left[\frac{d(zP)}{dz}\right]_c$ 加上或者减去厂商数对每个厂商的产量的影响,乘以厂商数,或者 $z\frac{\partial P}{\partial z}$。如果没有外部经济或不经济,则 $\frac{\partial P}{\partial z} = 0$。

第12章 尤勒定理和边际生产率理论　291

因为查普曼是我们研究的这个时期内将外部经济和不经济明确引进边际生产率理论的唯一经济学家，所以需要在此论述一下这个问题。查普曼的生产函数是 $f(x, z)$，其中 x 是劳动者数量，z 是企业家数目。① 这种方法暗含着厂商数量将只是企业家数量的函数，而这不是真实的。因为企业家可能变成劳动者，厂商的规模（以及厂商的数目）将被确定在平均成本最小化的一点，② 假定已知需求条件、技术以及生产要素的供给条件。一旦达到了均衡状态，则 $\frac{\partial f}{\partial z}=0$。厂商的数目绝没有明确进入分配问题，因为它不是单个厂商生产函数的一个变量。③ 查普曼引进 z，因为他的生产函数是整个工业的函数。然而，在竞争工业中，整个工业的生产函数对单个企业来说是没有意义的，只有在"福利"经济学中才需要设定这样一种函数。

埃奇沃斯在这场争论中的作用既不重要也不值得称赞。他的某些论证近乎嘲讽，其余则基于明显的误解。他的更激烈的评论是众所周知的：

> 这（即线性齐次生产函数）肯定是一项值得注意的发现；因为产品和要素之间的关系竟然可以置市场的作用于不顾："一种有关工业要素和产品化合与分解的分析和假定的规律，同样可以存在于鲁宾逊的孤岛和美洲的公

---

① 因为厂商的**数目**在外部经济理论中只有附带意义，所以，庇古的解释（基于工业的规模）是合宜的。由于从总成本而不是从收益出发，他将第 r 个厂商的函数写成 $f_r(x_r, y)$，其中 x_r 是该厂商的产量，y 是该工业的产量。参看《福利经济学》（第四版，伦敦，1932年），第二部分，第2、11章；附录三。

② （在长期内）平均成本曲线具有一个最低点的各种条件，将在本章结论中加以解释。又可参看庇古：《静态经济学》（伦敦，1935年），第24章。

③ 当然，外部经济是厂商总成本函数的一个暗含的变量，对生产服务的价格和数量及生产函数的性质起作用。

社，存在于由风俗习惯支配的印度村落，以及典型的现代工业的竞争中心。"呈现在这个概括中的是一副宏伟的画面，它让人想起哲学的青年时代。古代的贤人说，正义是一个完美的立方体；现代的学者说，合理的行为是一种式。①

这段话是对威斯迪德立场的高度误解。威斯迪德的确谈到过鲁宾逊的孤岛之类，但那仅仅与实物报酬相关；他的措辞有些不当，但他的论述并不错。就在埃奇沃斯引述的一段话中，威斯迪德认为，"实际上，这个规律说明的是，在一个自由竞争的共同体中"，要素不会接受低于其边际产品的报酬。② 埃奇沃斯在别处还推测说，威斯迪德这个荒谬的理论是急于为企业家利润辩护的结果。③

在论述报酬规律的一篇有影响的论文（1911年）中，埃奇沃斯这样批评线性齐次生产函数这个假定：

情况很可能是，与不经过原点的线上的若干点相对应的增量的比较，表面上所显示的可能是突向(x_1, y_1)区域，可是，通过"第二种"方法的检验，它却是凹向的。对于所有生产要素在某种生产中增加了，例如说$\alpha:1$（此处$\alpha>1$），产品是否会增加这样的问题，一些作者赋予了极端的重要性，我对此则不敢苟同。事情与企业家拥有的

---

① 《文集》，同前，第一卷，第31页。这段话最早出现在1904年的《经济学季刊》。

② 《协调》，第42页。

③ "也许急于证明在竞争状态下利润等于零这一点，促使一位杰出的经济学家认为产品是各种生产要素的**齐次方程**，还使其他理论家含蓄地提出了关于这个方程式的论述，而这个方程之所以错误较少，是因为它不太明确"（《文集》，第二卷，第469页注）。还值得注意的是，在一个暧昧不明的段落中埃奇沃斯看来否认边际产品额乘以要素将分尽总产品（同上，第二卷，第305页）。第一段话最先出现在1915年《经济学杂志》上；第二段话是1889年在不列颠协会的演讲。

函数 z 的性质没有什么干系，经济学家应当特别关注的最大化的条件。①

这是最暧昧不明的一段。埃奇沃斯在字面上说的好像是：线性齐次生产函数破坏了正确的报酬递减概念——而这是不对的。② 但他也可能说的是，在工厂规模报酬不变的条件下，竞争的不稳定性。③

埃奇沃斯在争论中的其他参与，同查普曼的重新表述有关。④ 埃奇沃斯没有就其表面上容易遭受伤害的方面，即外部经济和不经济的出现，攻击一般边际生产率理论。他说，这些经济"一般来说不是微不足道的"，但是，不管是否存在经济还是不经济，都可以假定它们不存在或者相等，以之作为"最有**可能的**一般陈述"——这是他所喜爱的推理演绎或未经证实的概率论方法。⑤ 他不承认这个理论至少是第一近似值，作为一种替代，他提出了一种完全不相干的考虑。在图 11 中，上涨的工资是由 bg 表示的，埃奇沃斯的批判就集中在这个上涨的工资上："这个论证显然是以工人总数和工作总量不变为假定的。但是，一般来说，不能这样假定。市场的这一方出价上涨会引起另一方也跟着涨价。"⑥ 埃奇沃斯承认，如果使用的不是劳动，而是土地这样固定的资源，这个定理"实际上是真实的"；"但是"，他继续说："使用的是什么？怎样安慰这些佃农呢？他们抱怨他们的产品份额是这样小，以致'这个报酬原理本身是不公正的'。"⑦

第一个批评（即其他要素的数量不会保持不变）完全不得要领。我们可以假定——通常就是这样做的——其他要素保持不变，

---

① 《协调》，第一卷，第 75~76 页。
② 例如，生产函数 $P = X^\alpha Y^\beta$（此处 $\alpha + \beta = 1$）的偏导数显然是负值。
③ 参看下文，结论。
④ 《文集》，第二卷，第 331~339 页（《经济学杂志》，1907 年）。
⑤ 同上，第二卷，第 332、333 页。
⑥ 同上，第二卷，第 337 页。
⑦ 同上，第二卷，第 338 页。

因为与这个定理有关的是"正常的"价值,而不是"世俗的"价值。生产要素供给的变动并没有破坏边际生产率理论,而埃奇沃斯在其他问题上也完全了解这一点。① 第二个批评是荒谬的:经济理论何时被认为从伦理观点来看应是无懈可击的?在埃奇沃斯正式表述的分配理论中,我们已经看到,② 他实际上接受了边际生产率理论。

马歇尔

在转向大陆的经济学家之前,我们可以考虑一下马歇尔的观点。在其早期的《工业经济学》(1881年)中,马歇尔提出了边际生产率理论,这在英国也许是朗菲尔德和巴特以来的第一次。当然,这个理论在《经济学原理》中得到了更有力的表述;下面这段话则足以说明其早期的立场:

> 资本借贷需求所遵循的规律,类似于销售商品所遵循的规律。就像存在一定量的能以任何价格发现购买者的商品,并且价格上涨时其销售量就会减少一样,使用资本也是如此。在一个国家任何一种生产工艺状态下,都会存在一定量资本,当它们被用于工业的各种交易时,如果允许"年收益和利息基金"的份额能占到资本的7%,这些交易就是值得的……如果为使用资本而必须支付6%,那么就值得使用更大量的资本……现行利息率衡量资本对每个购买者的最后效用,那也就是他刚刚打算使用的那笔资本对他的收益。③

---

① 对庞巴维克的回答,同上,第三卷,第61~62页;又可见:第一卷,第35~36页。
② 本书第5章。
③ 《工业经济学》(第二版,伦敦,1881年),第123~124页。我没有看到第一版(1879年);不过,第二版和最后一版的序言没有提到相关段落有什么修改。

一个制造业者的管理报酬代表他的工作为资本和工业总产品所增加的价值；这些报酬与对其劳动的有效需求是相适应的，就像一个雇佣劳动者的工资与对其劳动的有效需求相适应一样……对任何熟练劳动的报酬也是如此；这种劳动的供给每有增加，都会倾向于减低其工作的最后价值，从而减低其报酬。①

分离出一种生产服务的纯产品的困难已经提到了；② 我们将会看到，这一点在《原理》中起着极其重要的作用；在一个涉及工资的边际生产率理论的脚注中，我们甚至还被提醒说：“一些作者弄错了关于工资的这种陈述，其实它只是以新形式表述了这个规律：——'价值倾向于等于生产成本'。"③

现在转向马歇尔的《经济学原理》。首先可以看到，马歇尔《原理》第八版的立场，至少与三十年前一样，距离愿意考虑或完全接受边际生产率理论还很远，尽管第一版（1890年）已经包含了这个理论的基本点。马歇尔在该问题上的思想发展值得加以详细研究。

对生产要素的需求的分析，在《原理》各版中都比较简略；在初版中只占了不足十二页。替代法则是他的分析的基本依据，他对这个法则提出了一个典型的马歇尔主义定义：

　　在生产者的知识和商业企业的限度内，他们在每个场合都会选择最有利于自己目的的生产要素，这是理所当然的。作为一个法则，所使用的这些要素的供给价格，将低于能够替代该要素的其它任何要素的价格。④

---

① 《工业经济学》（第二版，伦敦，1881年），第142～143页。
② 同上，第133页。
③ 同上，第133页注。
④ 《经济学原理》（第一版，伦敦，1890年），第401页；又见第517、543页（特别重要）。

马歇尔决没有考虑生产服务之间可能替代的范围,但是,给人的印象是,这个法则实际上具有广泛的适用性:"……承办者会不停地努力调整他的安排,以期以既定的开支获得更大的成果,或以更少的支出取得相等的成果。"①

马歇尔从替代理论直接转向对生产要素的需求:

> 每个要素在其每种边界用途上的效率,或者,换句话说,它在生产中的边际效率,将直接同必须支付给它的价格成比例……
>
> ……熟练劳动和非熟练劳动的工资,与它们在无差别边际的效率保持着相同的比例。②

尽管马歇尔说边际生产率要同生产服务的价格**成比例**,但在该理论的最终原则,即一种服务的分配份额**等于或者决定于**它的边际产品这一点上,他还是有些犹豫不决。这种态度的部分原因,可能是他不大愿意赋予需求因素更大的重要性。

> 当我们研究决定生产要素的边际效率的原因时,无论是哪种劳动或物质资本,我们发现答案要求知悉那个要素的供给量,进而了解决定该供给的原因。任何一种东西,无论它是某种特定的劳动、资本或其他物品,其价值的决定,犹如拱门之基石,以两边相互对抗压力之间的均衡为基础。一边是需求的力量,另一边是供给的力量;老一辈经济学家在研究供给力量时,受其直觉的正确指导,知道研究这些供给力量更为迫切,也更加困难。③

---

① 《经济学原理》(第一版,伦敦,1890年),第517页。
② 同上,第544~545页;又见第556~558页。
③ 同上,第546~547页。C. V. 肖夫在评论 J. R. 希克斯的《工资理论》(同上)时,认为马歇尔只将边际生产率理论应用于被雇用的劳动量,而不是可得的劳动量(参看《经济学杂志》,第43期(1933年),第462~463页)。我没有发现支持这种说法的根据。

这个论证当然不能令人满意；边际生产率理论没有解释一切，这是谁都承认的。然而，它包含着解释静态经济下（即马歇尔所说"长期正常"价值场合）分配的基本要素。说它"是对工资规律的部分解释，而且仅仅是一小部分解释"，这是一种误导。①

马歇尔不完全接受边际生产率理论的主要理由，看来是衡量生产服务的边际生产率的困难。

> 许多不同种工业的报酬，其中之一几乎总是监督者和管理者的报酬，要进入生产费用，从而进入要销售的几乎任何东西的价格；为了从产品价格中得出这些劳动者之一的报酬，我们必须找出所使用的资本的利息，还要找出其他工业的报酬，将它们从上涨的产品价值中减去。我们不能完全准确地说出劳动工作的折扣值，但是我们仍然可以说出劳动的纯产品。一部机器的纯产品，就是它所进行的工作的价值减去使其运作的费用，这些费用包括管理者报酬……这个陈述不是一个独立的工资理论，如一些人想像的那样，而只是一个表达类似学说的特殊方式，这个学说认为一切东西的价值都倾向等于其生产费用。②

在一个特殊的场合（即现在闻名的边际牧羊者），当增加一单位劳动而不需要增加合作的生产服务时（即生产系数的变动是明显的），我们可以说劳动者的工资等于他的边际生产率。马歇尔得出的结论有些不够前后一致："尽管形式有所不同，但问题的实质在每个其他工业中都是相同的：每个阶级劳动的工资倾向都等于该阶级的边际劳动者的新增加劳动的产品。"③

最后，我们注意到数学注释㉕，它包含着第二版以后各版注释

---

① 《经济学原理》（第一版），第 546 页。马歇尔强调供给无疑是由于他不愿意接受静态经济的抽象。
② 同上，第 547~548 页。
③ 同上，第 549 页；又见第 563、564 页。

㉔的内容。① 以 H 表示总满足，V 表示总成本（以努力计）。V 是 $a, a', a'', \ldots\ldots$，即"各种不同劳动的不同量"的函数，H 是 $b, b', b'', \ldots\ldots$，即"所提供的不同产品的不同组合量"的函数。最大化满足的条件是：

$$\frac{dV}{da} = \frac{dH}{db} \cdot \frac{db}{da} = \frac{dH}{db'} \cdot \frac{db'}{da} = \ldots\ldots$$

$$\frac{dV}{da'} = \frac{dH}{db} \cdot \frac{db}{da'} = \frac{dH}{db'} \cdot \frac{db'}{da'} = \ldots\ldots$$

因为这些方程是以效用和反效用来表现的，所以它们只能适用于个人，虽然马歇尔并没有明确地作出这个限制。它们表示这个定理，即生产要素 a 的边际（效用）产品 $\frac{dH}{db} \cdot \frac{db}{da}$，等于它的边际成本。

这个陈述在《原理》第二版（1891 年）中没有实质的变化。增加了一个脚注，对"边际牧羊者"分析的范围作了限制：

> 这种估计一个人劳动的纯产品的方法，不能轻易地用于那些拥有大量资本，并且必须不断投资建设贸易联系的工业，特别是如果它们遵循报酬递增规律的话。这里仔细研究这些困难没有什么必要，因为这些错综复杂的困难都是技术性的。②

另一个变化是在数学注释⑭中增加了一部分内容，赞同地提到了埃奇沃斯关于边际生产率理论的论述。③

第三版（1895 年）出现了许多重要变化。扩大和改写了对生产要素需求的讨论。④ 论述纯产品学说的保留态度有所减少：企业

---

① 《经济学原理》（第一版），第 749 页。下列方程式中的导数当然是偏导。
② 同上，（第二版，伦敦，1891 年），第 567 页注。
③ 同上第 757 页；参看本书第 110~111 页（极为重要）。
④ 同上（第三版，伦敦，1895 年），第 576 页（极为重要）。

家"将估计在最好情况下他能为其总产品价值增加多少**纯价值**,这些产品是使用一定增量要素所带来的……他将尽力将每个要素使用到这一边际,在这个边际上它的纯产品将不再超过他必须为它支付的价格"。① 马歇尔增加了一节,其中包含对资本需求的类似理论。② 但在一个新脚注中(这是马歇尔典型的论证工具),提出了即使在厂商并不遵守报酬递增的情况下衡量生产服务的纯产品的困难:

> 此外,在我们选择的例外场合,在支配牧羊人的工资方面,该牧羊人的纯产品所起的作用,并不会比农场的最后一个(边际的)牧羊人的纯产品的作用更大:这些牧羊人如不能在土地、建筑、工具和管理劳动等方面提供相当数量的额外支出,则他们在这些农场就不能得到有利的雇用。这些牧羊人的纯产品不能简单地加以确定;它是一种派生需求(参看第五篇第6章),要求我们考虑为其他要素的协助所必须支付的价格。③

参看关于派生需求的一章肯定是误导:在那里所作的固定生产系数的假定,取消了而不是支持了这个脚注讨论问题的结论。

数学注释⑭在第三版终于有了确定的形式。④ 对方程式(如上所述)作了更广泛的解释:"对木匠劳动的(边际)需求是木匠劳动在增加其产品上的(边际)效率,乘以该产品的(边际)需求

---

① 《经济学原理》(第一版),第581页。两个连贯的句子在引证时放在一起了。
② 同上,第585页特别重要。但他又说(第585页),这些观点"不可能用于利息理论,同样也不能用于工资理论,如果不要循环论证的话"。
③ 《经济学原理》(第一版),第583页注②。
④ 同上,第798~805页。在致科尔森教授的一封信(大约1907年)中,马歇尔说,数学注释⑭~㉑大约在1870年就形成了——甚至在杰文斯的《理论》问世以前。参看 A. 马歇尔:"他自己眼中的数学家",《经济计量学》,第一卷(1933年),第221~222页。

300 生产和分配理论

价格。"① 马歇尔说,这就等于说工资等于纯产品的价值。"这个论断是很重要的,它本身包含着分配理论的需求方面的核心"。②

这个注释被扩大到包括其他生产服务。以 x_1,x_2,……表示不同等级的劳动,y_1,y_2,……表示各种原料(含土地),z 是资本,u 是企业家的"劳动、烦恼、忧虑、操心和折磨"。如以 V 表示支出(货币),H 是收益,则:

$$\frac{dV}{dx_1} = \frac{dH}{db} \cdot \frac{db}{dx_1} = \frac{dH}{db'} \cdot \frac{db'}{dx_1} = \cdots\cdots$$

$$\cdots\cdots\cdots\cdots\cdots\cdots\cdots\cdots$$

$$\frac{dV}{dy_1} = \frac{dH}{db} \cdot \frac{db}{dy_1} = \frac{dH}{db'} \cdot \frac{db'}{dy_1} = \cdots\cdots$$

$$\cdots\cdots\cdots\cdots\cdots\cdots\cdots\cdots$$

$$\frac{dV}{dz} = \frac{dH}{db} \cdot \frac{db}{dz} = \frac{dH}{db'} \cdot \frac{db'}{dz} = \cdots\cdots$$

$$\frac{dV}{du} = \frac{dH}{db} \cdot \frac{db}{du} = \frac{dH}{db'} \cdot \frac{db'}{du} = \cdots\cdots$$

"这就是说,运营商愿为第一级劳动提供的少量供给 δx_1 所作的边际支出,即 $\frac{dV}{dx_1}\delta x_1$,等于:

$$\frac{dH}{db} \cdot \frac{db}{dx_1} \delta x_1 ; \cdots\cdots "③$$

《原理》的最后一个变化在现在研究的问题上有重要意义。威斯迪德的《分配规律的协调》一文在马歇尔《原理》第三版前一年已经问世,马歇尔多次提及威斯迪德的论证。④ 对《协调》的评

---

① 《原理》(第三版),第 800 页。这个公式显然也包括不完全竞争场合,不过这个延伸与现在的讨论无关。
② 同上。
③ 同上,第 801 页。在正文(第 463 页注)中也提出了基本相同的论点。
④ 马歇尔反对地租可能是负值的概念(同上,第 241 页注②),不过这里可以放过这个奇怪的想法。

论有两点相关。第一，马歇尔赞成福勒克斯的观点：土地的重要特征是其供给的固定性，而不是其报酬的剩余性质。① 第二点与国民收入有关。在过去的版本中，马歇尔说过所有分配份额均来自（而且分尽了）国民收入。② 他现在继续说：

> 此外，一般来说，它（产品）在它们（分配份额）中的分配，是与人们对生产要素服务的需求——不是总需求，而是边际需求——成比例的。这是指处于这一点的需求：在这一点上，人们稍多购买一点一个要素的服务（或其成果），或者用其资源更多地购买一些其他要素的服务（或其成果），对他们来说是无差别的。
>
> 这样，国民收入就被每种生产要素所有者按其边际比率所得的报酬完全吸收了……③

讨论涉及到威斯迪德在《协调》一文第46页的下列说法：

> 只要我们完全明确地理解了如下一点，即在通常所谓正常的条件下，边际分配将会分尽产品，而且在每个要素都按其边际效率取得报酬份额时，什么东西也不会留下——这时，我们才找到了一种科学分析方法，说明任何一种要素的分配份额可以最大化。

后来的版本与这里的问题关系不大。在第四版（1905年）及以后各版中，删掉了上述最后引证的威斯迪德的话，保留了边际归属分尽产品理论。④ 到了第五版则实际上取消了对该理论适用性的所有暗示。

> 可以在没有相应增加资本对土地和原料等供应的情况

---

① 《原理》（第三版），第604页注。
② 同上（第一版），第561页。
③ 同上（第三版），第605页及注。最后这一句在后来的版本中被删掉了。
④ 同上（第四版），第609页。

下增加一个工人,这个论断并没有改变边际产品问题的实质,它不过稍微简化了这个问题的形式。在这个例外场合,我们不必停留在需要适当调整各种生产要素以使它们被消耗到这一点上,在这一点上对它的任何进一步使用的效率,在比例上将小于进一步使用其他要素的成本。①

这看来是向边际生产率论缴械投降了,但在正文中他又否认了"要求将它作为一种工资理论"。② 我们可以略过后来那些次要的改动,直接来分析马歇尔最后的立场。③

马歇尔勉强但毫不含糊地接受边际生产率理论,是一个需要解释的问题。他要求强调供给(这在后来各版中有所减弱),这个考虑与这个问题在理论分析上没有关系,尽管它在马歇尔的解释中起着重要作用。

对边际生产率理论的两点可能的异议,与马歇尔坚持使用纯产品概念有关。④ 第一点,新增一个单位资源(即牧羊人)的产品,部分原因在于更集约地使用了其他资源(即土地或资本)。一些经济学家持此错误观点,⑤ 但马歇尔是明确反对的:

他(霍布森)断言,如果任何生产要素的边际使用遭到缩减,那将使生产扰乱,以致其他要素的功效比以前

---

① 《原理》(第五版,伦敦,1907 年),第 517 页注。最后这句重要的话在后来的版本中被删掉了。
② 同上,第 519 页。
③ 此后所有参考资料均指第八版(伦敦,1920 年),除非另有说明。
④ 即"一个工人的报酬有等于他的劳动纯产品的趋势这一原理,就其本身来说是没有实际意义的;因为要计算纯产品,除他的工资外,我们还必须假定他所创造的那种商品的全部生产成本"(《原理》,第 518 页)。这句话打开了长期和短期的区别。马歇尔的所谓长期看来是以几代人衡量的,也就是说,他的观点是一种历史主义的观点。
⑤ 例如,H. 迈耶尔:"归属",《政治科学辞典》(第四版,1928 年),第八卷,第 1206~1228 页。

第12章 尤勒定理和边际生产率理论 303

有所下降;因此,所引起的总损失将不仅包括该要素的真正边际产品,而且也包括其他要素的一部分产品;但他似乎忽略了下述各点:(1)有一些经常起作用的力量,这些力量有使资源在其各种不同用途方面的分配得到如此调节的趋势,以致任何分配不当在其变得更严重之前就会得到纠正;这个论点并不要求对过分分配不当的例外场合予以适用。(2)当分配十分恰当时,要素使用比例方面稍有改变,将减少该分配的效率;所减少之量和那种变动比较起来是很小的(用术语来说,它属于"二级小数");因此,相对于那种变动它是可以不计的(用纯数学术语来说,效率可以视作要素比例的一个函数。如效率达到最大限度,则这些比例中的任何一种的微分系数等于零)。因此,如果不计霍布森先生所忽略的那些因素,就会犯严重的错误。(3)在经济学中如在物理学中一样,变动一般是连续不断的……①

第二点当然是结论性的:不可变动资源的生产率的变动只涉及更高阶微分学,因此,予以忽略。

在衡量边际产品方面的另一个主要困难来自替代规律的失效,否则,选择某个假定的牧羊人就没有意义了;这个牧羊人"在设备或资本方面不需要任何额外支出",而且他"为农户自己节省的劳动与他在其他方面给农户带来的麻烦一样多"。② 这无疑暗含着替代规律发生作用的限制,这同马歇尔对替代规律的明确分析是不一致的,这种分析多半归于马歇尔的陈述。③

我认为,一般来说,马歇尔的纯产品和边际产品是一致的,他

---

① 《原理》,第409页注。这个脚注第一次出现在第五版。
② 第515~516页。
③ 这个解释显然与希克斯的说法是一致的。见希克斯:"边际生产率和变动原理",《经济学杂志》,第12期(1932年),第86~88页;又见 D. H. 罗伯逊:《经济杂谈》(第47~48页)。

的分配理论就是边际生产率理论,尽管有些相反的告诫。因为他没有明确考虑固定系数的可能性(在他论证的这个阶段),① 所以,下面这句话(可能因重复而受异议)应被理解为他直截了当地接受了边际生产率理论:"在每个场合,收入都倾向等于边际纯产品的价值"。② 另外,马歇尔接受了威斯迪德关于产品分尽的论证,尽管从《原理》第五版起他隐去了它的作者,但绝没有抛弃使用尤勒定理的判断。

巴罗内和蒙特马提尼

尽管现在已经明确,操英语的经济学家并没有完全忽视威斯迪德的理论,然而,下面这一点也是真的:对一般边际生产率理论的主要关注是来自大陆经济学家,特别是巴罗内、帕累托、瓦尔拉斯和维克塞尔,现在我们就来讨论他们的著作。

巴罗内关于边际生产率理论的最早作品是他对维克塞尔《论价值、资本和地租》的评论(1895年)。③ 这部早期作品只因将 numerio per anticipare 或预期资本引进生产函数而闻名。④ 预期资本等同于流动资本——要求在生产时期开始时预支给劳动者,并购买原料等等。巴罗内对边际生产率理论的陈述是以维克塞尔理论为基础的,但他对这个理论的认识要比维克塞尔更加明确,这从下

---

① 的确,在先前各个版本中不连续性只是作为次要之点提了一下,例如《原理》(第五版),第406页注。

② 同上(第八版),第535页。可以很方便地指出与边际生产率理论相关的重要段落:同上,第341页,第355页(极为重要),第404～406、410～411、447～449页,第514页(极为重要),第532、534、536、538、544、598～600、601、667页,还有数学注释⑭、⑭(两次)和⑯。

③ "维克塞尔的生平与著作",《经济学家杂志》(意),第11期(1895年),第524～539页,重印于《经济著作》(博洛尼亚,1936年),第一卷,第117～143页。

④ 同上,第535页特别重要(《经济著作》,第一卷,第136页极为重要)。

述引文即可看出:"……每单位产品成本最小化的条件,要求每种要素的使用不能超过这一点,否则该要素的新增量所带来的产品增量不再足以补偿该要素的增量"。① 巴罗内的著名著作《分配理论研究》理应受到更多的关注。② 关于这些文章可以事先交代几句。巴罗内的中心理论以及边际生产率理论,是在 1894 年提出来的,③ 大约在他知悉威斯迪德的著作之前。1896 年开始连载文章,但在第二次连载之后就中止了,因为帕累托在私人信件中使巴罗内相信他的分析有很多错误。④ 这些错误是什么,我们不得而知,但可以保险地说,这些错误与威斯迪德和瓦尔拉斯的观点是一致的,而帕累托曾公开批判过他们。⑤

巴罗内的一般假定条件可以简略说明如下。他的分析仅限于静态经济,即假定资源数量不变。⑥ 物质财富分成三类:土地;技术或生产资本;消费物品。所有这些均以 numerio 即瓦尔拉斯的 numeraire(计量者)报价。此外,流动资本或预期资本为企业家所要求,用于事先预支给生产期间的各种要素。这个预期资本也以 numerio 报价,利息率就是单位时间内一单位 numerio 的价格。完全竞争贯穿全文。

---

① "维克塞尔的生平与著作",《经济学家杂志》(意),第 536 页(《经济著作》,第一卷,第 138~139 页)。
② 《经济学家杂志》(意),第 12 期(1896 年),第 107~155、235~252 页。重印于《经济著作》,第一卷,第 147~228 页。连载的第二部分处理资本理论,不是我们这里所关注的。
③ 1894 年 9 月 20 认识致瓦尔拉斯的信。不过,巴罗内的思想没有得到充分发挥;他反对线性齐次生产函数的理由是荒谬的,说它没有遵循每个要素边际生产率递减规律。
④ 参看舒尔茨,同前,第 508 页注,第 547 页。
⑤ 参看,帕累托,见下文。
⑥ 《分配理论研究》,同上,第 115~116 页(《经济著作》,第一卷,第 158~159 页)。

生产被引进一般均衡理论，但这种分析是短期的而不是全面的。① 我们可以略过这些分析，直接论述其分配理论。基本的根据是实物生产率递减规律，即第 n 个要素的增量报酬在越过一定的可能不断增加的报酬区间之后，将随着增加到另一个不变的第 ($n-1$) 个要素的第 n 个要素的增加而下降。② 如果抽掉时间，分配问题的答案"将像它精致那样简单"。③ 如果每个要素被使用到要素的成本增量等于其报酬增量时，企业家就实现了成本最小化或报酬最大化。

这个理论可被一般化为包括生产过程花费的时间。流动资本量必须等于为每个生产过程（遵循由庞巴维克普及的"交错的"生产概念）的各种要素预支的总资本的一定部分。④ 如果在一个生产时期所支付的总报酬是 K，那么，平均预支的报酬就是 K 的一定比例，$\frac{1}{\epsilon}$。因为生产时期在技术上是可变的，而流动资本也有成本，即利息率，所以，企业家要最大化他的收入就必须也服从于这个条件：延长的生产时期所生产的产品刚好等于那种延长的成本。因延长而增加的成本当然就是为这种延长所必需的资本的利息。⑤ 现在，一般均衡的条件就是："对每个企业家来说，每个要素（劳动、土地和技术资本）以 numerio 计量的报酬，等于要素的以 numerio 计量的边际生产率，减去预期资本相应部分的利息。"⑥

---

① 《分配理论研究》，第 121～126 页（《经济著作》，第一卷，第 67～177 页）。
② 同上，第 127～129 页（《经济著作》，第一卷，第 171 页极为重要）。
③ 同上，第 131 页（《经济著作》，第一卷，第 177 页）。
④ 同上，第 133～136 页（《经济著作》，第一卷，第 180 页极为重要）。
⑤ 同上，第 137～139 页（《经济著作》，第一卷，第 185 页极为重要）。
⑥ 同上，第 142 页（《经济著作》，第一卷，第 190 页）。

还需解释的是企业家利润。① 对他的论据（曾有详细图解）只需简略述之。假定完全竞争，企业家的时间完全可分，企业家能力的报酬与其他劳动的报酬完全一样。② 埃奇沃斯对巴罗内理论的主要批评就集中在企业家能力可分以及还可收回这个论点上。③

我们现在直接来分析最后的定理，即"按要素边际生产率对所有要素支付报酬之后，就没有剩余可分了"。④ 证据必然是数学的，我们可以复述一下先前表现这个定理时的论证。⑤ 如以 P 代表产品，A，B，C，……代表各种生产要素，包括企业经营，都以实物单位计量，则生产函数可写为：

$$P = \Phi(A, B, C, \cdots\cdots) \tag{1}$$

如果 A，B，C，……的单位价格是 p_a，p_b，p_c，……，π 是 P 的单位价格，t 是生产过程长度，$\dfrac{1}{\epsilon}$ 是预期资本投资的生产时期的平均分数，我们可将上述方程式改写为：

$$F = \frac{1}{\epsilon}(Ap_a + Bp_b + Cp_c + \cdots\cdots)t \tag{2}$$

成本最小化的条件可以下列方程表示，其数量等于生产要素（包括时间）的数量：

$$\pi \frac{\partial \Phi}{\partial A} = P_a\left(1 + \frac{zt}{\epsilon}\right)$$

---

① 《分配理论研究》，第 143~146 页（《经济著作》，第一卷，第 191~194 页）。
② 企业家的作用被解释为"指挥和协调生产"〔同上，第 142 页（《经济著作》，第一卷，第 189 页）〕。
③ 参看本书第 5 章。
④ 《分配理论研究》，同上，第 146 页（《经济著作》，第一卷，第 196 页）。
⑤ 同上，第 151 页极为重要（《经济著作》，第一卷，第 221 页极为重要）。这里稍简化了巴罗内的符号。

$$\pi \frac{\partial \Phi}{\partial B} = P_b \left(1 + \frac{zt}{\epsilon}\right)$$

$$\cdots\cdots\cdots\cdots\cdots\cdots\cdots$$
$$\cdots\cdots\cdots\cdots\cdots\cdots\cdots \quad (3)$$
$$\cdots\cdots\cdots\cdots\cdots\cdots\cdots$$

$$\pi \frac{\partial \Phi}{\partial t} = \frac{Fz}{t}$$

总生产成本是:

$$\pi P = A p_a + B p_b + C p_c + \cdots\cdots + Fz \quad (4)$$

其中 z 是利息率。最后,将方程 (3) 中的 p 值代入 (4),便可得出基本方程:

$$P = A \frac{\partial \Phi}{\partial A}\left(1 + \frac{zt}{\epsilon}\right)^{-1} + B \frac{\partial \Phi}{\partial B}\left(1 + \frac{zt}{\epsilon}\right)^{-1} + \cdots\cdots + \frac{\partial \Phi}{\partial t} \cdot t \quad (5)$$

巴罗内所得出的最后结果与维克塞尔的预期边际生产率理论有三点区别:它更明确一些;把分析扩展到无限的生产要素;最重要的是它不以尤勒定理为基础。

前已提及,在帕累托的要求下,上述理论被撤下。甚至在他的系列文章问世之前 (1896 年),巴罗内就已经写了一篇反对威斯迪德《协调》的评论,并将它寄给《经济学杂志》。埃奇沃斯称赞这篇评论,但不同意发表它。① 巴罗内随后把这篇被拒绝的文章寄给了瓦尔拉斯,得到瓦尔拉斯热情的欢迎和接受。他吸收了瓦尔拉斯《纯经济学要义》第三版附录三 ("对维克塞尔拒绝英国人的地租理论的注释") 的后半部分。遗憾的是巴罗内的论证没有同瓦尔拉斯的论证明确区分开,所以我们将把他们放在一起研究。② 巴罗内对威斯迪德的主要批评 (从帕累托那里接受来的) 是,威斯

---

① 巴罗内致瓦尔拉斯的信, 1895 年 10 月 26 日。
② 参看下文,关于瓦尔拉斯的部分。

迪德没有把生产规模引进生产函数;① 但是巴罗内在次年发表的"*Giornale*"一文肯定也没有考虑生产规模。

最后，还应指出，由于帕累托的反对，巴罗内在后来的著述中抽去了他对分配问题的一般解决答案。② 他还用了帕累托的一个例证："例如，生产1公斤金属所需要的矿石量"是固定的。③ 庞巴维克-维克塞尔的资本和利息理论，由于支持未含生产时期的边际生产率分析而遭到拒绝。

蒙特马提尼应当受到注意，主要因为他是边际生产率理论的一位早期的解释者。④ 他的表述简单明了，而且仍然是对价格理论的一个有用的引论。然而，他的著作基本上不是原创的，他主要追随巴罗内和帕累托。蒙特马提尼尽可能概括地论述了边际生产率理论，⑤ 但是，在生产系数变动性这个关键问题即替代原理上，他是含糊不清的。他的定理六是："现存的比任何其他要素数量较小的要素，决定着与其结合的其他要素的数量，因而决定着产品量。"⑥ "这个一定比例规律"大概来自帕累托，还引证了帕累托的话。⑦ 不过，他没有抓住帕累托论证的要点，因为甚至在时常发生的"某种要素不能替代其他要素"的场合，他还继续说边际生产率。⑧ 最好

---

① 参看瓦尔拉斯:《要义》(第三版，洛桑，1896年)，第490页。
② 《国民经济理论基础》(柏林，1927年)，第22页；又见第16页。参看"集体主义国家的生产部"，重印于《集体主义经济计划》，哈耶克编(伦敦，1935年)，第251页。
③ 同上，第22页(《经济著作》，第二卷，第18、25页)。
④ G.蒙特马提尼，《边际生产率理论》，(帕维亚，1899年)。摘要"论边际生产率理论"发表于《国民经济，社会政治和管理杂志》，第8期(1899年)，第467~503页。
⑤ 特别参看定理十二和十六。《边际生产率理论》，第75~79页。
⑥ 同上，第45页。
⑦ 同上，第48页。
⑧ 同上，第47页；又见第39页。

将他把这两种理论混乱地调和在一起的话放到脚注中去。①

帕累托

在这场关于尤勒定理的争论中,帕累托的作用是重要的,但是,如同埃奇沃斯的情形一样,并不总是令人印象深刻。帕累托最初的众所周知的批评是:

> 一些作者假定,如果所有生产要素翻一番,产品也将翻一番。这在一些场合中可能是对的,但它并不是严格的或普遍的。有些费用会随企业规律而变动。可以肯定的是,如果一个人能够在完全相同的条件下再建一个企业,那么他的要素和产品都会翻一番。但是,这种假定一般来说是不能接受的。例如,如果一个人在巴黎从事交通运输业,

---

① 相关段落值得全文引述。"在这个(生产系数固定的)场合,企业家将继续在各种要素之间按照其生产率分配其货币。假定为了生产谷物,一单位要素土地(100平方米)结合10单位劳动。显然,增加一定量劳动在这里是不可能替代土地的。再假定这100平方米土地和10个劳动日能生产100单位产品,售价100里尔。如果这就是生产过程的均衡点,那么,企业家既不赢也不亏。如果现在企业家想放弃$\frac{1}{10}$即10平方米土地,那他必须同时也放弃1个劳动日,因为他假定这两个要素的实物边际生产率是相等的。但是,价格对于具有相等生产率的要素来说是相等的——所以,对$\frac{1}{10}$土地的支付额与对一个劳动日的支付额是一样的。如果假定第10天的生产率是5,那么,我们必须给工人50里尔,给土地所有者50里尔"(同上,第79~80页)。

这段话从头到尾都是疑问。首先,劳动替代土地的可能性和必要性是不成问题的。其次,在蒙特马提尼假定的条件下,不可能将边际生产率分别归结于土地或劳动。它们在这个场合的相等看来是将总产品二分的结果。最后,劳动生产率是5,一定是平均产品,而不是边际产品,没有实物报酬递减的余地。

他可以假定存在其他行业和另一个巴黎,但是,这另一个巴黎并不存在,因而他必然考虑在同一个巴黎开办两个企业,他也不再设想生产要素翻一番,产品也将翻一番。①

这个论证当然完全不能令人满意。巴黎运输能力翻一番,将使实物产品(在这个场合就是运力)翻一番。价值产品却不能加倍,但这只是因为帕累托选择了一个垄断企业,那所以才是真的。如果他选的是完全竞争企业,那他的论据就自相矛盾了。

第二个用来反对运用尤勒定理的论据,虽然在智力上是可尊敬的,但其意义却值得怀疑。该论据实质上是说,生产要素之间不存在完全替代性;某些要素与产量或对其他要素保持着一致的函数关系,而与其余要素无关。一些生产系数是可变的,另外一些则是固定的。作为后面这种情形的例证,铁矿和生铁的关系在任何既定的技术阶段都是固定的。除了与矿产和化学相关的工业以外,

……存在另外一些(场合),一个人不可能通过减少其他物品而为资本物品之一的增加而补偿。例如,为了生产一定量丝绸,他会要求一定面积土地建工厂,但是此后即使这个土地面积翻了一番,如果不增加其他资本物品,产品也将完全不可能增加。②

这个论据与帕累托对 A. 奥派提特教授《货币通论》③ 的短评中多次提及的论据基本相同,后者在这本书中遵循着瓦尔拉斯的边际

---

① 《政治经济学教程》,第二卷(巴黎,1897 年),第 714 节。
② 同上,第 717 页。参看希克斯:"边际生产率和变动原理",同上,第 86 页注:"这不过是个傻子"。
③ 巴黎,1901 年。帕累托的评论出现在《政治经济学评论》,第 16 期(1902 年),第 90～93 页。奥派提特的论证与瓦尔拉斯的论证实际上是相同的,但奥派提特的论述更为优雅,就像他对整个一般均衡理论的陈述一样。参看奥派提特,同上,第 52～74 页。W. 扎瓦茨基的《政治经济学的数学应用》(巴黎,1914 年),第 226～227 页,重复了帕累托对奥派提特的批评。

生产率理论。帕累托指出："在一个巧克力工厂,你可以随意增加劳动,工厂占地面积和机器,但是,如果你没有增加可可数量,你还是不能适当地增加巧克力。"① 对于"多数"工厂来说,工厂占地面积的增加将完全不会"增加产品"。同样地,一个司机只能开一台车。②

帕累托关于边际生产率的其他著作没有增加什么新东西。他的论据仍然是:各种单个生产要素不能被看作是彼此独立的。在《纯经济学》(1901年)中,帕累托说:

> 主张(生产系数)由边际生产率来决定的理论是错误的。在这些理论中,把不是自变量的数量看作是自变量;为了决定最低成本而写出的各种方程式是不合理的。瓦尔拉斯的《纯经济学要义》第四版(1900年)第375页的方程(3)就是如此。③

最后,在"数学在政治经济学中的应用"(《数学科学百科全书》德文版)一文中,帕累托用基本相同的词句重述了上述批评。④

---

① 《评论》。第92页。
② 同上。
③ 同上,第10页注。我一直未能拿到这本书;上述引语摘自瓦尔拉斯致巴罗内的一封信(1901年12月10日)。舒尔茨后来印行了这封信,同前,第547~548页。
④ "数学在政治经济学中的应用",《数学科学百科全书》,第二部,第一卷(1903年),第1117页注:"在边际生产率理论中,如这本(威斯迪德的)著作所表明的那样,存在一个错误,帕累托在《政治经济学教程》第714节中指出了这个错误。这个错误在瓦尔拉斯《纯经济学要义》(1900年第四版)第374~375页再次出现。作者把不是自变量的数量看作自变量"。在该《百科全书》法文版的文章中没有论及这个理论。在《政治经济学手册》(第二版,巴黎,1927年)中,没有增加新内容。在一处(同上,第328页),帕累托说:"除了特殊场合以外,不存在必须指定为生产系数的固定比例……"。但在别处(同上,第636页)他又说:"这些生产系数部分是不变的,或接近不变,部分是可变的。"

帕累托对边际生产率理论的批评可以归结到一点：某些特殊的生产要素在功能上或者彼此相关（例如卡车和司机）或者与产品相关（即可可和巧克力、铁矿与铁、黄金与金叶）。① 对此批评可以有两点回应。如果两种资源在某些函数关系中必须一起被使用，那么这一对要素就构成一种技术数据关系。同样地，它们必须被视为一种单独的生产要素，经济理论既无权力又无兴趣将它们的报酬加以区分。② 然而，这两种资源可否在不同工业中以不同比例被使用（按照推理，在这种场合对任何工业中生产要素比例的固定性是有疑问的），这个问题必须通过由瓦尔拉斯和维塞尔发展的联立方程加以解决。

对帕累托立场的更重要的批评，可以引证各种相互依赖的要素和在功能上与产品相关的要素加以说明。为了实用目的，可以假定各种要素决不会这样相互关联，它们在边际上的比例总有某种变动性。可以肯定的是，一个司机固然只能开一台车，但车的大小可以不同，而两个司机在单位时间里提供的服务要比一个司机多；可能存在一些要素在功能上彼此相关的模糊场合，但是，这

---

① 可用数学表述这个论据。如果 P 是产品（例如铁），A，B，C，……是除了 O（铁矿石）以外的各种生产要素，于是可有：

$$P = F(A, B, C, \cdots\cdots O, \cdots\cdots)$$

有必要写成两个方程式：

$$P = F_1(A, B, C, \cdots\cdots)$$
$$P = F_2(O)$$

从这些方程式可以得出，A，例如，是 O 的隐含函数，尤勒定理无助于我们。参看帕累托《政治经济学教程》，第 714 页注；又见舒尔茨，同前，第 549～550 页。

② 埃奇沃斯主张避开这个问题："即使论及各种要素不可能独立（帕累托教授指出过，《教程》，第 718 页），这种情况也没有变化。假定劳动量总是与土地量或其一定功能成比例，那么，如果撤去其中的一个量，我们即可将其他的视为独立的。"（《论文集》，同前引书，第一卷，第 20 页注）。就算这是对的，但将土地报酬和劳动报酬分开来的意义是什么呢？

些不重要的场合不足以否决尤勒定理研究方法。同样，能从任何一种要素取得的产品总是存在某些变动性。相对价格将决定从铁矿石中得到多少铁，可是，所有的铁显然也决不是从矿石中得来的。即使在黄金和金叶的极端场合，在制造金叶时也还总会有一些消耗，而且这些消耗会随合作要素相对价格的升降而增加或减少。①

在我看来，帕累托的拒绝看来是基于对一般科学规律，特别是对经济理论的误解。一般化并不能适用于每个场合；帕累托对无差异曲线和需求曲线是连续的假定有所辩解，然而，帕累托的这个假定，比从一定量要素取得数量可变产品的假定更加扭曲"事实"。后面这个假定具有充足的方法论的理由，因为它符合时代的真实；它在经验上也几乎是坚不可摧的。

瓦尔拉斯

瓦尔拉斯第一次处理边际生产率理论是在《纯经济学要义》第三版（1896年）附录三。② 该注释是他受威斯迪德《协调》的触动而写的，主要内容是提出一个主张，即他自己在关于李嘉图地租理论的一章中最早发现并提出了边际生产率理论。

这个主张基于瓦尔拉斯和威斯迪德方程式之间的所谓一致。在瓦尔拉斯的一般方程式中，有一个系列是表示生产成本等于价格的，③ 即：

$$b_t p_t + \cdots\cdots + b_p p_p + \cdots\cdots + b_k p_k + \cdots\cdots = p_b$$

---

① 一位学者给我指出了一个更有说服力的例证——鸡蛋的蛋黄和蛋清——，同事向我保证说，它们的比例是可以变动的。
② "关于威斯迪德对英国地租理论反驳的注释"，《要义》（第三版，同上），第485~492页。这个附录于同年早些时候发表于洛桑大学的一份杂志上。
③ 参看本书第198~199页特别重要。

或者　　$D_b b_t p_t + \cdots\cdots + D_b b_p p_p + \cdots\cdots + D_b b_k p_k + \cdots\cdots = D_b p_b$

生产系数 b_t，b_p，b_k，……由生产函数联系起来：

$$\phi(b_t\cdots\cdots b_p\cdots\cdots b_k\cdots\cdots) = 0$$

因此，瓦尔拉斯认为，威斯迪德的方程式，

$$P = \frac{\partial P}{\partial A} \cdot A + \frac{\partial P}{\partial B} \cdot B + \frac{\partial P}{\partial C} \cdot C + \cdots\cdots$$

与他的《要义》中的方程式是一致的，因为：

$$\frac{\partial P}{\partial A} = p_t, \quad \frac{\partial P}{\partial B} = p_p, \quad \cdots\cdots$$

$$b_t = \frac{A}{D_b}, \quad b_p = \frac{B}{D_b}, \quad \cdots\cdots$$

以及 $P = D_b p_b$。瓦尔拉斯发现，威斯迪德的"方程式与我的即使有所不同，也只是他的方程式比较一般"。① 对威斯迪德的发展的唯一批评是，不该把劳动和资本混在一起。不过瓦尔拉斯的结论是："不管这种结合（资本和劳动）的内在价值如何，它与我的方式只是在形式上有所不同。"②

瓦尔拉斯从他的《要义》中引证了一段与威斯迪德的《协调》类似的关于地租与价格关系的论述，说明威斯迪德的论述"就好像是从《要义》中翻译过来的，他应当十分严格地把这些句子放在括号里，并借此提到我的著作"。③

在我看来，瓦尔拉斯要求对表述一般边际生产率理论拥有优先权是完全不恰当的。在讨论地租理论时，李嘉图理论可能也被包括在（至少在形式上）他的生产方程式之内，然而，他的证明是

---

① 《要义》（第三版），第 486 页。
② 同上，第 488 页。
③ 同上，又见第 489 和 492 页："威斯迪德先生未能在最一般的形式上成功地建立它（边际生产率理论），如果他不曾假装对前人的著作一无所知，那他一定会得到更好的指导。"

以生产系数固定不变为前提的。有一节只说明生产系数是可变的,并用一个生产函数将它们联系起来,但他**没有**分析这种生产函数的性质,也没有任何最微弱的暗示,即 $\frac{\partial P}{\partial A} = p_t$。的确,$P$ 函数在《要义》前三版还没有引进呢。

在威斯迪德的小册子出现以前,瓦尔拉斯不曾拥有一个边际生产率理论。① 因而瓦尔拉斯没有也不曾证明,作为剩余的地租与作为边际产品的地租是相等的。我们可以宽宏大量地把他相信拥有边际生产率理论归之于自我混乱,但是,他关于剽窃的指责(无论如何这同威斯迪德的为人都是不沾边的)却只能被视为轻率无理之举。

以上讨论的附录的一节,注明的日期是 1894 年 9 月。② 该附录余下的部分注明的日期是 1895 年 10 月。开头是这样说的:"在我刚刚得知的一个短论中,巴罗内先生批评了威斯迪德先生著作中我一直持保留态度的部分,下面就是我所了解的批评的结果。"③ 接下来的批评所针对的线性齐次生产函数的运用显然完全来自巴罗内。④

在最后这个分析中,瓦尔拉斯的生产方程,

$$\phi(b_t \cdots\cdots b_p \cdots\cdots b_k \cdots\cdots) = 0$$

"经过帕累托修改,加进了 D_b"(产量规模)⑤,变成:

$$\phi(b_t \cdots\cdots b_p \cdots\cdots b_k \cdots\cdots D_b) = 0$$

---

① 事实上,他对威斯迪德的一般论题,即每个要素按其边际生产率取得报酬,是持保留态度的。
② 《要义》,第 489 页。
③ 同上。
④ 瓦尔拉斯介绍基本方程式时说:"巴罗内先生……证明……"(同上,第 490 页)。在 1894 年 9 月 20 日致瓦尔拉斯的信中,巴罗内谈到了他的一部分分析〔包括体系(3)〕,不过没有提及威斯迪德。
⑤ 同上,第 490 页。

"巴罗内先生则把它写成这样的形式",①

$$D_b = \phi(D_b b_p \cdots\cdots D_b b_t \cdots\cdots D_b b_k \cdots\cdots)$$

或者 $\quad\quad\quad P = \phi(A, B, C, \cdots\cdots) \quad\quad\quad (1)$

最后,这个威斯迪德的方程,"可以被认为是非齐次和非线性的,而且 P 是产品量,而不是产品价值"。② 因为在均衡时售价等于成本,

$$P\pi = Ap_a + Bp_b + Cp_c + \cdots\cdots \quad\quad (2)$$

如果微分方程(1)和(2),使生产成本最小化,③ 则得:

$$\frac{\partial\phi}{\partial A} = \frac{p_a}{\pi}, \; \frac{\partial\phi}{\partial B} = \frac{p_b}{\pi}, \; \cdots\cdots \quad\quad (3)$$

如果把(3)代入(2)的 p_a, p_b, p_c, $\cdots\cdots$,则得:

$$P\pi = A\pi\frac{\partial\phi}{\partial A} + B\pi\frac{\partial\phi}{\partial B} + C\pi\frac{\partial\phi}{\partial C} + \cdots\cdots$$

或者 $\quad\quad P = A\frac{\partial\phi}{\partial A} + B\frac{\partial\phi}{\partial B} + C\frac{\partial\phi}{\partial C} + \cdots\cdots \quad (4)$

"因此",瓦尔拉斯总结说:

---

① 《要义》。舒尔茨(同前)指出,方程(1)必然不同于 $\phi(b_t\cdots\cdots b_p\cdots\cdots b_k\cdots\cdots) = 0$,尽管瓦尔拉斯用了相同的符号($\phi$)。当然,方程(1)是生产函数的通常写法。
② 同上,第490页。
③ 瓦尔拉斯没有详细说明得出体系(3)的方法。使纯收入 V 最大化最简单方法是:

$$V = \pi\phi(A, B, C\cdots\cdots) - (Ap_a + Bp_b + Cp_c + \cdots\cdots)$$

因此,$\quad \frac{\partial V}{\partial A} = \pi\frac{\partial\phi}{\partial A} - p_a = 0$

$\cdots\cdots\cdots\cdots\cdots\cdots$

其中,$\quad \pi = \dfrac{p_a}{\frac{\partial\phi}{\partial A}} = \dfrac{p_b}{\frac{\partial\phi}{\partial B}} = \cdots\cdots$。

第一，自由竞争会使生产成本最小化；

第二，根据方程（3），在这种制度下，每种服务的报酬率等于生产函数的偏导数，即其边际生产率；

第三，产品总量按照方程（4）在各种生产服务之间进行分配。①

后来的各种版本在基本论证上只有一些次要的变化。关于威斯迪德的附录在后来的各版中被取消了，而边际生产率理论被移到《要义》的第三十六讲。同时放弃了威斯迪德是一个剽窃者的暗示。在他身后出版的1926年版中，取消了方程（4）以及总结的第三点，代之以产品分尽的论述。这个变化缘自我们已经讨论过的帕累托的批评。瓦尔拉斯试图回答帕累托的异议：

> 鉴于帕累托先生1901年11月（《纯粹经济学》）宣称，这个理论是"错误的"，方程（3）是不恰当的，因为"其中作为自变量的数量其实不是自变量"；又鉴于巴罗内先生显然皈依了他的观点，我愿以下述观察为这个理论承担责任：根据我建立经济均衡的概念，在求生产近似值的整个过程中，在产量（Q）相继等于Ω_b（第208节），Ω'_b（第211节），D'_b（第212节），D''_b（第218节），D'''_b（第219节），……中，它总是以一种特殊的方式来决定，而且像各种服务的价格一样，它是生产系数决定问题的已知量，而不是未知数；因此，对我来说，$T = Qb_t$，$P = Qb_p$，$K = Qb_k$，……是可变的，因为b_t，b_p，b_k……是自变量。②

瓦尔拉斯显然没有抓住帕累托批评的要点：将生产系数和产品联系起来的函数不止一个。当然，$T = Qb_t$像b_t一样是自变量，但

---

① 《要义》，第490页。

② 同上（洛桑，1926年版），第376页注。这个脚注的日期是1902年。

是，帕累托的观点是：两者可能是它变量。帕累托的反对意见与"摸索"（taetonnements）问题绝对无关。

维克塞尔

在这一时期关于尤勒定理的争论中发挥过重要作用的最后一位大陆经济学家是克努特·维克塞尔。前已指出，维克塞尔在《论价值、资本和地租》（1893年）的方程式中，已经暗含了一般边际生产率理论。① 七年后他以发表于《经济学杂志》（Eknomisk Tidskrift）上的关于边际生产率理论的长篇论文再次参与到这场争论之中。② 次年在《政治经济学讲义》（1902年）第一卷中，他将这篇论文扩充到讨论尤勒定理问题中。③ 在后来的两篇论文（1902年和1916年）中，维克塞尔详细阐述了一般生产率理论的某些被忽视的方面。④

有意思的是，维克塞尔大约在1900年"再次发现了"边际生产率理论，却完全没有意识到该理论已经深深嵌入到他先前的《论价值》中了。他在1900年的论文中说：

> 据我所知，这里发挥的观点最初是由威斯迪德在前面提到的著作（《协调》）中提出来的。有所不同的是，他的主要目的是维护边际生产率理论，反对分配问题上的旧观念。那里的各种重要条件都是作为当然之理提出来的。我最初阅读威斯迪德著作时，甚至没有注意到这些细节。⑤

---

① 参看本书第10章。
② 《经济学杂志》（瑞典），第二卷（1900年），第305～337页。
③ 我未能看到该书瑞典文第一版（1901年）；德文第一版（1913年）的相关章节与瑞典文第三版的英译本实际上是一样的。这里引用的是英译本。
④ 分别见于《经济学杂志》（瑞典），第4期（1902年），第424～433页；第18期（1916年），第265～292页。
⑤ 维克塞尔说的大概是成本最小化条件，对此我们在前面已讨论过了。

没有发现任何新东西。只是后来当我自己得出了相同的结论时，我才发现威斯迪德事实上在我之前已经得出了这些结论。先前经济学家们对其著作甚少注意，可能同他常用数学符号及其论证的抽象性质有关。①

维克塞尔知道瓦尔拉斯要求发现一般边际生产率理论的优先权，②但他拒绝承认瓦尔拉斯的表述更一般，还拒绝承认线性和齐次生产函数是一个独立的假定条件。维克塞尔指出：

> 威斯迪德已经证明，边际生产率理论只适用于总产品是生产要素的线性和齐次函数的场合〔如我刚才表明的那样（同上，第314页），那就是对这样一个场合的数学表述：无论生产规模是大是小，同样有利可图〕，而瓦尔拉斯认为他在没有任何这类限制条件下证明了这个定理。但他在这里是错误的。瓦尔拉斯在他的解说中假定，只要没有垄断，利润将由于其他厂商的竞争而持续下降。但是，不难看出，这个假定涉及到产量与生产规模成比例这个条件。如果不是这样，以致（例如）大规模生产比小规模生产更有利，那么，利润就不可能消失或者倾向下降。③

维克塞尔致信瓦尔拉斯，以几乎相同的词句维护威斯迪德，但是，瓦尔拉斯借口对这个经济理论领域不感兴趣而回避了这个问题。④

---

① 《经济学杂志》（瑞典），第二卷（1900年），第313页。
② 同上："瓦尔拉斯在这里（《要义》第三版附录）指出，而且在我看来是正确地指出，威斯迪德的理论原理已经包含在瓦尔拉斯自己的生产理论中了"。
③ 同上，维克塞尔的结论是："威斯迪德对这个问题的陈述是很好的，不应该受到瓦尔拉斯轻蔑的批评。"
④ 信件日期是1900年10月28日。瓦尔拉斯认为维克塞尔对威斯迪德的维护是值得认真考虑的，但是他说他的兴趣已经从边际生产率理论转移开了。见瓦尔拉斯1900年11月2日给维克塞尔的信。但是瓦尔拉斯对帕累托在同一年提出的批评却是十分感兴趣的。

第 12 章 尤勒定理和边际生产率理论

维克塞尔在发表于《经济学杂志》上的文章"论分配问题"(1902 年)中重复了这一观点,同时又附加了一个因素。他先前把所有工业看作遵循报酬递增、报酬不变和报酬递减规律,现在他认为这三个"规律"是一个厂商通常成本曲线的不同阶段,而不是相互排斥的选择。一个厂商可以首先遵循报酬递增,然后是报酬递减,而通常制造业典型的情况是两者兼而有之。① 一般边际生产率理论是在从递增到递减的转折点上开始的,"因而,可以说产生了一个报酬不变的瞬间"。② 这个理论在随后的《讲义》中有详细的阐述,我们现在就来分析这个理论。

维克塞尔在《讲义》中承认瓦尔拉斯对生产和分配问题的解答是完全正确的,甚至是最终的,③ 同时对威斯迪德(在其《常识》中)放弃《协调》的主题表示惊讶。④ 维克塞尔对一般边际生产率理论的讨论主要局限于非资本主义(即无时间限制)生产。我们这里所关注的就是他的这一段讨论;我们已经讨论了他对资本和时间的处理。⑤

现在,沿着约定的思路,他认为工资将决定于劳动的边际生产率,⑥ 而地租决定于土地的边际生产率。如果仅有这两个生产要素,企业家也被包括在劳动者之中,那么,我们就会面临这个基本问题:"产品在劳动者和土地所有者之间的分配会依据我们所假定的每个条件吗?"换句话说,⑦ 作为剩余产品的地租和作为边际产品的地租是相等的吗?或者,再换一种说法,生产要素按其边

---

① 《经济学杂志》(瑞典),第 426 页。
② 同上,第 427 页。维克塞尔在稍后几页(同上,第 432 页)指出,一般边际生产率理论在不完全竞争条件下就会失效。
③ 《讲义》,第 101 页:"瓦尔拉斯在其《要义》中,再一次完全正确地表述了对作为一个整体的生产、分配和交换的答案……"。
④ 同上,第 101 页注。
⑤ 本书第 10 章。
⑥ 《讲义》,第 110~125 页。
⑦ 同上,第 125 页。

际生产率取得报酬,是否分尽了总产品?

要使分配份额分尽总产品,必须满足两个条件之一。必须假定"大规模经营和小规模经营是同样生产的,以致当所有生产要素以相同比例增加时,总产品也会恰好按同比例增加;或者,至少,所有生产企业已经达到了这个限度,生产规模超过这个限度的任何增加,将不再带来任何好处"。① 缺乏这两个条件中的任何一个,自由竞争就不可能存在。②

第一个条件实质上就是指生产函数是线性齐次的。这个条件是充分的条件,虽然不是必要的。③ 如果生产函数可以改写为:④

$$P = af\left(\frac{b}{a}\right)$$

则

$$P = a\frac{\partial P}{\partial a} + b\frac{\partial P}{\partial b}$$

一个明确的答案是 $P = A^{\alpha}B^{\beta}$,这里 $\alpha + \beta = 1$。这个条件是基于排除而得到推荐的。因为如果 $\alpha + \beta > 1$,则:

$$P < a\frac{\partial P}{\partial a} + b\frac{\partial P}{\partial b}$$

378 换句话说,双倍要素多于双倍产品,那么,由边际生产率决定的份额大于被分配的产品。但是,这种条件与完全竞争是不符合的,因为工厂规模越大,生产成本越低;在相反情况下,即 $\alpha + \beta < 1$,则

---

① 《讲义》,第 126 页。
② 同上,第 125~126 页。
③ 同上,第 127~129 页。
④ 如果 $\lambda = \dfrac{1}{a}$,那么维克塞尔的方程式可以写成:

$$P = af\left(\frac{b}{a}\right) = \frac{1}{\lambda}f(\lambda b)$$

或者 $\lambda P = f(\lambda b)$,与齐次和线性条件的通常表述相吻合。

$$P > a\frac{\partial P}{\partial a} + b\frac{\partial P}{\partial b}$$

这样一来,总分配份额就会小于产品。但是,这等于说小规模企业更有效率,因为双倍要素并没有带来双倍产品,因而只有少数单位站得住脚。

这第一种方法的适用性是很有限的:"作为一个一般原理,它极少在某个生产部门得到体现;企业经营规模对其平均产量总是有一些影响的。"① 不过,在后来的一篇关于报酬规律的文章中,他又说这种生产函数是农业的典型。②

第二个也是更一般的条件是:每个厂商在越过成本递减阶段之后就会到达这样一点,超过这一点它的成本就会增加。在这个转折点上,可以体验到不变的成本和报酬。③ 他暗示成本递减阶段是由于劳动的专业化。④ 后来的成本增加阶段则是起因于"成本的增加盖过了专业化的好处,为了经营产品而必须更大规模地开发以供应原料或辅助材料等等时,就会遇到成本的增加"。⑤ 假定有足够的企业维持着竞争,那么所有的企业就会在这个最低成本点上经营。在这个点上,经营者将以这样的数量使用各种生产要素:它们的边际生产率与其价格是成比例的。对企业来说,处于均衡状态时,将有如下关系:

$$k = \frac{\frac{\partial P}{\partial a}}{p_a} = \frac{\frac{\partial P}{\partial b}}{p_b} = \cdots\cdots$$

---

① 《讲义》,第 129 页。
② "临界点",同上,第 287 页:"这些(尤勒)公式所反映的不过是一个众所周知的事实,一个小农场和一个大农场,如果生产相同产品,它们同样有利可图"。
③ 《讲义》,第 129、131 页。
④ 这在"论边际生产率"一文〔《经济学杂志》(瑞典),第二卷(1900年),第 320 页〕有明确表述:如果所有要素按同一比例增加,"产品至少也会按相同比例增加,通过分工,也可能以更大比例增加"。
⑤ 同上,第 129 页。

这里 k 是大于 1 的某个常量。当各个厂商处于最佳规模时，如果竞争仍然起作用，就会有新厂商进入这个领域。这些新厂商的进入将抬高资源价格，① 或者，维克塞尔没有明确指出这一点，产品价格将被迫降低。只要 k 在厂商均衡状态下大于 1，就会有利润可赚，因为要素的边际生产率超过它们的价格。只要有利润，新厂商就会继续进入这个领域。在长期均衡状态下，利润将必然消失，由边际生产率决定的分配份额将分尽产品。维克塞尔十分强调工业中存在足够数量的厂商，以确保竞争的必要性。②

维克塞尔在《讲义》中靠后的一节对他的分配理论增加了一个时间因素。③ 因为这个理论与其《论价值》提出的理论是一致的，所以这里可以放过去，不再置评。其中心议题与先前著作的议题仍然是一致的：每个生产要素获得其打了折扣的边际生产率；资本所获份额等于延长投资时期的边际生产率。

对维克塞尔所发展的边际生产率理论只有一个基本批评。他没有解释厂商在其长期平均成本曲线上可能有一个最低点的条件，或者，在另一种场合，竞争与其对工厂规模来说不变的报酬是可以相容的。最后一节就来处理这些问题。

结 论

边际生产率理论的早期拥护者和批评者显然对它提出了各种不同的解释和误解。后来的文献是很丰富的，但是，就我所知，没有出现与该主题相关的新重要观点。因此，对不同意的基本观点加以评估，并指出还有哪些问题（如果有的话）需要解决，无疑是恰当的。

---

① 《讲义》，第 130 页。
② 同上，第 130~132 页。
③ 第 144 页极为重要。

在生产理论的开头首先顺便评论一下两个基本问题。第一个问题是帕累托的：生产理论应当（至少是部分地）建立在固定的生产系数的基础之上吗？否定的回答我们已经说过了，只需总结一下：从经验上来说，假定各种生产服务结合的比例不可能发生重要的变动，看来存在的空间是很小的；在任何情况下，假定变动都是极为合宜的第一近似值。

第二个问题可能与维克塞尔联系在一起，涉及各种生产服务的不可分性。如果某种工业的厂商表现出很大的和持续的不可分性，那么这些厂商将具有持续递减的长期平均成本，竞争当然也是不稳定的。尽管看来存在这些场合，但它们肯定相对较少。再次作为第一近似值的更合适的做法是，假定不存在或者不可分性有限，这样一来，平均成本曲线将是一条水平线或者是一条曲线，就技术（即非管理）的考虑来说，这条曲线带有或多或少常量价值的周期性的最小值。①

然而，在可变生产系数框架内还有一个争议之点：竞争的稳定性。换句话说，关键的问题是：稳定的竞争与产品在生产服务之间按其边际贡献进行分配的条件是否兼容？

如果技术过程完全可分，维克塞尔所假定的线性齐次生产方程当然是恰当的。如果所有生产服务以一定百分比增加了，产品也将按相同比例增加。如果某种类型的房屋能在一块土地上建立起来，相同的生产服务也能在隔壁使产品翻番。

如果在生产中不存在企业家作用，这条论证路线无疑是正确的。现在可以对企业经营存在的理由加以检验了，但是，我们可以预期的结论是：如果合作和决策问题尚未解决，平均成本就可能开始上升。在他们缺席的情况下（暂且假定），看来也就没有什

---

① 比较 N. 卡尔多："厂商的均衡"，《经济学杂志》，第 44 期（1934 年），第 65～66 页；E. A. G. 罗宾逊：《竞争性工业的结构》（纽约，1932 年），第 31～32 页。

么重要意见可以用来反对使用线性和齐次生产函数,否定不变成本对厂商的作用了。

假定成本不变,威斯迪德对分配问题的解答站得住吗?他的理论要求完全竞争——否则,即使在个别厂商场合,就不能从实物产品直接转变为价值产品。被接受的理论是:对厂商的产出规模的不变回报(即威斯迪德的假定),与稳定的竞争是不兼容的。① 理由如下:如果长期平均成本曲线高于价格线,这个厂商将不能生存下去;如果成本线在价格线以下,该厂商将会垄断这个工业。最后,如果成本线和价格线重合,厂商的产出将是不确定的。

价格线与成本线重合的场合应该得到更多的注意。对这种场合的明确分析不多,已有的分析看来都指向不稳定性。在成本不变条件下,厂商将扩大产出,直至其变成供给的重要来源。接着厂商的边际收入曲线将下降到它的平均收入曲线之下(它不再是一条水平线)。如果该工业使用某些专业化的生产服务,即服从递增成本的服务,厂商也会发现这些服务的递增成本会上升到它们的平均成本之上(也不再是一条水平线)。这两种条件或其中之一最终将使厂商的扩张停止下来。但是,其他厂商可能遵循同样的扩张过程,致使价格下降和成本上升。该工业将变得无利可图(即带来的收益低于竞争性的报酬率),产出因价格上升而受到限制。新一轮生产过剩和生产不足将会接着发生。

这个论证所依据的基础显然与**完全**竞争不相容。如果拥有完全的知识和经济合理性,就难以理解厂商为何要扩张他们的产出;即使加强对供给的控制也难以获得暂时的收益。② 在不完全竞争条

---

① 参看 J. 瓦伊纳:"成本曲线和供给曲线",《国民经济杂志》,第 3 期(1932 年),第 33~34 页;卡尔多,同前,第 72 页。A. L. 鲍来:《经济学的数学基础》(牛津,1924 年),第 36~37 页。

② 也就是说,单个厂商不能抬高价格和降低成本。某种组合可能暂时提高价格,但是,除非能够控制(新厂商)进入该工业,否则仍然不会有持久的收益。

件下，上面描绘的波动就会发生，但是，预期、不完全知识会改变问题的整个性质。在关于竞争的最严格假定条件下，产出在各个厂商之间的分配是不确定的，但是，它却是稳定的，因而实质上是不重要的。没有厂商会因为它的成本线和价格线重合而增加产出，他们知道这个过程最终会变得没有益处或者代价高昂。

在第二种场合，某些生产服务有限的不可分性会大致上导致常量价值在长期平均成本曲线上周期性的最小化。一个竞争性企业当然必须在这些最小值之一上经营，从而使产出的不确定性大为减少（并且在一定条件下完全消失）。除了这种特征之外，预期增加产出是合理的。但是尤勒定理不再合适了；生产函数不再是齐次和一阶的了。人们必须求助于巴罗内、维克塞尔和瓦尔拉斯的解决办法，尽管对他们心中各有所想尚有争议。① 不过，可以说，在这样高水平的抽象层次上，威斯迪德的解决办法像巴罗内的一样，几乎是普遍适用的和信息丰富的（从经济观点来看，如果不是从数学观点来看的话）。

上面的分析支持了威斯迪德的论据——如果不存在企业经营的话。不过，限定条件是很重要的。如果在合作和决策方面存在着各种实际问题，那么所有生产服务翻一番，该厂商的产出最大的可能是不能翻一番。换句话说，企业经营的代价（包括组织成本）比厂商规模增长得更快，结果是，一旦达到了一定的产出，厂商的平均成本曲线就开始上升。②

如果承认威斯迪德的命题对无企业经营经济的局部适用性，那么，在什么条件下企业家的作用将会消失？我们知道，③ 它会在完

---

① 新近提出相同理论的有：希克斯（《工资理论》，同前，附录一）；庇古（《静态经济学》，同前，第 27 章）；E. 施奈德："评边际生产率理论"，《国民经济杂志》，第 4 期（1932～1933 年），第 604～624 页。
② 参看罗宾逊：《竞争工业结构》，同前，第 42 页极为重要。
③ 参看 F. H. 奈特：《风险、不确定性和利润》（剑桥，1921 年），第 76 和 145 页极为重要。

全静态经济中消失,在这种经济中,各种生产资源财货(不是供给比率)、技术和口味是严格固定不变的。在这种经济中,同样的东西总是由相同的人用相同的方法做成的。一切事情都是例行公事;工业首领及其数不清的助手似乎都生活在天堂。

我们可以退居一种静态程度越来越少的经济,但是对其特征没有必要在此详加列举和研究。第二个随机变量——其中生产服务(不是财货)的供给是固定不变的——可能导致与前面场合一样的结果。人力资源将以不变的比率流动,但是生产的例行公事性质不要求加以协调。

另一种类型的静态经济应该受到更多的注意,它似乎经常暗含在当代经济学家的著作之中。奈特教授这样说明这种经济的特征:

> 我们所假定的人口静态,指的是人口数量和结构的静态,而且没有予以改变和向前推进的狂热,而这种狂热是现代生活的特征。技术和组织的各种发明和改进都被排除了,留下来的就是我们今天所知道的静态。关于新资本的积蓄,新自然资源的开发,人口在各个地区的分配或者物品所有权的再分配,人民的教育,等等,情况也是如此。但我们将不假定人们无所不知,永远不死,或者,富于完全的理性,并摆脱了个人的反复无常。我们将忽略自然灾害、瘟疫、战争等等因素,但却认为气候之类的"通常的"不确定性,还有道德生活的"正常变迁",以及人们选择的不确定性,理所当然。①

可以作出结论,甚至在这样的社会中也没有企业家的重要地位,因为实际上不存在不确定性。除了由于不确定性引起决策的责任之外,单单一个协调问题就足以要求企业家的劳动(服从于报酬递减)——能否这样说,我的把握不大。与机器不同,人有不完美的记忆力、个人的好恶以及各种弱点——加在一起统称"人

---

① 参看 F. H. 奈特:《风险、不确定性和利润》(剑桥,1921 年),第 266 页。

性"。除了数学上的静态经济学以外,在任何情况下,一个扩张中的厂商将要求具备越来越多的协调能力,以克服不断增多的人为"摩擦"。

巴罗内及其追随者们在表述他们的边际生产率理论时,心中所想的可能就是这种类型的经济。他们的答案必须被用于这种没有不确定性的经济,否则这种答案显然就是错误的(见下文)。另一方面,这些经济学家把他们的分析完全放在厂商长期平均成本出现一个最低点这个基础之上,由此所能得出的结果是,只有在企业家在生产中起重要作用时,即使不存在不确定性,这些解答才是对的。在我看来,这似乎是可能的,但是很显然,在任何情况下,巴罗内及其追随者,像威斯迪德一样,没有发挥和维护暗含在他们产品分尽问题答案中的这个假定条件。

一旦引进不确定性,分配理论就大为改观了。预期支配着经济活动,但很多预期必定是错误的,因为不确定性本身的因素所致。企业家变成了一个剩余要求者,于是产品分尽问题不复存在了。预期边际生产率成了酬劳所有生产要素(企业家除外)的基础。

像我们科学的多数争论一样,尤勒定理的争论是有益的,它主要涉及理论分析隐蔽的错误和局限性。整个论证是以各种参与者暗含假定之间的区别为基础的。在我看来,威斯迪德的答案是比较好的一种,这是因为——至少在适合于它的分析水平上——它信息丰富,而且基于比较简单的假定条件。巴罗内的方法在形式上是对的,但是他的解答的经济意义主要取决于不存在不确定性时,协调问题的范围。但是,这两种方法——以及以固定生产系数为基础的方法——的抽象程度是不同的。这些观点都是对的,只是因为没有明确地阐述各种假定条件,才使这些经济学家相信他们的各种解答是相互抵触或相互排斥的。

索 引

1. 本索引按汉字笔画为序。
2. 页码为原书页码，标在本书切口。
3. 缩略语：f.（一张，对开2页），ff.（极为重要或特别重要），n.（注释）。

一～三画

一般均衡，18，228f.，237ff.，358，365n.

一般生产组织，235f.

门格尔（Menger，Carl），4，11，第6章，158f.，164，187，187n.，193n.，229

门格尔（Menger，Carl），49n.，135n.

土地的性质，51f.，88ff.，129f.，155，193，233f.，273，316ff.

工资基金理论，15n.，29，219f.，283ff.

工资理论

　庞巴维克，22lff.

　克拉克，318

埃奇沃斯，130

杰文斯，31ff.

马歇尔，97ff.

门格尔，155f.

瓦尔拉斯，230

维克塞尔，292ff.

威斯迪德，54f.

维塞尔，173

工业区域化，69f.

马吉特（Marget，A. W.，），251n.，296n.

马歇尔（Marshall，Alfred），9，10，11，13，14n.，16n.，35n.，第4章，109，129，131，185n.，196n.，322，336n.，344ff.

四 画

方法论，6ff.，180ff.，368

方程式和未知数，241，242ff.

计量者（Numeraire），237n.，239n.

尤勒定理，参看：生产规模不变报酬

瓦尔德（Wald, A.），243.

瓦尔克（Walker, F. W.），125，198n.，300

瓦尔拉斯（Walras, Leon），3f.，10，11，21n.，127，140n.，141n.，第9章，326n.，361f.，368ff.，374ff.

瓦伊纳（Viner, J.），73，74n.，75，321n.，323n.

戈森（Gossen, H.），33n.，188n.

历史成本，47f.，51，148f.

扎瓦茨基（Zawadski, W.），365n.

贝里（Berry, A.），321ff.

内部经济，76ff.

边际反效用，参看"真实成本"

边际对偶，130，221n.

边际生产率理论，4，第12章

巴罗内，357ff.，370ff.，386f.

庞巴维克，192n.

克拉克，296f.，302ff.

埃奇沃斯，126，131ff.，341ff.

杰文斯，21，21n.

马歇尔，83，344ff.

门格尔，151ff.

帕累托，364ff.，371

瓦尔拉斯，255，260，321，368ff.，374ff.

维克塞尔，264，289ff.，321，373ff.

威斯迪德，5lf.，321，323ff.，368f.，374f.，381，386f.

维塞尔，164ff.

巴罗内（Barone, E.），128，253f.，262n.，357ff.，370ff.，386f.

五 画

主观价值理论，2f.，136ff.，158n.，296f.

兰德尔（Landauer, C.），5n.

平均生产时期，205

生活资料工资理论，36，155f.，173

生产要素，52ff.，88ff.，151，171，192ff.，232ff.，268，330f.，335f.

生产时期

　巴罗内，359ff.

　庞巴维克，201ff.

　克拉克，313ff.

　埃奇沃斯，130f.

　杰文斯，23ff.

　门格尔，156.

　维克塞尔，276ff.

　生产贡献，166ff.

生产力伦理学，297

生产规模不变报酬，40，40n.，49f.，301f.，第12章

索　引　333

古典的分配理论，2f.，15，15n.，154ff.，320
库尔诺（Cournot, A.），76n.
代表性企业，62，68
卡尔多（Kaldor, N.），245n.，381n.
归属（又见边际生产率），139，151ff.，163ff.
弗鲁格尔（Vleugels, W.），169，169n.
对资本的需求
　　巴罗内，359
　　庞巴维克，201ff.
　　克拉克，311ff.
　　埃奇沃斯，130f.
　　杰文斯，23ff.
　　马歇尔，104ff.
　　门格尔，156
　　瓦尔拉斯，249ff.
　　维克塞尔，276ff.
　　威斯迪德，42f.，57ff.
　　维塞尔，174ff.
外部经济，68ff.，123f. 267f.，338n.，339fr.，343

六　画

安东尼利（Antonelli, E.），228n.
产品分尽，12，166，171，293ff.，305f.，第12章
乔治·亨利（George, H.），302
迈耶尔（Mayer, H.），187n.，190，354n.

西奇威克（Sidgwick, H.），125，131
地租理论，336
　　克拉克，315ff.
　　埃奇沃斯，129f.
　　杰文斯，16，19ff.，36f.
　　马歇尔，87ff.
　　门格尔，155
　　瓦尔拉斯，255ff.
　　维克塞尔，292ff.
　　威斯迪德，52ff.，326ff.
　　维塞尔，162，172
企业家，78ff.，99ff.，125ff.，235f.，305f.，359f.，381ff.
自由物品，139f.，242f.
伍德（Wood, S.），296n.
约翰逊（Johnson, W. S.），323n.

七　画

沃尔克（Valk, W. L.），6n.
沃特斯特拉兹（Waterstradt），265
汤普森（Thompson, H. M.），53n.
庇古（Pigou, A. C.），124，124n.，340n.，341n.
李嘉图（Ricardo, D.），284f.
克拉克（Clark, John Bates），11，205n.，206，第11章
麦克库洛赫（McCulloch, J. R.），19
麦克格雷高（MacGregor, D. H.），71n.
杜能（Thuenen, H.），153.
报酬递减：规律的证据，49f.，207n.，

258，265f.

报酬递减：规律的表述：49，357n.，358
 庞巴维克，207
 克拉克，300f.
 埃奇沃斯，112ff.，342f.
 杰文斯，19f.，36
 马歇尔，66ff.，87f.
 门格尔，151
 瓦尔拉斯，232，258，368ff.
 维克塞尔，265ff.
 威斯迪德，48ff.，327n.
 维塞尔，161，165f.，171

扬（Young, A.），35n.
连带成本，86，121ff.
连带需求，83ff.，351
投资时期，142，208ff.，277ff.，360ff.
财货（Gueterqualitaet），136ff.
利用时期，24，208f.，289
利润，99f.，125ff.，171n.，230，236，263，305f.，318f.，322f.

利息理论
 巴罗内，359ff.
 庞巴维克，219ff.
 克拉克，311f.
 埃奇沃斯，132
 杰文斯，13f.，26ff.
 马歇尔，101ff.
 瓦尔拉斯，247ff.
 维克塞尔，143ff.
 威斯迪德，41ff.，55ff.
 维塞尔，173ff.

希克斯（Hicks, J. R.），169，228n.，356，365n.
希金斯（Higgins, B.），21n.
近似（tatonnements），244f.，373
阿夫塔林（Aftalion, A.），306n.
阿莫洛沙（Amoroso, L.），21n.
即时利率，27f.，287
时间偏好，58f.，101ff.，156，177n.，212ff.，270f.

八 画

实际成本，16ff.，29ff.，63ff.，97ff.，110f.，183ff.，230f.，243，243n.，299，307f.，318
庞巴维克（Bohm-Bawerk, Eugenvon），11，28，28n.，130f.，第8章，261，269ff.，283，283n.，289，313f.
现在物品的技术优越性，214ff.，270，271f.
杰文斯（Jevons, William Stanley），3，11，第2章，98，134ff.，14ln.，229
林德伯格（Lindberg, J. K.），224n.
奈特（Knight, F. H.），3n.，20n.，71n.，75，141n.，167，231n.，319，385
垄断竞争，80
规模递增报酬，50f.，68，119f.，267，301n.，350，377f.
固定的生产系数，84，153，165ff.，

188ff., 238ff., 248, 364ff.
固定成本, 94ff., 121
固定要素的适用性, 96f., 303f., 312, 348ff.
罗宾斯（Robbins, L.）, 62, 71n., 141n., 255n., 333n.
凯尔恩斯（Cairnes, J. E.）, 14n.
帕丹（Padan. R. S.）, 306.
帕累托（Pareto, V.）, 128, 229, 267, 332, 357f., 362, 364ff., 372f., 380
帕森斯（Parsons, T.）, 9n., 62

九 画

施莱辛格（Schlesinger, K.）, 243
施蒂格勒（Stigler, G. J.）, 97n.
查普曼（Chapman, S. J.）, 337ff.
耐久资本物品, 208f., 289
相对分配份额, 285ff.
带来收入的耐久物品（Rentengueter）, 272ff.
威斯迪德（Wicksteed, Philip, H.）, 第3章, 255, 323ff., 341f., 352f., 361, 366n., 368f., 374f., 381f., 386f.
持久的纯收入, 249f.
哈伯勒（Haberler, G.）, 73n., 216n.
哈耶克（Hayek, F. A.）, 134n.
建设时期, 23f., 208
复合均衡, 224, 243

选择成本理论
　庞巴维克, 182ff.
　克拉克, 299f.
　埃奇沃斯, 11lf.
　杰文斯, 15f.
　马歇尔, 92ff.
　门格尔, 145, 147f.
　瓦尔拉斯, 229ff., 237, 237n.
　维克塞尔, 263f.
　威斯迪德, 40, 43ff.
　维塞尔, 159ff.
费特（Fetter, F. W.）, 203n.
费希尔（Fisher, I.）, 196n., 202n., 205n., 215n., 321n.
张伯伦（Chamberlin, E. H.）, 80

十 画

消费信贷, 57ff., 175f., 226
海茨（Haydt, E.）, 6n.
海芬德尔（Hefendehl, H.）, 5n.
准地租, 94ff.
竞争的稳定性, 382ff.
资本概念
　巴罗内, 358ff.
　庞巴维克, 196ff.
　克拉克, 308ff.
　杰文斯, 13f., 22ff.
　马歇尔, 10lff.
　门格尔, 156f.
　瓦尔拉斯, 232ff., 246ff.

维克塞尔，272ff.
威斯迪德，4lff.，55ff.
维塞尔，173ff.
埃德伯格（Edelberg, V.），22n.
埃奇沃斯（Edgeworth, Francis Y.），11，13，102n.，第5章，147，169n.，185，187n.，228，231n.，245，332，336n.，341ff.，361，367n.
较高级和较低级的财货，4，137ff.
贾菲（Jaff, W.），10，228n.，229n.，233n.
莫尔曼（Mohrmann, W.），5n.
契约，245
泰勒（Taylor, F. M.），168f.
桑马林（Sommarin, E.），261n.

十一画以上

满足需求的物品量（*Bedarf*），140ff.
福勒克斯（Flux, A. W.），262n.，326n.，328，335f.
奥派提特（Aupetit, A.），365，365n.
奥基威（Ogilvie, F. W.），87n.
奥佩（Opie, R.），94n.，95n.
梅里安（Meriam, R. S.），96n.
蒙特马提尼（Montemartini, G.），362f.
勒克西斯（Lexis, W.），262n.
斯马特（Smart, W.），38.
斯密（Smith, Adam），2n.

斯拉法（Sraffa, P.），71n.，72，73
斯蒂芬（Stephans, K.），5n.
萨金特（Sargant, W. L.），103n.
替代（又见报酬递减），48，66f.，149ff.，258f.，264f.，301n.，303，331，333f.，346.
霍兰德（Holland, M. T.），87n.
静态，6f.，141，141n.，263，300f.，311，384ff.
增长尺度，60n.，130，146f.，306f.
最大化满足，246
最低限度的感觉，147
最后成分（*Schlussstueck*），188ff.
最终生产要素，83n.，157，197ff.，205n.，234n.，268f.
盘存，251
储蓄，56f.，101ff.，199，218f.，249ff.，311
舒尔茨（Schultz, H.），321，371n.
穆勒（Mill, J. S.），13，15，21n.，22n.，125，275n.，333n.
鲍尔特基维茨（Bortkiewicz, L.），213，214n.，215n.，231n.
维克塞尔（Wicksell, Knut），11，28n.，168，168n.，194n.，202n.，219，225，225n.，226n.，228，246，252f.，255，第10章，296n.，357，373ff.，381
维塞尔（Wieser, Friedrich von），11，147，第7章，182
熊彼特（Schumpeter, J.），134n.，179，179n.，183n.，217，217n.